本书获西安财经大学马克思主义学院学科建设经费资助

中国城市更新的演进历程与协同治理体系研究

何建宁 著

中国财经出版传媒集团
中国财政经济出版社

图书在版编目（CIP）数据

中国城市更新的演进历程与协同治理体系研究／何建宁著. --北京：中国财政经济出版社，2022.8
ISBN 978-7-5223-1528-7

Ⅰ.①中… Ⅱ.①何… Ⅲ.①城市建设-研究-中国 Ⅳ.①F299.21

中国版本图书馆 CIP 数据核字（2022）第 111457 号

责任编辑：周桂元　　　　责任印制：张　健
封面设计：陈宇琰　　　　责任校对：胡永立

中国城市更新的演进历程与协同治理体系研究
ZHONGGUO CHENGSHI GENGXIN DE YANJIN LICHENG YU XIETONG ZHILI TIXI YANJIU
中国财政经济出版社 出版
URL：http：//www.cfeph.cn
E-mail：cfeph@cfeph.cn

社址：北京市海淀区阜成路甲 28 号　邮政编码：100142
营销中心电话：010-88191522
天猫网店：中国财政经济出版社旗舰店
网址：https：//zgczjjcbs.tmall.com
北京中兴印刷有限公司印刷　各地新华书店经销
成品尺寸：170mm×240mm　16 开　12 印张　215 000 字
2022 年 7 月第 1 版　2022 年 7 月北京第 1 次印刷
定价：53.00 元
ISBN 978-7-5223-1528-7
（图书出现印装问题，本社负责调换，电话：010-88190548）
本社质量投诉电话：010-88190744
打击盗版举报热线：010-88191661　QQ：2242791300

前　言

城市是承载社会进步与现代文明的重要场域，常更常新是保持城市永久活力、提升城市能级和核心竞争力以及推动城市高质量、可持续发展的必然选择。2020 年党的十九届五中全会通过的《中共中央关于制定国民经济和社会发展第十四个五年规划和二〇三五年远景目标的建议》正式提出实施城市更新行动，并把它提升到国家战略层面，这既有“城市化地区高效集聚经济和人口、保护基本农田和生态空间”，从大规模增量建设转为存量提质改造和增量结构调整的考量，也是对“人民幸福生活与美好环境共同缔造”美好愿望的回应，更是对城市治理现代化给予的厚望和必然要求。

新中国成立后，我国的城市更新治理模式在经历了政府一元决断和政府主导、开发商配合的“二元共治”后，最终定型为政府主导的多元主体共同参与治理的综合性改造方式，更新治理的关注点从追求单一物质环境改善扩展到社会、经济、环境和文化等多维度的综合复兴。多元的主体、多元的目标和多元的方式等标志着我国城市更新已呈现出社会治理的显著特征。而城市更新的“多元性”特征也对其治理的协同性提出了挑战和要求。

本书以新中国成立后我国城市更新的历史演进为主线，根据我国城镇化进程和城市建设宏观政策变化，将中国城市更新划分为三个重要发展阶段。运用文献研究、调查研究、定性研究和定量研究等方法，研究不同发展阶段城市更新的政策背景、更新思想和制度建设，分析其城市更新治理的政治经济社会环境，以及政府、市场、社会和以城市发展要素为代表的空间资源之间的博弈关系，阐释各阶段城市更新治理的显著特征与治理效应。最后，在历史演化和经验总结的基础上，依托协同治理理论，构建适合中国国情的、满足多元目标、多元手段、多元主体参与的城市更新协同治理体系。

本书整体框架和内容分为六章：

第一章，绪论。本章是全书总领，介绍本书的研究背景、目的和意义，国内外研究述评，研究内容、创新之处、研究思路和研究方法以及对相关概念的界定。

第二章，西方国家城市更新的发展历程与政策演变。重点梳理欧美等西方国家的城市更新发展历程、重要思想和有代表性国家的治理模式，梳理总结他们的一般性城市更新目标、方式和措施，为研究我国城市更新提供参照和启示。

第三章，社会主义革命和建设时期的城市更新演进与治理。重点分析新中国成立后到改革开放前，我国城市规划和建设的社会、经济环境，阐析这一时期城市更新的政策背景和指导思想，并从政府决断型特征入手，分析当时城市更新治理的历史实践、制度体系、治理特点和治理效应。并以西安市为例，清晰展现这一时期我国城市规划与建设实践的“工业化”和“生产性”等显著特征。

第四章，改革开放和社会主义建设新时期的城市更新与治理。考察、分析改革开放和社会主义现代化建设新时期城市更新的动力机制和制度环境，总结这一时期我国城市更新的治理特点、治理效应和主要类型。并对城中村改造这一中国城市更新特有的现象进行类型与特点的分析、目标与实践的总结以及城中村改造中“撤村建居”群体的城市化问题研究。

第五章，新时代的中国城市更新与治理。立足新时代，分析城市更新转型发展的政策背景和现实背景，基于“十四五”规划提出的城市更新行动，明确这一新的发展时期我国城市更新的新内涵、新目标和新路径。并以西安市为例，论证我国城市更新行动路径选择的科学性和合理性。最后，通过对当前城市更新的重点项目——城镇老旧小区改造中居民参与治理现状的实证分析，论证多元主体协同参与不足问题。通过对城市更新治理中政府作用机制存在的问题进行深度剖析，提出机制改革的价值取向。

第六章，构建城市更新协同治理体系。解读哈肯协同学理论的主要内容和基本原理，剖析其与城市更新治理的契合性，总结其对城市更新治理的启示。对城市更新协同治理主体及其主体的协同逻辑进行分析，对城市更新协同治理机制的要素进行总结，在此基础上，构建城市更新的协同治理体系。

城市更新不仅是建设问题，更是一项综合性的治理问题，既关系城市空间形态和结构的改造、产业升级和历史文化保护以及居民生活方式和环境改变，也涉及国家治理体系和治理能力现代化建设。由于作者水平、能力和时间有限，掌握资料不全，本书在论证过程中难免存在疏漏和不足，敬请各位读者不吝赐教，批评指正。

本书获西安财经大学马克思主义学院学科建设经费资助，感谢领导和同事们给予的帮助和支持。

作　者

2022年5月

目录

MULU

1 绪　　论

1.1 研究的背景、目的和意义

1.1.1 研究背景

城市是人类文明的作品，在人类的精雕细琢中成为承载社会进步和现代文明的重要场域。面对人类永无止境的发展需求和现代化这一永恒的话题，常更常新成为保持城市永久活力、提升城市能级和核心竞争力以及推动城市高质量、可持续发展的必然选择。

1.1.1.1 城市更新与治理的理论研究与实践探索需要与时俱进

1958 年 8 月，首届关于城市更新的国际研讨会在荷兰海牙召开，会议提出了对“城市老化地区实施有计划的城市改造建设，包括再开发、整治改善、保护三个方面的内容”。20 世纪 60 年代，西方国家率先开始了现代意义上的大规模城市更新运动。在经历了“清除贫民窟—福利色彩社区更新—市场导向旧城再开发—社区综合复兴”四个发展阶段后，更新治理的理念也实现了从形体主义规划向人本主义思想和可持续发展观的转变，更新治理的关注点从追求单一物质环境改善扩展到社会、经济、环境和文化等多维度的综合复兴，更新模式在经历了政府主导和公私伙伴合作后，最终定型为政府、私有部门和社区居民多方参与的综合性改造方式[1]。我国的城市更新始于新中国成立初的百废待兴，蓬勃于改革开放后“形成和完善城市多种功能，发挥城市中心作用”的现实需要，尤其是 20 世纪 90 年代后城市建设的快速扩张和房地产业的迅猛发展。在经历了计划经济体制下的政府一元决断和社会主义市场经济条件下政府主导、与开发商“二元治理”，再到政府、市场与社会的“多元共治”，城市更新已树立起面向经济、社会、文化和生态等更加全面和多维的可持续发展目标，城市的物质面貌和人居环境得到极大改善，城市的功能、品质和内在活力都得到了显著提升，政府、市场和社会共同参与的城市更新治理机制更加科学、规范和成熟。但不可否认，对于城市更新这个广义议题，当前中国大多数城市尚未形成一个系统的政策框架，对城市更新的价值导向、更新模式、规划设计和治理机制等也缺乏广泛而深刻的认识，城市更新治理的实践遭遇种种问题、引发各种矛盾，也招致不少批评。因此，有必要在借鉴国外经验的基础上，结合中国的现实国情和现有的制度框架，对中国现行的城市更新改造与治理进行反思和机制创新。

1.1.1.2 中央政策不断升级完善，城市更新上升到国家战略层面

站在两个一百年奋斗目标的历史交汇期，面对建设社会主义现代化的新征程，从棚户区改造到老旧小区改造，再到提出实施城市更新，城市“内涵化”更新已成为实现社会主义现代化强国的重要发展战略。

2013 年，国务院印发《国务院关于加快棚户区改造工作的意见》，提出“棚户区改造是重大的民生工程和发展工程，要重点推进资源枯竭型城市及独立工矿棚户区、三线企业集中地区的棚户区改造，稳步实施城中村改造”。2014 年，出台的《国家新型城镇化规划（2014—2020 年）》明确提出：“要按照改造更新与保护修复并重的要求，健全旧城改造机制，优化提升旧城功能，加快城区老工业区搬迁改造。”2015 年中央城市工作会议上明确指出，要控制城市开发强度，加快城镇棚户区和危房改造以及老旧小区改造，科学划定城市开发边界，推动城市发展由外延扩张式向内涵提升式转变。同时要创新城市治理方式，鼓励企业和市民通过各种方式参与城市建设和管理。2016 年出台的《中共中央 国务院关于进一步加强城市规划建设管理工作的若干意见》进一步提出落实创新、协调、绿色、开放、共享的发展理念，贯彻“适用、经济、绿色、美观”的建筑方针，转变城市发展方式，塑造城市特色风貌、提升城市建筑水平、推进节能城市建设、完善城市公共服务、营造城市宜居环境、创新城市治理方式，努力打造和谐宜居、富有活力、各具特色的现代化城市，让人民生活更美好。2017 年，国家住房和城乡建设部发布《住房城乡建设部关于加强生态修复城市修补工作的指导意见》，提出要坚持以人民为中心的发展思想，进一步加强城市规划建设管理工作，修复城市生态，改善生态功能，修补城市功能，提升环境品质，提高社会公众对“城市双修”工作的认识，鼓

励社会公众积极参与。

2019 年 12 月，中央经济工作会议首次强调了“城市更新”这一概念，会议提出“要加大城市困难群众住房保障工作，加强城市更新和存量住房改造提升，做好城镇老旧小区改造，大力发展租赁住房”，存量房屋的提升改造成为政策新风口。2020 年 10 月，党的十九届五中全会审议通过的《中共中央关于制定国民经济和社会发展第十四个五年规划和二〇三五年远景目标的建议》明确提出：要“加快转变城市发展方式，统筹城市规划建设管理，实施城市更新行动，推动城市空间结构优化和品质提升”[2]，城市更新首次出现在国民经济和社会发展五年规划中，奠定了“十四五”时期城市更新的重要地位。2021 年 3 月，李克强总理作《政府工作报告》时再次强调“十四五”时期要“实施城市更新行动，完善住房市场体系和住房保障体系，提升城镇化发展质量”，城市更新的力度进一步加大，重要地位再次升级。整体来看，城市“内涵化”更新已越来越受到各方高度重视，并日益成为解决城市发展问题的有效途径。在此背景下，梳理我国城市更新演进历程，在发展中把握新时代城市更新的丰富内涵和实现途径，成为今后一段时间推动我国城市高质量发展的重要抓手和路径。

1.1.1.3 新时代城市更新与治理的研究方式需要转换

任何一门科学发展到一定阶段，都会形成一种范式，范式“会迫使科学家仔细而深入地研究自然界的某一部分”[3]，从而促使科学在一定范围内取得成就，但是同时也会使科学因局限于狭小的范围内而不利于科学的发展。为了揭示意料之外的新现象，解决原有范式解决不了的难题，必须要实现科学革命，以一种新范式取代另一种范式的变革，实现科学思想的进化。当前，国内学者在研究城市更新和协同治理问题时的惯性范式是从西方的理论成果中寻找中国实践的理论支撑，用批判性的思维对既往的城市建设实践进行反思，这种研究范式体现了中国的城市更新与协同治理等理论体系的开放性和包容性，在兼容并蓄和对历史与现实的不断反思中破解难题，使城市更好地服务于群众。然而，不同历史语境和不同逻辑起点的西方城市更新治理模式与经验终归难以为中国特色社会主义制度下的城市更新治理实践提供现成的答案，中国的治理问题必须从中国的实际出发，探索出符合社会主义制度发展方向、切合中国既有政治制度框架、包含治理多元化诉求、蕴含现代化时代精神的前行路径[4]。同时，中国的城市更新在不同的历史阶段虽然有不同的改造取向、重点和模式，但在实践逻辑、价值立场、理论创新与世界进步等多个层面都有共通性。因此，我们不仅要用批判的眼光，还要用“欣赏”的眼光去温情审视新中国成立以来城市规划建设的历史，在遵循中国的制度逻辑、历史逻辑和现实逻辑中，用更宽广的视野和更深邃的智慧总结中国共产党的执政规律和社会主义建设规律，探寻城市更新这一实践土壤上推进治理现代化、实现“人民城市为人民”的有效途径，并形成具有中国话语背景的城市更新治理理论。

1.1.2 研究目的

从选题背景可以看出，无论是从推动城市开发建设方式转型，促进经济发展方式转变，实现城市高质量发展的经济角度出发，还是从解决城市发展中的突出问题和短板，提升人民群众获得感、幸福感、安全感，实现幸福生活与美好环境共同缔造的社会角度出发，抑或是从改革现有城市更新治理模式，创新现有城市更新治理理论视角的现实需要出发，都迫切需要从整体上对城市更新治理体制机制进行系统研究。2021 年中央经济工作会议明确提出要系统思维、科学谋划，综合考虑政治和经济、现实和历史、物质和文化、发展和民生、资源和生态、国内和国际等多方面因素。因此，本书研究的主要目的是通过梳理新中国成立以来的城市更新演进历程、政策背景、阶段性特点和所产生的治理效应，结合大量实际调研，构建适合中国新阶段国情的相对完善的城市更新协同治理体制机制，以推动新一轮城市更新进程、提升治理体系和治理能力现代化的节奏。具体来看，本书研究试图达到以下目的：

第一，从整体上对城市更新改造及其治理的演进机制进行系统研究，梳理新中国成立 70 余年历史中城市更新政策的形成背景、演进过程、执行效果，为构建新发展阶段城市更新协同治理体系、改革城市更新治理机制理清政策脉络，提供经验借鉴与反思。

第二，比照和借鉴国外城市更新与协同治理的相关理论和实践经验，为创新和构建符合中国历史逻辑、理论逻辑和实践逻辑的城市更新协同治理体系和机制，指导中国城市更新治理实践提供外部依据和参考。

第三，通过实地调研和量化分析手段，对我国增量扩张式城市更新中被征地农民的市民化和优化存量式城市更新中利益相关者的协同参与进行量化分析，论证城市更新的治理实践与以人为本新型城镇化发展目标的现实差距，为全面深化城市更新治理机制改革，实现城市治理现代化提供现实依据。

1.1.3 研究意义

1.1.3.1 理论意义

（1）有利于整体把握城市更新及其治理成果形态

城市更新及其治理体系的现代化是一个融实践、理论与体制机制于一体的整体演进过程，其成果形态也必然是一个包括实践形态、理论形态和体制机制形态在内的多维系统，不同形态相互促进相互联系，是一个不可分割的整体，“实践”是“理论”和“体制机制”形成和发展的现实基础与实现路径；“理论”是“实践”及其要实现的“体制机制”的行动指南，“体制机制”是构建“理论”和推进“实践”的目的和归宿，也是“理论”与“实践”相统一的根本保障。从理论创新、实践创新和体制机制创新相结合的角度推进城市更新协同治理体系研究，拓展了城市更新及其协同治理的研究视角，是城市更新治理体系和治理能力现代化的必然要求。

（2）有利于构建中国本土城市更新话语体系

社会主义市场经济体制下城市更新协同治理关键在于多元主体共同参与的规则程序以及对规则程序的执行力问题，不同制度背景的国家对此有不同的理解和诠释。已有的研究很多都是引入西方市场经济国家政府治理模式中的一般性规律，对症中国一般性的治理问题。本书以中国特色社会主义制度为研究背景，以地方政府对国家制度的执行力、对城市更新进行具体规划实施的能力以及引导规制多元主体参与行为的能力为突破口，探寻地方政府城市更新的价值维度和城市更新改造治理的重点与机制建设，丰富和完善中国本土的城市更新治理理论，是构建中国特色的城市更新治理话语体系的理论应然。

1.1.3.2 实践意义

（1）有利于继往开来，推进城市更新治理行稳致远

城市总是会随着时代的发展和社会的进步而由新变旧，城市的持续更新本来就是城市发展的客观规律。当前我国的城市建设正处于从增量扩张转为存量开发的关键节点，迫切需要从纷繁复杂的城市更新现象中提取、总结出空间治理的规律，需要在理论、思想、方法和技术上有所跨越和创新，指导和推进下一个阶段的城市更新治理实践。本研究的实践意义就在于从历史的脉络梳理新中国成立70余年的城市更新的演进轨迹、政策背景、理论内容、治理特点和

实施效果及其内在机理等，有助于理解中国城市更新特定的诞生逻辑、阶段问题与经验教训，在历史的接续中领会城市更新厚重的实践属性和连贯的思想内核。结合城市更新治理的多元化趋势引入协同治理理论，有助于为形成兼容并包的中国特色协同治理理论提供必要的实践依据与理论依据。

（2）有利于整合城市更新治理理论和知识体系，为实践和政策提供支撑

城市更新是一项十分复杂的社会系统工程，面广量大，涉及城市社会、经济与物质环境等诸多方面，长期实践中形成的各种更新改造问题层出不穷，引发的各种矛盾、产生的各种分歧引起全社会的高度关注，不同学者面对不同的城市发展状态从相关专业领域提出的关于城市更新的思想和知识都是值得重视的议题。然而，任何一种社会问题和矛盾的存在都不是某一学科的知识或理论所能解释和解决的。本书的另一个实践意义就在于总结中国城市更新的阶段性特征、探索城市更新实践与理论的延续智慧，将横向分割的研究领域和纵向延伸的历史智慧进行联动、形成网络，包括物质的、精神的、文化的、技术的和生态的，构建全面、系统和整体的知识体系和协同治理体制机制，为政策制定提供支撑。

1.2 国内外研究现状述评

1.2.1 国外研究现状

城市更新的实践由来已久，发展至今半个多世纪，伴随各个国家城市承载需求的不断扩大和旧城功能提升的迫切需要，城市规模及其能级也需要相应扩大和提升，世界各国都在积极探讨这个问题。通过对国内外关于城市更新发展现状、内涵、治理模式和实施效应等研究成果进行检索、归纳、梳理和总结，得出本领域的研究进展和研究动态，为本书研究提供相关的理论支撑和方向。

1.2.1.1 关于公共利益的研究

公共利益的界定和理解对于城市更新改造等公共治理至关重要。国外关于公共利益的研究主要集中于公共利益的概念、公共利益的实现方式和公共利益的实现途径等方面。

对于公共利益概念的理解最早可追溯到公元前5世纪古希腊时期的城邦制

度。在这一制度造就的整体国家观下形成了具有整体性和一致性的公共利益。这种公共利益作为一个社会存在所必需的一元抽象价值，是全体社会成员的共同目标和行为遵循。在此基础上，西方国家基于不同学科、不同视域开始了对公共利益的内涵、价值、意义等多方面的接续研究，尤其是对其内涵的现代解读和研究，如法国启蒙运动大思想家让·雅各·卢梭（Jean - Jacques Rousseau）认为公共利益是可以用来指导国家的各种力量共同实现公共幸福的[5]。博登海默（Edga Bodenheimer）认为公共利益是实现文明社会生活的基础和条件[6]。詹姆斯·哈林顿（James Harrington）则将公共利益解释为“那种排除了一切偏私或私利的公共权利与正义”[7]。发展到 20 世纪 80 年代，社群主义将公共利益思想运用于共同体主义的研究，认为每个人都应该追求实现一种良善生活，而所谓的善就是指共同体的整体利益。公共的善既是共同体的生活方式，也是共同体的目的。所以，“共同的善正是对那些共有价值的追求，它要求限制个人选择和追逐其自己的生活方式的自由”“由于任何共同体都是由具有不同特性的个人所组成，要成为一个共同体，他们不只要有关联，还必须有所‘共’”“共”就是要有共同的地域、共同的目的、共同的意识、共同的价值观，和共建共享共治的权利义务，它是公共利益得以实现的基础[8]。

对于公共利益的实现方式，资产阶级古典政治经济学家亚当·斯密提出了公共利益自动实现的基本观点。斯密认为，进入市场中利己的个人依照利益最大化原则展开彼此之间的竞争，对自身利益的追求往往也会带来社会财富的增加和社会繁荣，从而客观上增进了社会福利即公共利益[9]。在斯密这一思想的影响之下，围绕国家在公共利益实现中所发挥的作用，形成了几种截然不同的观点。一种观点强调在有效的市场机制作用下公共利益可以自动实现，因此，反对国家对公共利益的干预。如德国政治家洪博认为，国家只能防止犯罪，保障社会安全，而不能促进幸福以及积极的福祉[10]。另一种观点在面对公共利益环节“市场失灵”现象的不断出现时，开始重视国家在公共利益实现中的重要作用，认为国家应该以追求和保障公共利益为己任。如德国魏玛宪法提倡“国家应保障并扶持青少年、妇女使得其正常发展；奖励学术及艺术、全面免费义务教育；经济生活须保证人人享有人类尊严之生活水准、保护劳工、艺术家及中产阶级的生活”[10]。还有一种观点基于“公共利益不能依靠公民个人或利益组织来调节和保证，公共利益只能依靠公权机构来捍卫和分配”[11]的认知，认为实现公共利益是国家责无旁贷的绝对责任，但是这种国家追求、实现公益的行为，必须在社会个人的努力无法获得利益，从而使公益无法获得时方可为之，只能是一种次要性的辅助性质的行为[10]。

公共利益的实现更多在于公共产品的供给机制。虽然政府存在的理由是解决公共问题、实现公共利益，政府的基本职责在于提供公共产品这一观点在西方被广泛接受。但仍有学者对这一逻辑提出挑战。布坎南（Buchanan）和奥尔森（Olson）等认为，在公共利益实现途径中，政府提供公共产品并不一定是最优选择。在对公共产品供给模式的多元化探讨中，公共选择理论认为政府有其自身的利益，因而不能完全代表公共利益，公共产品不能完全由政府机构提供，主张减少政府干预，让市场在公共产品提供中发挥积极作用。奥斯特罗姆（Ostrom E）的多中心治理理论则认为，在涉及公共利益分配的制度安排方面，主张在社会公共事务管理结构上的多中心制度安排，即各种公共的或私人的机构和公民个人采取各种方式共同管理公共事务，共同分担公共问题的责任。强调在公共事务管理中要建立国家—社会、政府—公民、公共部门—私人部门的相互协同、相互合作的关系，要求在多元主体协同合作的基础上共同提供公共产品、管理公共事务[12]。也有学者从其他视角，如社会福利、市场化供给、行为博弈等多个视角分析公共产品，研究公共产品的供给机制，提出相应的观点。

1.2.1.2 对城市更新中人居环境的研究

西方国家对城市更新的实践开展得十分广泛，研究成果也十分突出，尤其强调对人居环境的重视，研究内容涉及地理学、社会学、经济学等多个领域，主要包括对住宅更新的反思和研究，对人本思想的探讨和对可持续发展的思考。

首先，对于住宅更新的反思和研究。西方国家的城市更新起源于产业革命，不同的学者对其进行的阶段划分有所不同。然而，不论是任何一种划分，也不论是在任何一个城市更新发展阶段，西方国家对于住宅更新的反思却始终贯穿始终。在产业革命后至20世纪初，对城市建设的反思主要集中于对居住问题和城市规划对城市建设的引导作用上。如德国人维克托·胡贝尔（Victor Hubel）在《大城市中小人物的住房危机》中对当时住宅领域首先提出了严厉的批评指责。恩斯特·布洛赫（Ernst Bloch）对1962年建设完成的柏林批评道："难道柏林就用这样的建设规划，以及数不尽的、枯燥无味的住宅区来建设未来吗？那将是真正可怕的未来。"他们对当时城市规划与建设都提出了不同程度的反思与探讨。20世纪初至第二次世界大战结束，德国人在反思中认为过高的居住密度导致了城市建成区的“荒芜”，因此主张应该对19世纪后期形成的城市拥挤化现象进行松散化和分散化处理。20世纪50年代以来，对住宅更新进行反思成为城市更新研究的重要内容。大批学者纷纷批评推倒重建的更新改造行动。指责这种推倒重建没有考虑被强制拆迁者的心理成本和毁掉健康社区的社会成本，以及被拆迁者重新购买新的住房的经济承受能力[13]。此外，学者们在关注住宅更新社会问题时还重点研究了邻里复兴。认为邻里复兴需要有社区配套设施，“高质量的邻里不单单由新的房子组成，足够的公园和娱乐设施、好的学校和卫生设施、周围住宅单元的高质量及低犯罪率都是必需的”。[14] “要做到社区邻里的可持续发展，各方的参与、制定城市商业中心更新战略、项目平衡和合适的合作伙伴都是必需的。”[15]

其次，对城市更新人本思想的探讨。对城市更新人本思想的探讨强调的是城市发展要充分考虑人的物质需求和精神需求。在公平原则下应该让每位居民都能够享受到平等自由的权利和轻松舒适的工作与生活环境。简·雅各布斯（Jane Jacobs）1961年在《美国大城市的生与死》一书中，基于对城市规划的反思，提出“多样性是城市的天性”，城市需要尽可能错综复杂并且相互支持的多样性功用来满足人们生活需求，失败的城市地区往往都明显的匮乏多样性，“城市功用的多样性”应该与“基本功用混合”，促进城市多样性的更加繁盛[16]。刘易斯·芒福德（Lewis Mumford）通过其城市观、区域观和规划观表现出对城市建设强烈的人文关切。他认为“城市最好的经济模式是关心人和陶冶人”“城市的重建必须从‘人的再生’开始”，要重构大城市就必须制止建成区的不断蔓延，制止难以控制的巨大和不合理的“宏伟”；城市社区赖以生存的人文区域应该是地理要素、经济要素和文化要素的综合体；正确的城市规划应该牢牢抓住所有能够适应人类需要的地理和经济要素[17]。此外，“以人为度的生产方式”[18]、对城市“历史价值”的保护以及“社区价值”的保护等方面的研究都从不同的视角表达了对城市更新人本价值的追求[19]。

最后，对城市更新可持续发展的认识。进入20世纪后期，可持续发展思想成为城市更新的重要思想基础。刘易斯·芒福德除了对城市建设表现出强烈的人文关怀，他所提倡的生态文明，生物技术文化、生物技术设计，也是可持续发展思想的预见，其本质就是具有可持续发展的内涵[20]。现阶段关于城市更新与可持续发展的研究主要集中于城市更新对可持续发展的意义、城市更新改造主体对城市更新可持续发展的影响，以及城市更新的可持续评价。首先，关于城市更新改造对可持续发展的意义，有学者认为“可持续发展只是政府部门提出的一句漂亮的口号，在实践中可持续发展和旧城更新却是两条不相交的‘平行线’”[21]。Treu 通过对意大利典型小镇的实证研究得出的结论认为，城市更新是市区不安全感来源之一，也就是说，城市更新会影响居民的安全认知[22]。但是也有学者认为城市更新有助于城市基础设施的更新改造，可以促进废热的回收及其节约使用，减少二氧化碳排放[23]，是实现可持续发展的重要手段。其二，关于城市更新改造主体如何作用于城市更新从而影响可持续发展，有学者认为政府在城市更新过程中扮演着决策者的角色，利益相关者对城市更新所持有意见的分歧，会造成许多社会、经济、文化以及项目技术等一系列问题，不利于可持续发展的实现[24]。其三，关于城市更新的可持续评价。主要是构建可持续城市更新的概念基础，提出评估可持续城市更新的指标体系和方法框架[25]。当然也有学者针对具体项目进行了城市更新可持续发展的评价设计，如 Williams 和 Dair 从经济、社会、环境等方面提出评估棕地开发可持续框架[26]。Rall & Haase 通过指标调研、问卷调查和专家访谈形成的评估方法来评价其临时使用用地的可持续性，提出临时使用用地的改造策略和措施[27]。

1.2.1.3 对城市更新治理模式的研究

城市更新治理模式的研究本质上就是从不同维度对政府、市场和社会三大主体在城市更新治理中的角色定位进行研究。不同的时代背景和不同的参与者决定了城市更新实施模式也会有所不同。国外大多数学者讨论的都是公私合作模式。Booth 研究了英国城市更新的演化过程，认为公私合作模式应该作为其首选[28]。董琦研究了英国城市更新机制后，证实公私伙伴合作是当代英国城市更新建设活动的一种有效运作方式[29]。Remi 运用历史分析和路径依赖方法，研究公共职能管理部门与私营企业之间的合作关系，认为这种关系有助于促进法国历史建筑保护[30]。Andrew 认同城市更新由国家主导、市场主导或者是公私部门结成合作关系来推行，但在不同时期，政府不同的执行者和制度安排会对城市更新推动产生不同程度的影响[31]。Hambleton 等人认为城市更新治理应该把国家合法等级权力和包容性策略结合起来构建合作关系[32]。也有学者基于城市更新的规模性和复杂性特征，提出渐进式的规划和小规模的改建主张[33]。而对于城市更新治理中各利益相关者利益难以平衡的问题，Lee 建议采用层次分析法评估旧城改造，解决政府和开发商的决策问题[34]。

1.2.1.4 对西方学者研究成果的借鉴

西方国家的部分学者通过在中国长时间的实证考察，重点审视了三个方面的内容：西方城市更新的思想和知识是否会对中国产生影响，是否具有激励地方政策和范式变革的能力，哪些机制促进或阻碍西方的城市更新思想在中国的扩散。他们充分肯定中国在进行城市规划和更新改造时对西方城市更新与治理理念和政策的借鉴，认为中国城市发展领域或城市更新领域在与西方国家的双边伙伴关系中获得了各个方面的帮助，如经验，知识、投资，能力，技术等[35]。在政策转移或政策扩散视角下质疑国外城市更新理念对中国改革的激励作用时，他们认为中国从国外引进概念的方式具有渐进主义的特征，决策者们基于“国家自利”、政治议程及其技术功绩等方面的考量，会在一定程度上采用外国的经验和做法，并把它融入当地的城市更新实践、规划和行政安排之中，但绝不是基于西方概念的“理论稳健性”和国际上的“经济政治理想”。而借鉴西方国家的经验做法对于中国地方城市更新治理来说只是灵感来源之一，因为国内其他城市更新实践也在尝试新的方法，在中央政府制定的总体规则下，彼此的经验也会产生影响。所以，归根到底，对西方的借鉴是不完全的和部分的，而且只有在这些经验对现有的行政安排没有太大的破坏性时，才会采纳。这种模式往往转化为技术和技术解决方案的采纳，而触及地方治理结构和实践的建议则被系统地拒绝。究其原因，第一，中国特殊的制度体系阻碍了学习西方政策的连续性、一致性以及范式性的变迁。第二，政策学习机会的存在依赖于国家不同层级（如中央政府、省政府、市政府、区政府等）之间的特定互动，以及地方政府尝试新思想、提出新政策的能力和意愿。第三，是一个假定的“不变的传统”和“无与伦比的文化”的结果[36]。

1.2.2 国内研究现状

1.2.2.1 对中国城市规划的研究

城市规划是城市更新的重要环节，任何一个时期的城市建设与“新陈代谢”都离不开对城市发展的规划和设计，因而在这一领域的研究成果颇为丰富，但基本都是集中于建筑科学与工程领域中的应用研究，如对韧性城市的规划设计[37]、对健康城市规划的模型设计[38]、运用智能技术对智慧城市的设计[39]。在社会科学领域中对城市规划的研究更多是对新中国成立后我国城市规划的回顾、思考和展望。汪德华的《城市规划四十年》、王玉琨的《中国：世纪之交的中国城市》、中国城市规划学会的《五十年回眸——新中国的城市规划》、董鉴泓的《中国城市建设史》、李益彬的《启动与发展：新中国成立初期城市规划事业研究》、何一民的《革新与再造：新中国建立初期城市发展与社会转型》等著作对新中国成立后我国城市发展的特点、城市规划的发展历程、规划技术的发展、城市土地制度和城市功能格局等进行了多视角的描述，对城市规划发展过程中出现的问题进行了历史分析，全面揭示了新中国成立初期城市规划事业的历史起点、理论基础、发展轨迹、特点问题、经验教训与影响，阐释了当时的城市发展特点与计划经济体制的关系和与政治、经济等因素的关系，也有将特定地域城市形态与其文化内涵进行具体分析。这些研究对了解中国城市规划的发展变迁和研究现代城市规划学科发展有重要意义。由薄一波主编的《若干重大决策与事件的回顾》回顾了1949—1966年“文革”前党和国家有关经济和社会发展的一些重大决策的形成过程，以及一些重大事件的来龙去脉，更是提供了这一时期一些城市建设重大决策的详细资料，对于研究现代城市规划发展的影响因素有极大参考价值。也有一些总结性的参考文献，如吴良镛院士的《城市规划设计论文集》收录了他在1978—1985年大量关于城市规划、城市设计、建筑教育等方面的文章，对新中国成立以来我国城市规划发展做了大量评述，成为研究这一时期城市规划发展的重要历史资料。也有对城市规划方法的反思和评估，如周建军的《现代城市规划方法学》、孙施文的《城市规划哲学》等著作依循科学哲学的思路，揭示了城市规划的深层内容和现代城市规划方法学的发展方向。

1.2.2.2 对于城市更新的一般性研究

对城市更新的一般性研究主要集中于三个方面，即：为什么进行城市更新、什么是城市更新、城市更新的意义是什么；城市更新实践带来哪些社会问题；我国城市更新的演进历程是怎样的。

对于为什么进行城市更新、什么是城市更新、城市更新的意义这一问题，20世纪80年代吴良镛先生在用“城市更新”（又称旧城更新）取代“旧城改建”并赋予它“再开发或改建”“整治”“保护”三种含义时就曾提到，城市更新之所以成为难以抵挡的潮流，其主要原因在于土地经济和房地产经济的发展、老百姓急于改善住房条件和领导干部希望在有限任期内做出贡献[40]。这一表述既明确了城市更新的内涵，也解释了为什么要进行城市更新。此后，随着城镇化进程的不断推进，学界对城市更新的研究兴趣越来越大，视野不断拓展，内容更为深邃，对城市更新的任务、目标、趋势、原则和意义等都做出了更富有时代性的分析。1999 年吴炳怀在《我国城市更新理论与实践的回顾分析及发展建议》中提出，城市更新的任务就是要“整治和改善旧城区道路和市政设施系统，使旧城区适应现代化城市交通和各项现代城市基础设施的需要”[41]。2011 年，于今提出城市更新的目标是“对城市中某一衰落的区域进行拆迁、改造、投资和建设，使之重新发展和繁荣”[42]。2014 年阳建强等人提出，在未来 5 年至 10 年乃至更长的一段时间内，城市发展将更加注重内部更新，控制增量、盘活存量、优化存量将成为城市空间形态与结构治理的新常态，而城市更新必须同时体现市场规律和公共政策属性[43]。2021 年吴志强在《“城镇老旧小区更新改造的实施机制”学术笔谈》中发表意见认为城市更新既是民生问题，也是治理问题，“下至关乎百姓生活是否幸福美满，上至关乎整个城市生命是否永续健康，横向关乎城市经济、就业、生态、防灾等”，意义非常重大[44]。

城市更新作为一项复杂的系统工程，由于我国的特殊国情和城镇化的快速发展，不可避免会出现许多问题，涉及技术、经济、文脉、环境和社会等多个领域。就社会领域而言，主要包括社会结构和网络的转变、社会公平正义、社会公众参与、利益相关者和谐共生、合作伙伴关系等方面。在一些具体项目的推进过程中，还存在城市更新的法律法规不够完善，政府存在越位、缺位和错位现象，私人居住空间不断遭受挤压，空间重构运行机制不够完善等，这些问题概括起来都是政府、市场和社会的利益博弈与协同治理问题[45]。

中国城市更新的每一个历程都承载着特定的历史使命，不同阶段更新的特征和重点由于客观背景的不同也会产生差异。基于不同类型城市的范畴识别和内涵解析，对城市更新发展历程的划分也有所不同。在 2003 年 12 月举行的“中国城市更新理论与实践研讨会”上有学者提出我国城市更新的“三阶段说”[46]。翟斌庆和伍美琴基于计划经济时代和转型中的社会主义市场经济条件下中国城市建设和规划机制的特点，提出城市更新的“四阶段说”[47]。阳建强教授依据我国城镇化进程和城市建设宏观政策的变化，把城市更新划分为以改善城市基本环境卫生和生活条件为重点的城市更新、以解决住房紧张和偿还基础设施欠债为重点的城市更新、市场机制推动下的城市更新、以人为本和高质量发展的城市更新四个重要发展阶段[48]。

此外，在研究对象上，对城市更新的研究逐渐从宏观改造深入到旧城、旧村和旧区，进而关注历史文化遗产保护和社会公平正义等主题[49]。在研究的空间范围上，对城市更新的研究覆盖了以经济发达的北上广深等地区为主的全国大部分省市。在研究内容上，对物质形态、运行机制、决策研究等理论与实践方面均有涉及[50]。

1.2.2.3 对城市更新治理的研究

（1）对城市更新治理多元性的研究

对城市更新治理多元性的研究主要从以下几个方面展开：一是对城市更新目标多元性的研究。这一研究从吴良镛先生开始就认为城市更新要促进“社会效益、经济效益、环境效益和文化效益的统一”[40]。而随着“人的城镇化”理念的提出，以持续改善物质环境和各种非物质环境为目标的城市更新成为我国大中城市未来发展的必然趋势[51]，强调城市更新应本着改善原有环境、保护原权利主体的权益，注重公平兼顾效率和更优综合容量的城市可持续发展综合目标[52]。二是对城市更新多元机制的研究，认为城市更新的具体形式、功能作用、利益关联和历史因缘不同，改造机制也应该有所不同，如当前的老旧小区改造应选择不同于商业、企业等公共用地的改造方式和改造机制。三是对多元主体的研究。城市更新面临的迫切问题在于如何调整与重组既有的城市空间，以适应新趋势与新发展的需求。因此，只有在多元利益主体的共同参与下，才能更好地帮助理解更新过程中多方主导因素间的相互作用与关系，以及诸多因素如何在有效的更新机制下共同运作[47]。围绕市场的积极性和市场的逐利性，林强对政府和市场主体之间的关系进行研究。围绕筹融资问题，张佳丽、赵燕菁等研究改造资金的地方投入、国家财政、居民筹资、市场化融资以及社会资本等之间的联动问题[44]。城市更新主体、目标等的多元性、复杂性和敏感性特征，要求只有构架整体有序的城市空间发展策略，采取综合系统的更新行动，才能打造各具特色的城市符号，实现真正意义上的城市更新目标。

（2）城市更新治理的公众参与研究

城市更新中作为利益相关者的社会公众参与一直都是学界研究的焦点，主要集中于公众的利益参与和治理参与，涉及城市更新规划的原则、公众参与治理现状和影响因素、参与方式探讨和制度保障等几个方面。关于社会公众的城市更新利益参与，早在20世纪，白德懋就已经提出城市更新涉及居民的切身利益和城市的整体效益，进行改造规划既要照顾当前的客观实际，解决现实问题，也要考虑成员目标，房屋结构设计要满足居民生理需求，密切邻里关系，搞好生态环境[40]。吴良镛提出要从规划、设计、施工、住房政策的改革、开发经营，软件综合配套等方面，在“融贯的综合方法”，即较为自觉地、逐步地进行系统的综合研究的基础上给予解决[40]。而对于公众的治理参与，学者们普遍认为当前城市更新治理过程中公众参与度比较低，很大原因上与中国长期的政治制度有关。以中央集权为特征的国家权力几乎包揽了城市更新治理的大部分活动，传统的科层制垂直权力体系培养了国家本位思想的强势地位[53]。而且，政府近乎“保姆式”的治理也让公众认为公共事务是政府的事情，造成公众参与中的主体本身主动缺位。顾东辉认为社区成员弱参与现象至少与社区成员的利益预期、居委会的参与制度安排、政府的政策设计、社会转型中单位制惯性等因素有关[54]。社区参与和规划参与是当前空间治理中公众参与的主要形式[55]。可以通过构建以感情、人情、互惠和信任为基础的地方性互动网络来进行居民社区参与的制度创新[56]。从民意表达、利益协商、回应反馈和社会监督等方面完善城市规划公众参与的机制构架[57]。任何一种形式的公众参与，都必须以法律法规体系的建设和“协商制度”的完善为前提和保证[58]。

（3）城市更新治理的模式研究

城市更新治理模式的研究实质上就是基于不同的维度对政府、市场和社会三大利益主体也是治理主体在城市更新治理中的角色定位研究，据此可以将城市更新治理模式的研究理解为政府治理、市场治理和社会治理三大治理模式[55]。其中，政府治理模式具有显著的政府主导、政府收益、政府经营的特点，但因难以适应社会进步与发展所带来的公共事务的复杂变化，而必然与社会力量分享公共权力，加强合作[59]。市场治理模式的典型特征是“政府搭台、企业唱戏”，强调城市更新治理中与企业之间的政企伙伴关系，与市民之间的社企合作关系[55]。社会治理模式聚焦社会组织和社会公众的参与，强调政府与社会组织和居民之间的协商与共治[60]。基于任何一种模式都一定是多元主体协作治理的发展趋势，学界先后提出了利益共同体模式、交互式参与模式、多中心治理模式、政府分权模式等。如：王桢桢提出了以产权为纽带、以外部成本内部化为基础，通过合约机制构建一个三方利益共享、风险共担的“利益共同体模式”，使城市更新成为一个兼顾公共利益和私人利益的社区集体行为[61]。龙腾飞，施国庆等提出“交互”是城市更新各主体关系的典型特征，在研究了自上而下、自下而上、交互式三种交互方式后，提出城市更新利益相关者交互式参与模式[62]。程佳旭提出政府需要转变角色，从之前的单一主导者向统筹者、协调者、监督者等多重角色转化，以期来平衡多方利益[63]。Pugalis L. 提出街区是城市更新的重要治理主体，地方政府应该实施分权，运用一揽子新权力和激励措施有效驱动城市更新[64]。张磊通过梳理城市更新治理模式，比较国内城市更新领军城市的治理特点和实施效果，结合新制度主义理论，认为完善法规、政策工具等制度结构、提升参与者的参与能力、增强各利益主体之间的互信和沟通，是推动城市更新治理模式转型的适宜途径[65]。

（4）对城市更新治理体系的研究

城市更新治理体系主要是关于城市更新治理的制度体系。对此，吕晓蓓最早展开了对深圳城市更新制度建设的探讨，针对当时深圳城市更新改造过程中的若干问题，提出建设更新法律法规体系，设立城市更新的专职机构，以城市更新单元统筹城市更新空间范围等方面建议[58]。赵若焱反思了深圳城市更新过程中的“协商制度”，提出要制定多元化的利益调控政策、重视片区层面的更新规划、转变经济分析方法、重视低收入群体利益等措施[66]。单皓基于对《深圳市城市更新办法》的内容分析和实践总结，认为《深圳市城市更新办法》尝试围绕开发权的界定和开发权的控制，从规划角度对土地开发秩序和开发收益进行管制，具有制度意义[67]。邹兵在对深圳市存量土地改造进行评估后，认为深圳实践的意义在于对存量土地的挖潜利用、摆脱土地财政依赖以及更新机制创新，其局限性在于无法超越对经济增长的追求，也受制于国家整体发展环境和财税体制，难以实现彻底的发展转型[68]。刘芳等人提出构建合理的利益分配机制，不仅能保障不同利益主体的利益诉求，而且还能够明晰土地产权关系，突破权利难以认定和交换的法律空间困局[69]。

1.2.3 国内外研究现状评析

西方学者关于城市更新实践的总结在第二次世界大战后可谓风起云涌，理论研究成果也因此而异常丰富和深刻，学者们从规划设计、历史保护、区域人文和可持续发展等不同侧面进行理论研究，形成诸多理论成果。围绕城市规划，学者们先后提出有机生长理论、有机更新理论、文物建筑保护理论等不一而足。立足住宅更新，学者们强调人文思想和可持续发展，彰显其先进的更新理念。对城市更新改造模式与方法的研究等更是为我国城市更新提供了方法论借鉴。“他山之石、可以攻玉”，国外学者关于城市更新及其治理的研究在三个层面为本研究提供重要借鉴。一是富有启发的研究结论和更新理念的借鉴。他们对于公共利益的界定和理解，对人居环境的设计理念，对更新治理模式所做的探索等都给予我们一定程度的启发。二是对城市建设反思性和批判性态度的借鉴。西方国家的城市更新实践与理论研究最大的特点是具有反思性和批判性，他们反思因城市规划而造成的贫民窟问题和城市规划对城市建设的引导作用，反思社区更新中因经济利益分配在社会各阶层之间的不公而导致的不断升级的“城市分裂”“城市冲突”，反思推倒重建的后果，批判“公共—私人”交易导致的城市发展实践本质内涵的偏离等等，这些都给予我们以深刻的启示。三是对中国城市更新的西方借鉴研究。让我们认识到在过去相当长的时间里影响我们学习与借鉴西方经验的影响因素，同时也提醒我们，必须在坚持中国的制度逻辑、历史逻辑和现实逻辑的基础上审慎借鉴西方的理论观点和实际经验。

当前国内与本书相关的研究在取得一系列重大进展的同时，尚存在三个方面的可提升完善空间：一是在对中国城市更新的相关研究中，存在具体性研究多、宏观系统性研究少，分散性研究多，整合性研究少的状况。对中国城市更新具体形式的研究需要有针对性，但也需要在各种具体形式中抽象出其共性的特征加以分析才能起到更好的指导作用。对中国城市更新演进历程的梳理和评价描述固然不可少，但是也需要剖析不同发展阶段城市更新独特的历史内涵，厘清每一个阶段承前启后、继往开来的品质。二是对城市更新治理模式的一般性理论研究，居于主导范式地位的是西方诸理论成果，相较今天国家所倡导的“解决中国的问题只能在中国大地上探寻适合自己的道路和办法”、批判地合理借鉴国外优秀理论成果略显不够。城市更新治理需要置于全面深化改革的目标中，在国家治理现代化的目标框架下，既要构建现代化的治理体系，也要提升现代化的治理能力。三是对城市更新协同治理体系的研究有待深化。城市更新是一个系统工程，不仅需要治理主体多元化，而且需要多元主体之间的协同，不仅需要多元治理主体的协同，而且需要治理机制和多元手段、目标的协同。党的十九届五中全会审议通过《中共中央关于制定国民经济和社会发展第十四个五年规划和二〇三五年远景目标的建议》，明确提出实施城市更新行动，这是实现城市高质量发展的必然选择，也是事关城市治理现代化的重大课题，需要在学术研究上持续跟进，在理论上给予充分保障。

1.3 研究内容、创新之处、研究思路与研究方法

1.3.1 研究内容与创新之处

本书研究以新中国成立后我国城市更新的历史演进为主线，根据我国城镇

化进程和城市建设宏观政策变化，借鉴已有研究成果，将中国城市更新划分为三个重要发展阶段。研究不同发展阶段城市更新的政策背景、更新思想和制度建设，分析其城市更新治理的政治、经济、社会环境，以及政府、市场、社会和以城市发展要素为代表的空间资源之间的博弈关系，阐释各阶段城市更新治理的显著特征与治理效应。最后，在历史演化和经验总结的基础上，依托协同治理理论，构建适合中国国情的、满足新发展阶段多元价值观、多元目标、多元手段、多元主体参与的城市更新协同治理体系。具体而言，全书由六章构成：第一章，绪论。介绍本书的研究背景、目的和意义，国内外研究述评，研究内容、创新之处、研究思路和研究方法，以及相关概念的界定。第二章，西方国家城市更新的发展历程与政策演变。重点梳理欧美等西方国家的城市更新发展历程、重要思想和有代表性国家的治理模式，梳理总结他们的一般性城市更新目标、方式和措施，为研究我国城市更新提供参照和启示。第三章，社会主义革命和建设时期的城市更新演进与治理。重点分析新中国成立后到改革开放前，我国城市规划和建设的社会、经济环境，阐析这一时期城市更新的政策背景和指导思想，并从政府决断型特征入手，分析当时城市更新治理的历史实践、制度体系、治理特点和治理效应。并以西安市为例，清晰展现这一时期我国城市规划与建设实践的“工业化”和“生产性”等显著特征。第四章，改革开放和社会主义建设新时期的城市更新与治理。考察、分析改革开放和社会主义现代化建设新时期城市更新的动力机制和制度环境，总结这一时期我国城市更新的治理特点、治理效应和主要类型。并对城中村改造这一中国城市更新特有的现象进行类型与特点的分析、目标与实践的总结以及城中村改造中“撤村建居”群体的城市化问题研究。第五章，新时代的中国城市更新与治理。立足新时代，分析城市更新转型发展的政策背景和现实背景，基于“十四五”规划提出的城市更新行动，明确这一新的发展时期我国城市更新的新内涵、新目标和新路径。并以西安市为例，论证我国城市更新行动路径选择的科学性和合理性。最后，通过对当前城市更新的重点项目——城镇老旧小区改造中居民参与治理现状的实证分析，论证多元主体协同参与不足问题。通过对城市更新治理中政府作用机制存在的问题进行深度剖析，提出机制改革的价值取向。第六章，构建城市更新协同治理体系。解读哈肯协同学理论的主要内容和基本原理，剖析其与城市更新治理的契合性，总结其对城市更新治理的启示。对城市更新协同治理主体及其主体的协同逻辑进行分析，对城市更新协同治理机制的要素进行总结，在此基础上，构建城市更新的协同治理体系。

本书研究的创新之处：一是对国内外城市更新与治理的理论和实践作了较为完整的梳理，在对两种不同制度背景和不同历史逻辑背景下的城市更新实践进行较为科学的比较分析中，加深对中国特色社会主义制度框架下城市更新治理体制机制构架的理解。二是以新中国成立 70 年中国城市更新为历史脉络，总结概括不同历史发展阶段城市更新的基本经验和历史必然，对中国 70 余年的城市更新史进行了较为清晰的梳理。三是遵循中国的制度逻辑、历史逻辑和现实逻辑，探寻新发展阶段城市更新协同治理的模式和城市更新治理现代化的有效途径，为构建中国特色的城市更新治理话语体系尽绵薄之力。

1.3.2 研究思路与研究方法

1.3.2.1 研究思路

本书以中国城市更新的演进历程和协同治理体系为研究视域，运用理论分析与实践调研相结合的研究范式，在批判借鉴西方国家的城市发展理念和治理模式的基础上，对新中国成立后城市规划发展和更新改造的历史脉络、政策背景、基本经验和实践效应进行较为系统深入的研究。在整体的研究思路上，从梳理中国城市更新与治理的历史沿革入手，概要分析新中国成立至今我国城市更新在不同发展阶段的内涵外延、诞生逻辑、阶段问题和经验教训，总结城市更新治理从计划经济背景下的政府一元决断到社会主义市场经济体制不断完善和成熟过程中的政府主导、二元共治和政府主导、多元共治的治理现代化进程。最终研究落脚于新发展阶段城市更新协同治理体系的构建上。中国城市更新的演进历程、不同发展阶段城市更新的接续逻辑以及多元主体的协同治理体系是本书的研究重点。

1.3.2.2 研究方法

（1）文献研究方法

通过对已有研究成果和历史文献的梳理，综合分析我国城市更新的演进轨迹和改造治理的基本策略，初步评价协同治理与我国城市更新治理改造的契合性及其启示，为构建城市更新协同治理体系准备必要的材料。

（2）比较分析方法

通过对欧美等西方国家城市更新的发展背景、政策法规、更新特点、战略目标、治理模式等进行比较分析，总结对我国城市更新与治理值得借鉴的经验和教训，以他山之石攻玉。通过对我国城市更新历史脉络的梳理，考察不同历史阶段城市空间形态和结构的演变特征和治理模式的不同，在比较中总结和把握城市更新治理的变化特点、规律和趋势，探寻新发展阶段城市更新治理的有效模式和途径。

（3）综合性研究方法

城市更新涉及城市空间形态和结构的方方面面，因此对城市更新治理的研究具有很强的跨学科综合性特点。本书研究主要涉及社会学、经济学、政治学、管理学和城市规划等不同学科。在马克思主义基本观点和方法论的指导下，批判性分析和借鉴协同治理理论，将其与马克思主义中国化理论成果中的城市建设思想相结合，是本书在研究方法上的基本设想。

（4）理论联系实际的方法

城市更新具有很强的时代性和实践性，研究中国的城市更新与治理问题需要在现代城市文明的构建中和国家治理体系与治理能力现代化的推进中来进行，在城市更新的具体实践和构建中国本土的城市更新治理理论的互促互进中全面展开。

1.4　核心概念的界定

“概念是学术研究由以展开的工具，要促进学术研究水平的不断提高，任何学科都必须对它的基本概念有着共识性理解。”[70] 对“城市更新”和“治理”等概念给予本书的界定和释义，有助于对本书研究内容和基本观点的准确理解和把握。

1.4.1　城市更新

城市更新这一概念源于西方，是第二次世界大战后的西方国家为医治战争创伤和应对城市发展中所出现的问题而提出的一系列解决方案。在不同的发展阶段和不同的国家都有不同的表达方式，如在西方国家的城市重建（Urban Reconstruction）、城市复苏（Urban Revitalization）、城市更新（Urban Renewal）、城市再开发（Urban Redevelopment）、城市再生（Urban Regeneration）等。在我国的旧城改造、综合整治、城中村改造、危房改造、背街小巷改造、老旧小区改造等都属于城市更新范围。众多表述中对于“城市更新”均有其实施操作层面的差异，也都有相应的时代符号，发展到今天，城市更新在中国，其内涵和外延都被完善到极致。

1.4.1.1 西方国家所界定的城市更新

目前来看，最早对城市更新这一概念做出权威界定是在1958年荷兰召开的第一次城市更新研讨会："生活在城市中的人，对于自己所居住的建筑物、周围的环境……及其他生活活动有各种不同的期望和不满；对于自己所居住的房屋的修理改造，对于街道、公园、绿地和不良住宅区等环境的改善有要求及早实施，以形成舒适的生活环境和美丽的市容抱有很大的希望。这些种种诉求，希望所形成的城市建设活动都属于城市更新。"[42]随后在1977年，英国《内城政策》白皮书提到：城市更新是一种综合解决城市问题的方式，涉及经济、社会、文化、政治和物质环境等方面，其概念和内涵在不断扩展。1999年费迪南·滕尼斯在其名为《共同体与社会——纯粹社会学的基本概念》一书中将城市更新界定为"对城市现有环境或建筑现状，根据城市或建筑的发展要求和满足城市居民生活的需求而对建筑、空间、环境等进行必要的调整和改变，是有选择地保存或保护并通过各种方式提高环境质量的综合性工作。更新的方式是多样化的：全部改建（Rebuild Totally），局部改建（Rebuild Partly），翻建（Renovation），内部改造（Interior Change），维修（Repair），清理（Elinination）都属于更新范畴"。[71]2000年，英国《城市更新手册》提出："城市更新定义是综合协调和统筹兼顾的目标和行动。这种综合协调和统筹兼顾的目标和行动引导着城市问题的解决，这种综合协调和统筹兼顾的目标和行动寻找持续改善亟待发展地区的经济、物质、社会和环境条件。"[72]霍尔和巴雷特则更加全面而又具体地提出，城市更新应该包括：在物质环境方面，致力于改善建成环境，包括环境的可持续性发展；生活质量方面，致力于提高物质生活水平，促进地方文化活动和改善特定社会群体配套设施；在社会福利方面，致力于提高在特定地区为特定人口提供的基本社会服务；在经济前景的追求上，努力创造工作机会，提高贫困人群的就业率；在城市治理方面，开始推动城市更新管理向城市更新治理转变，建立和强化多元利益主体的合作关系[73]。

从西方国家对城市更新的诠释可以看出，城市更新就是针对城市中一切不符合现实需要的落后的物质环境和非物质环境的更新实践活动，其根本立足点在于解决和满足人们的居住和生活诉求，尤其是特定地区的特定人口，并通过解决城市环境问题进而解决经济、社会等一切综合问题，而这一切的改变都离不开城市主体的能动治理，人的治理成为实现城市更新的重要保证，同时人的治理也是城市更新的重要内容。

1.4.1.2 我国城市更新的内涵

城市终究会在历史的变迁中陈旧老化，城市的任何一个区域或领域都如同生命体一般会变得“老旧”，城市的生命力便也只有在持续不断的常更中才能常新，但是这种新陈代谢活动更多是在“细胞”层面的，亦即小尺度、常态化、渐进式的更新活动。于是在我国不同的发展阶段和时代背景下，城市更新被赋予不同的内涵和重点。新中国成立初期，为了让城市建设更好地服务于人民、服务于社会主义工业化建设目标，城市更新内涵于“变消费城市为生产城市”和集中力量开展“社会主义工业化建设”的基本国策，表现为新城、新区建设和旧城填空补实的具体形式，而这样的一种城市更新在当时则被冠之以旧城改建。

改革开放后，随着商品经济的发展和社会主义市场经济体制的建立，以及土地使用权出让和财政分税制改革等工作的实行和推进，我国城市建设速度大大加快，旧城改建也以空前的规模和速度在全国展开，住房建设发展迅速。为了能够更好地指导城市建设实践，澄清对旧城改造与利用的关系、改造旧城与发展新区的关系、旧城改建与继承、发扬传统城市文化的关系的认识，早在20世纪80、90年代，吴良镛先生对我国50年代开始沿用的“旧城改建”提出批评，认为这会被误解为为适应现代生活而进行的旧城大拆大改，在对英文术语中关于旧城更新的各种表述进行总结和借鉴后，提出用“城市更新”为其正名，并明确界定城市更新包含三层含义：即“再开发或改建”“整治”和“保护”。三者内容各不相同，表达的是对不同更新对象所给予的不同形式和侧重点的更新。其中，“整治”就是将比较完整的城市中不相适应的方面彻底剔除，以开辟空间，增加新的内容，提高环境质量；而“保护”就是对旧城历史地段要加以保护；有价值的历史文化名城，如果可保护良好的格局并合理地加以调节利用，则以“整治”为宜。对于质量低劣者可根据其不同规模进行“再开发”[40]。充分体现了我国在改革开放后对城市更新理论认知与实践探索的历史延续性、现实针对性以及文化的包容性和开放性特点。进入新世纪，面对城市建设的新实践、新问题，阳建强教授借鉴各国城市再开发、城市再生和城市复兴的实践，对照中国城市建设的现状、突出问题和存在的矛盾，将城市更新定义为：城市更新改建作为城市自我调节机制存在于城市发展之中，其主要目的在于防止、阻止和消除城市衰退，通过结构与功能不断地调节相适，增强城市整体机能，使城市能够不断适应未来社会和经济的发展需求，建立起一种新的动态平衡。涉及内容包括提高城市功能，调整城市结构，改善城市环境，更新物质设施，增强城市活力，促进城市文明，推进社会进步等更长远的全局性目标[74]。这一时期城市更新建设主要表现为旧城改造、完善民生配套、城中村改造、棚户区改造等各种形式。

每一种改造形式都是时代的产物，也都为下一次更新改造的理念转变、政策提出和机制创新提供了现实的依据。伴随我国社会主义现代化建设进入新时代，城市更新也进入“存量”发展时代，面对这一时期城市更新与经济社会发展所面临的空间结构和社会结构、产业结构之间的关联与矛盾，我国学者更加注重城市发展的整体性、可持续性、渐进性和多样性。

2018 年秦虹和苏鑫提出“城市更新是在城市郊区化之后，针对城市内城或中心城区出现的空心化现象，通过内城复兴计划或城市再开发等活动将经济发展和城市建设重心重新转向城市中心城区”[75]。2021 年马骏和沈坤荣将城市更新定义为“为使城市功能更好地适应科技进步引致的产业升级换代和满足居民增长的美好生活需求的一系列规划和行动，根本目的是提升城市持久竞争力。其旨在解决原有的城市配套不能满足现有需求的问题，并兼顾经济、社会、文化、环境等多方面因素，是一个全面、综合、协调的过程，追求城市绿色、健康、活力、可持续高质量发展”。[76]其具体表现形式为综合整治、有机更新、拆除重建三种形式。所谓综合整治，就是不涉及房屋结构的拆除、改造，主要是对房屋的配套设施和周边环境进行整治和更新，如老旧小区改造、背街小巷改造、河道整治、公园再生等。所谓有机更新，就是以保留原房屋建筑为主，少量拆建，对建筑承载的产业进行升级。而所谓的拆除重建，则是要求大部分建筑都被推倒重来，按照新的规划重新建设。如城中村拆迁、棚户区改造、老工厂的拆除等[77]。我国的城市更新不再仅仅是具有针对性的特点，而且还富有时代性、多元性、和功能性的特点，是问题导向和过程导向的统一。

1.4.2 治理

“治理”的基本释义是整治调理。在中国悠久的历史文化中，篆体的“治”是治水的象形，含有治水之意，延伸之意就是“治理”要符合水之性，即顺着事物天然具备的纹理而整治，顺应其本身的能量动势趋向进行正向性的疏导，随圆就方，直能就曲，从而引导事物顺应先天客观规律而归正。辛亥革命后的近代中国，发展最关键的能量动势在于寻求一个能够领导和主宰中国未来的力量。新中国成立后我们最重要的战略选择在于重构国家的权威体系来巩固和强大国家的政权。改革开放后中国最需要的战略资源就是民主，其核心就在于使社会力量和市场力量迸发出来，从而促进中国的快速成长。而在今天，主体多元化、过程协商化、方式多样化、网络自主化正在成为顺应客观规律、达成个体利益和公共利益最大化的理想秩序和建构表征。可见，不同的视角，不同的背景，不同的语境，不同的时代，“治理”被赋予不同的含义。

从西方国家来看，不同背景和语境下对“治理”的理解和运用也会有所不同。世界银行将治理定义成为：为了发展而在一个国家的经济与社会资源的管理中运用权力的方式。需要建立标准和规章制度，以便为公共事务的处理提供一个可靠而透明的框架[78]。世界经济合作组织发展援助委员会认为治理就是运用政治权威，管理和控制国家资源，以求经济和社会的发展。2007 年，法国更新治理研究院以一种开放的形式将其定义为“从地方到全球人类社会共存的组织和调节以及产生共同规则的方法”[79]。2010 年，让・皮埃尔・戈丹亦言：“何谓治理？是协商安排方式的胜出还是对民主的神话加工？或者说，是集体能量释放活力还是基层协调？如果说治理观就是兼而有之呢？治理是一种联邦制度的辅从性和企业文化的亲密结合，促进了机构、企业和协会之间的谈判式合作的多样化。治理是一种与新的软权力配合使用的一种新政治鸡尾酒，这包括：日益采用协商方式的国家、偏爱显露公民属性的企业，以及新型地区经济共同体。”[80]

中西方文化虽有所不同，但是细化其对“治理”概念的诠释和解读无非就是两种理解，一是侧重于讨论多元主体力量在社会治理具体实践中的表现和变化以及对社会治理变迁的作用。二就是基于权力宏观运作角度，主张抛开社会治理的现代内涵，从运用政治权力管理国家事务的意义来考察全部社会治理活动，包含传统的“管理”和“统治”这样的概念[81]。本文将城市更新治理作为城市社会治理的重要内容和国家治理的微观呈现形式，基于上述第二种类型的语境划分，将“治理”理解为任何“一个国家内权威对于传统和制度的运用”，把新中国成立以来国家推进城市建设和发展的全部治理措施和政策部署都纳入本书的“治理”概念当中，无论是任何一个历史发展阶段的制度改革和社会运动都视为城市更新治理的技术选择，在“治理”的本初意义上审视我国不同历史阶段中城市更新治理的实现形式。

1.5 协同治理的学理描述

"协同"源自于赫尔曼·哈肯关于物理学研究的协同学理论。其研究对象是非平衡开放系统中的自组织及其所形成的有序结构，其研究内容聚焦在外界因素的影响之下，整个系统中的子系统之间如何相互作用[82]，其基本观点在于协同不仅有助于整个系统的稳定和有序，还能从质与量两方面来放大系统的功效，形成"1+1>2"的效果，从而促进生产力的发展。千差万别的各个系统，尽管其属性、特点各有不同，但其演化过程都有一定的相似性，即他们都是由众多的子系统组成，各子系统之间的协同作用与相互竞争构成了总系统看似有调节、有目的的自组织行为，并最终形成系统从无序到有序的演化进程。伴随协同理论的进一步发展，其成果被学者更多地运用到社会科学领域问题的分析中，强调不同社会主体（地区之间、部门之间、经济体之间）的配合与协作。认为协同不是一个结果，而更应该是一个动态的过程，是利益相关者为他们共同的未来愿景承担决策责任的过程。这个过程包括自主的行动者通过正式或是非正式的协商进行互动，共同创造规则和结构来管理他们之间的关系，确定他们的行为方式，或者对那些让他们走到一起的困难进行决策。协同治理并不简单等同于协同+治理，协同治理是多个行为主体为实现共同公共利益，通过制度和平台建设构建科学运行机制和组织结构，从而提升公共事务运行效率，促进公共利益优化的过程[83]。

国内关于"协同治理"的关注和研究源自我国经济全球化和信息化的现实需要。随着我国社会力量的发展壮大，传统的单一公共管理范式受到越来越多的挑战，迫切需要向多元化、协同治理范式转变。对"协同治理"初始概念的运用也大多是基于对社会主义现代政治文明中传统"管理"概念的深度解读和深刻剖析而形成的零散观点。如较早时期，诸巍提出"'官民协同治理'的本质在于提倡将人民视为管理的主体，视为国家的主人，并以此来承担对于公共事务的责任"。孙鸿烈院士强调"管理并非仅是政府所为，它还包括非政府组织和机构的参与，以及民众的参与"。中国科学院地理科学与资源研究所副所长李秀斌认为"孙鸿烈院士提出了一个值得人们高度重视的理念，即'协同治理'的理念"。这些观点中的协同治理主要指涉政府、非政府组织、公民等共同参与公共事务的多主体合作，可以理解为"合作共事"或者

“合作治理”[84]。

在随后的研究中，大多数学者都是基于“协同”和“治理”概念的理解进而对协同治理的概念与内涵进行了阐释。如陆世宏提出协同治理的内涵包括：第一，社会治理主体的多元性。除了政府之外，其他社会团体、机构都可以参与社会管理。第二，治理权威的多样性。协同治理需要权威，但这个权威并非一定是政府机关，其他的社会治理主体都可以在公共管理活动中发挥和体现其权威性。第三，强调各种机构之间的自愿平等与协作。通过协同治理可以达到公共事务效率的最大化[85]。何水认为：所谓协同治理，指在网络技术与信息技术的支持下，政府、民间组织、企业、公民个人等社会多元要素相互协调，合作治理社会公共事务，以追求最大化的治理效能，最终达到最大限度地维护和增进公共利益之目的[86]。刘光容将协同治理定义为：为了实现与增进公共利益，政府部门和非政府部门（私营部门、第三部门或公民个人）等多元合法治理主体在一个既定的范围内，运用公威、协同规则、治理机制和治理方式，共同合作，共同管理公共事务的诸多方式的总和[87]。

对于上述研究成果，李辉和任晓春认为，其关于协同治理概念的论述几乎等同于治理理论所强调的平等、合作、多中心和网络化等观点，而没有实现对治理理论的超越与发展。并在这一判断的基础上提出协同治理是指处于同一治理网络中的多元主体间通过协调合作，形成彼此啮合、相互依存、共同行动、共担风险的局面，产生有序的治理结构，以促进公共利益的实现。其核心内涵应该包括五个方面：①匹配性，要求合作主体之间拥有资源和能力等要素的互补性和协调性；②一致性，即参与主体间所追求的目标保持统一；③动态性，治理过程中主体间的合作可能存在不确定性和随机性，应对动态性变化做出回应；④有序性，要求主体间互动关系有序，避免出现治理体系无序化、碎片化、资源内耗和重复建设；⑤有效性，保持良好的社会秩序和实现公共利益[83]。自此，越来越多的学者尝试打破“协同治理 = 协同理论 + 治理理论”的传统研究视角，另辟蹊径开展研究。尤其是党的十八届三中全会明确提出“社会治理”之后，以协同治理为切入点，探寻适合中国改革发展实际的治理理论以及善治良政的实现途径更是成为热点话题，学者们的研究视角从“发现了结构怎样组成”逐渐深入到“还得明白组件如何协作”。如田培杰将协同治理理解为政府主体与其他非政府主体的利益相关者，基于特定的社会问题，采用相对正式的机制进行协商、互动、决策和共同行动的过程[88]。李汉卿将协同治理的内涵界定为包含“治理主体的多元化、各子系统的协同性、自组织组织间的协同和共同规则的制定”的治理模式[89]。田玉麒博士通过对协同治理的概念界定和特征描述，将其理解为一个内外交织的体系：①治理主体多元化，包括政府部门、市场部门、社会组织、社区和个人；②公共性，处理公共事务、解决公共问题、增加公共价值的目的凸显；③跨域性，协同治理参与者和解决的问题都具有跨界性；④交互性，治理主体之间在行动过程中需积极互动；⑤动态性，协同治理过程会随着内外界环境的变化以及任务的进展状况而做出相应的调整。此外，他还指出，协同治理作为一个跨学科概念，可以通过作为关系结构的协同治理、作为制度安排的协同治理，以及作为决策过程的协同治理三个维度进行解读[90]。显而易见，他们的研究开始更加注重社会各要素的有机关联与协同运作，强调通过资源共享和优势互补以及要素的良好匹配来实现最小成本和最大化公共利益。

2017 年党的十九大报告明确了我国社会治理顶层框架，即“党委领导、政府负责、社会协同、公众参与、法治保障的社会治理体制”，在我国的社会治理体制中，党委、政府、社会、公众等作为社会治理的主体地位得到了明确界定。而党内民主集中制和广泛的协商民主制的基本制度则成为在我国政治语境中研讨协同治理理论的合法性框架。社会治理系统中各个主体在这一制度基础上通过立法协商、行政协商、参政协商、社会协商等，改变政府为唯一权威的治理模式，实现治理权威的多元化。同时，通过协商、对话、交流，形成协同效应，汇聚力量，找出各方利益的最大公约数，在改革开放上形成聚焦。因此，不妨这样理解，协同治理是在我国特有的制度形式下，基于对民主和权力公共性的追求，通过将协同学核心思想引介到治理领域中，致力于推动合作结构生成的一种解释性话语结构，在一定程度上可以丰富当代中国国家与社会关系的叙述方式，着力于探讨协同治理的序参结构，主张通过对地方政策法规、地方治理主体、治理要素和资源等的挖掘和拓展，来勾画作为关系集合的地方区域，从而推动社会协同治理的实践[91]。

2 西方国家城市更新的发展历程与政策演变

西方国家对城市更新治理的理论探究与实践探索起步较早，多年来在城市更新的机制构建和实施模式上一直都很有建树，对世界各国的城市规划和建设始终都保持着巨大影响，在很多方面都具有国际引领地位。全面深入地梳理西方国家的城市更新理念、相应政策设计、政治经济背景以及治理方法与实践，对于我国当下以及未来的城市更新发展战略有着很好的借鉴和参考意义，也有利于我们对中国城市更新治理存在的问题进行深入的思考。

2.1 西方国家城市更新的发展历程

城市更新伴随城市发展的全过程。始发于英国的产业革命带来全球范围的城市化，处于前沿的西方国家在应对和解决城市问题的理论研究与实践活动中，积累了丰富的理论成果和实践经验。纵观其历史发展与演进历程，大致经历了一个从以大规模拆除重建为主，目标单一、内容狭窄的城市更新和贫民窟清理转向以谨慎渐进式改建为主，目标更为广泛、内容更为丰富的社区邻里更新的发展过程。延续至今，西方国家应该说已经基本完成了其城市从兴起到发展再趋于成熟的演进历程，并进入了自我完善的趋缓发展阶段[74]。

2.1.1 第二次世界大战前的城市更新

近现代意义上的城市更新始于18世纪下半叶的产业革命[92]，工业的快速发展带来城市形态、结构和功能的重大变革，由于缺乏有效的规划政策和引导调控，许多问题和矛盾开始涌现。这一时期突出的城市问题就是伴随大量农村人口及外来移民融入市区就业，城市人口急剧膨胀，社会问题不断涌现。

英国作为工业革命的发源地，是最早开始关注城市更新的国家。由于工业革命，英国的城市问题极为突出，人口急剧增长造成住宅的短缺和居住条件的过分拥挤，从而导致城市的高密度发展，同时带来不卫生的环境。恶劣的环境引发工人普遍不满，也带来许多其他社会问题：社会犯罪率增高，经济发展速度缓慢，非就业人口比率增高，城市居民贫富差距拉大等。针对这些问题，英国政府1875年颁布《公共卫生法》，同年还颁布《住宅改善法》，第一次提出关于清除贫民窟的相关法律规定，旨在通过立法来改善城区卫生条件和居住区的生活环境。20世纪30年代，英国启动清除贫民窟计划，开始真正意义上的城市更新。1930年英国工党政府制定《格林伍德住宅法》，采用《建造独院住宅法》和“最低标准住房”相结合的办法，要求地方政府提出消除贫民窟的5年计划。在清除地段建造多层出租公寓，在市区以外建造独院住宅村，以解决住宅问题。

在这一时期，欧洲其他国家也纷纷围绕公共安全和公共卫生问题开始了大规模的城市更新改造，旨在改善市容市貌，提高城市各方面的承载能力。事实证明这一时期的改造确实实现了公共卫生条件的改善、居民生活品质的提高，也畅通了交通，美化了环境。比较经典的代表当属1853年拿破仑三世时期由奥斯曼男爵主持的巴黎重建。奥斯曼在密集的旧市区中，规划了巴黎交通干道网，有效地疏解了城市交通难题，大量拆除古老街区，新辟开阔大道直线贯穿各个街区中心，同时在道路两旁种植高大乔木，从而首次定义了林荫大道的内涵。奥斯曼在资源地景的基础上新建大型城市公园，以充分的阳光、新鲜的空气和宽敞的空间造就了巴黎的“城市之肺”。同时严格规范路边建筑高度和形式，营造典雅气派的街景风貌，修建完善下水管道等重大市政工程，实现传统城市肌理与形态的根本改变，奠定了现代城市的雏形，并成为后来美国城市美化运动的样板[93]。

19世纪末20世纪初，欧洲的工业革命在美洲大陆产生巨大影响。伴随美国经济腾飞和城市化浪潮，美国的城市也出现了因人口激增而导致的就业不足、犯罪严重、环境恶化和贫民窟等一系列问题。面对肮脏混乱的城市状况，城市美化运动致力于通过改进城市基础设施和美化城市面貌来创造一种新的物质空间环境和秩序[94]，希望通过重新设计城市来恢复城市因工业化的破坏性发展而失去的视觉美与和谐生活，改进社会的生存环境，止暴制乱，消除社会冲突[95]。自此，以芝加哥为起点的许多中心城市一方面开始在城市中建立大型景观公园以美化城市环境，同时开始建设市民活动中心，改进城市的基础设施和功能，以满足商业和日常需要。城市美化运动打破了美国城市街道网格状布局单调沉闷的氛围，彻底改变了美国中心城市的外部形态与空间结构和空间规模。公园的自然景观提升了城市土地价值，也制约了郊区建造住宅的趋势。便利的交通系统密切了人们的联系，改造后的房屋改善了居民区的生活环境，林荫道系统提供了多种多样的公共娱乐设施，城市如“磁铁”一般更加具有吸引力[96]。“一个城市的级别和价值在很大程度上就取决于这种功能发挥的程度”“城市的主要功能就是化力为形，化权能为文化，化朽物为活灵灵的艺术造型，化生物繁衍为社会创造。”以此目标为导向，美国的城市美化运动取得了显而易见的成就[97]。

然而，不可否认的是，这一轰轰烈烈的推土机式推倒重建运动，对于很多欧洲国家来说是一场城市空间结构的深刻变革，却也在大拆大建中破坏了大量中世纪的建筑和历史文化遗产，造成中世纪城市建筑在空间组织上的人文和艺术成就的历史湮灭，而再难让现代人清晰而直观地感受到中世纪城市的广场、街道、建筑等位置的选择和布置与交通、建筑区布置中的那份审美情趣和人文理想的温暖。而对于美国这个没有古典建筑，也谈不上历史积累的年轻国家来说，却是给曾经破旧不堪的冰冷城市带来了亮点，堪称美国历史上第一次对城市进行综合规划，具有里程碑的意义。

2.1.2 第二次世界大战结束初期的城市更新

第二次世界大战期间以及战后，欧洲战场的大部分国家面临的首要问题就是战后重建。事实上，不论是早先欧洲的城市重建运动，还是美国的城市美化运动，虽然在一定程度上通过规划缓解了恶化的城市环境，但是从根本上讲，都没有改善城市布局的性质，许多城市内大量贫民窟仍然没有得到完全清理和修缮，大量的非标准住宅仍然留存并亟待修复，城市内过分拥挤的现象依然存在[74]。而第二次世界大战的爆发更是让欧洲本就存量住房质量不高和住房短缺的问题更加严峻，因此对于这些国家，战后城市更新的首要工作就是重建和恢复毁坏的老城区建筑，同时清理旧城区留下来的很多贫民窟，开发郊区新建住宅区，为战后人口增长建设新住宅和学校、商店以及医院等配套设施。事实上，战后这一时期的欧洲随着经济的不断发展，正开始进入到一个充满了复兴希望和乐观情绪的时期，历史学家埃里克·霍布斯鲍姆曾将这一时期称为是欧美国家经济快速发展和社会普遍富足的黄金时期。一方面，人民希望“富足社会重新发现和消除贫穷”。另一方面，凯恩斯主义新政在西方兴起，他们对政府为居民提供更好的公共服务充满了希望。在这一背景下，社会公平和福利受到广泛关注，城市更新的制度中便也增添了对弱势群体的关注，强调被改造社区的居民应享有城市更新所带来的社会福利和公共服务的权利[92]。

基于这样的需求和理念，战后初期的城市更新基本都是以物质空间的更新改造为主导，其基本的指导思想就是希望通过整体的形态规划以恢复遭到经济萧条打击和两次世界大战破坏的城市，摆脱城市发展的困境，满足人们的住房需求。这一时期，受法国著名建筑师柯布西耶关于城市规划的“城市集中主义”思想理论的影响，欧洲大部分国家的内城改造和战后重建力求规则、秩序和唯美，“主张旧城‘新城化’，通过大规模改造，使分区功能纯化；通过预先规划和大规模拆建，将旧城混杂的布局改造为结构清晰、分区明确，交通便捷的‘新城’”[98]。而在新城建设和城市功能与空间重组上，受伊利尔·沙里宁所提出的“有机疏散”理论的影响，大部分国家加大在城市周边进行新城开发或者在城郊建设卫星城，以缓解战后大城市内人口高度集聚的压力。如英国在1946年颁布《新城法》，旨在通过大城市周边自给自足的新城开发，吸引市内人口外迁，缓解城市内城日益拥挤和无限蔓延的问题。法国在20世纪50年代先后编制《巴黎地区国土开发计划》和制定、实施“疏散政策”，都意在缓解大城市的压力，促进经济发展。

在这样的城市更新思想理论与政策法规的引领下，西方国家的城市规划工作进一步完善。1937年，英国现代建筑研究小组开始对英国城市规划问题进行研究并将成果集结于1942年出版的《伦敦规划》，规划方案建议把伦敦设想为一系列延伸到周围郡县的线性区域，并以其中心贯通而过的铁路发展轴将它们连接起来。1944年，艾伯克隆比的大伦敦地区规划吸收霍华德田园城市理论中分散主义的思想以及格迪斯的综合区域规划思想，将伦敦周围较大的地域进行整体规划，形成以伦敦城为中心、周围郊区、接之绿带、外围郡县的四个圈层，旨在通过开发城市远郊地区的卫星城镇，分散人口、工业和就业。大伦敦规划这种细胞结构的概念或者说功能分区原则，在当时成为其他城市开发城区仿效的良好范式。

第二次世界大战后的美国中心城市也同样在持续衰败，城市问题、社会问题和经济问题交织在一起导致恶性循环，白人郊区化、黑人城市中心化，就业的不稳定因素导致中心城市经济环境急剧恶化，所引发的连锁反应就是房产严重贬值，政府因此无法获得充足的房产税以维护基础设施并提供基本的公共服务，大量基础设施老化，公共服务瘫痪，中心城市的居民继续逃往郊区，形成恶性循环。随之而来的就是犯罪问题日渐严重，中心城市的社区迅速衰败。为了解决这一问题，美国的联邦政府、地方政府和房地产商基于各自的利益和考量通过 1949 年和 1954 年的《住房法》达成关于“重新振兴中心城市”的共识。

1949 年美国联邦政府协同地方政府和房地产开发商制定《住房法》，旨在通过联邦政府的财政补贴形式，以公共住房为切入点，鼓励地方政府和房地产开发商对中心城市的衰败社区进行清理和城市再开发治理，“为每一个美国人提供体面住房和舒适的居住环境”，同时重新发挥内城经济、文化等中心区的辐射作用带动郊区的发展。然而由于事实上的公房开发是要在清除衰败社区后的原址修建公共住房以安置原有住民，缓解中心城市衰退，而这有违于房地产开发商对清除贫民窟后利用中心城市地皮升值，对土地进行商业开发的目标追求，最终难以调动开发商的积极性，也不能有效带动城市的整体改造。为了平衡政府、民众和房地产开发商之间的利益，1954 年国会通过新的《住房法》对“城市更新计划”进行了重新修订，重心由原来的住房建设开始转向城市的综合开发，非住宅建设的比例在计划中开始逐年提高，房地产开发商和中心城市商业集团的利益得到彰显，而原来的公房援助目标则被淡化。在这一时期，城市的“中心区”迅速地被改造为“中心商务区”。大量办公楼、银行中心、百货大楼、零售中心、饭店、会议中心、甚至运动场馆开始迅速取代原址上的衰败社区。中心城市的商业化发展为城市注入了新的活力，也缓解了地方政府的财政压力，但随着公共住房援助目标的淡化，内城居民的生存空间被压缩，生活质量急剧下降。两年后，美国政府再次颁布《高速公路法》并据此制定一项覆盖 5 万人口以上城市 90% 的多车道高速公路的“州际高速公路计划”，其目的在于建设一个全国性的高速公路体系，在改变公共交通条件的同时也加剧了中心城市中贫困社区居民的流离失所[99]。

2.1.3　20 世纪 50 年代末到 70 年代

伴随郊区新城扩建以及城市功能和空间结构的改造，西方国家的城市化水平和经济发展水平都得到显著提升，随之而来的是大量人口的涌入，除了农村人口，还有相当数量的来自东欧、南欧、北非、中美洲等国家的移民，造成人口机械增长，例如在法国，1945 年时法国有 50% 的人口居住于城市，而短短 20 年后，到了 20 世纪 60 年代中期，这个数字上涨到 66%。经济的富足发展与供给还培养了个人主义的消费倾向，同样是在法国，相当一部分人过于追求郊区独立住宅或城市中心更新后的住宅，贬低甚至抛弃 50 年代曾一度代表社会进步、由国家统一建设的大型集合式住宅区[74]。城市功能结构的改造导致人们频繁奔波往返于居住、工作、购物和休闲等不同功能区域，与城市人口的急剧膨胀共同带来交通负荷不断增加的严重后果。而功能单一的居住区由于在建造时过分强调功能和秩序，忽视城市的社会结构和空间品质而缺乏生活和人情的味道。城市发展的实质性问题与矛盾已不再是单纯铲除城市中心的贫民窟，修建住宅或向郊区扩散人口所能解决。大批学者开始站在不同立场和不同角度反思传统的城市规划思想及其指导下的大规模城市更新改造方式，“人本”思想应运而生。在后来的城市规划与建设中，越来越多的专家学者开始关注城市更新的人本情怀。如国际现代建筑协会中的 Team 10 强调城市规划和建设必须选择对整个城市结构最具影响的要素来进行，而非重新组织整个城市。英国政府规划咨询小组首次提出“公众应该参与”规划的全过程等。

20 世纪 50 年代后期，各国开始进入更加敏感的住房革新和整个旧城复苏与提升阶段。这一时期城市更新从主体上看，私有部门成为与公共部门一样的城市更新主体，二者共同合作，在提高社会整体的福利水平同时，也彰显了私有部门的参与、作用和影响。从客体上看，城市更新郊区化和内城复兴两种趋势并存，许多国家受早期以大伦敦规划为代表的英国新城运动影响，纷纷致力于郊区卫星城与新城建设，借以通过大城市外的人口安置和基本商业、服务、娱乐设施的建设形成新的相对独立的社会，从而达到疏散都市人口和工业，改善城市交通拥堵现状，提高人民居住水平的目的。而在旧城住宅开发和城市中心建设中，对生态环境的保护、文化遗产的继承、社会民生的关注与中心商贸区的复兴共同成为城市更新关注的焦点，传统的以形体规划为思想基础的城市更新改造方式开始得到反思。

巴黎是进入 19 世纪以来不论人口还是地域都是世界上膨胀最剧烈的城市之一。青年地理学家葛维尔曾在名为《法国的沙漠——巴黎》一书中揭示了巴黎的极化现象，在巴黎这个只占国家 2% 国土的地区却集中了全国近 20% 的人口和近 30% 的工业、就业，解决这一问题的关键在于运用技术革新推动乡村地区的工业发展，实现对城市人口、就业、产业等的分流。1963 年，法国设立 8 个平衡型大都市地区以均衡首都巴黎的发展。1965 年法国为了推进巴黎的有序向外扩展，通过《巴黎地区城市规划与管理指导纲要》，计划在 2000 年以前在巴黎大都市区沿塞纳河两岸两条发展主轴修建 8 个有足够工作岗位和商业、公共服务设施的新城，借以打破传统环形集中发展方式造成的绿地不足、交通拥挤的局面。1975 年，政府对该纲要进行修订并将其更名为《大巴黎地区城市规划与管理指导纲要》，将原计划中的 8 座新城削减至 5 座，以促使巴黎的新城建设与外省的新城建设取得平衡。同时，为扭转旧城区整体衰败的颓势，政府在遵循原有城市脉络、保留传统历史风貌的基础上，加速对老城区进行修缮，并适度建设一些有现代气息的新住宅、新公共服务设施以及商业办公空间，以提升老城区的活力。此外，比较典型的还有哥本哈根指状规划、汉堡及其周边地区的发展模型、斯德哥尔摩规划等，分别代表了不同国家在不同时期新城建设的规划思想，为现代城市的更新发展提供了各种可能的范式[100]。

这一时期的大洋彼岸，美国联邦政府一方面从更新规模扩大的实际需要出发，加大政府干预力度，多次对住房法进行修订，其核心内容在于不断加大联邦政府对非住宅建设的拨款比例和资金扶持，同时增建住房，并对城市动迁居民异地重新安置费用扩大支持，对低收入个人购买和建造私人住房提供贷款。法案的相关修订无疑刺激了私人资本对城市更新的积极参与，也使更新运动呈现出以商业开发为主的显著特点。另一方面通过将开发、修缮和保护等有机结合起来，城市更新的范围也由贫民窟逐渐扩大到整个城市，城市更新运动规模进一步扩大[101]。在城市规划上，美国以欧洲国家的城市规划为蓝本，将欧洲城市的壮丽尽数学以致用，设计出以华盛顿为典型代表的城市规划方案。在城市发展的规划上，美国通过实施中心商业区的综合开发建设，文化艺术中心、教育科研中心和工业园区等的规划建设，不仅改善了城市的物质景观，同时也使以服务业为主的一批新兴产业在城市的中心地带获得了更大的发展空间，因郊区化而造成的城市中心区的衰败也由此得到缓解。

2.1.4 20世纪70年代初到90年代

进入20世纪70年代，西方国家城市结构和功能所发生的变化比以往任何时期都要大。一方面，城市中心的许多功能已转向外围的卫星城镇，城市郊区化和逆城市化导致内城荒废现象和城郊外围土地开发压力以及城市聚合现象。另一方面，受经济全球化影响，这些国家的资本和制造业纷纷流向廉价劳动力国家，造成本国城市经济的被迫重组，制造业中心地位正在被以金融、信息等第三产业的发展所取代。工业化的递减导致城市“一度收入相当不错的均质的工人阶级衰落了，工人内部相对的工资差别大大增加。社会群体的变化导致了无家可归和原先稳定的工人居住区的衰败”[102]。与此同时，一些中产阶级家庭自发从市郊迁回城市中心区，改变着社区的居住结构，也带回一些如公共参与、生态保护等新的观念。低就业率和新型投资给城市造成一定的财政困扰，导致政府难以为低收入者谋利，也限制了为未来发展进行必需的基础设施投资的能力。

20 世纪 80 年代，在里根—撒切尔推行的“新自由主义”思想影响下，各国城市政策的主要侧重点放到了私人部门上，城市政策的主要特点更加倾向于经济自由化和市场化。在英国，政府鼓励私人部门参与治理衰败地区以便进行再开发，主张公共部门的主要任务是吸引私人投资者，在不过度干预他们开发决策情况下协调其各种要求。同时，公众逐渐参与城市更新规划当中，对城市更新产生一定的影响。面对当时亟待解决的城市内部大面积工业时期建造的工业区、仓储区和交通栈场以及港口区的功能转化问题，英国保守党政府在这些被废弃的或者无主的衰败地区设立企业区，以财政激励、税收减免、宽松的规划限制和很少的政府干预等政策工具以及其他类似措施，吸引那些财富创造者重返城市，鼓励企业入驻，带动区域内商业和工业的开发，也因而造就了办公楼、酒店和零售商店外加工厂的混合景观，为企业发展创造了条件，也带来城市内城风貌的改变。除了企业区政策，城市开发公司是英国政府城市更新的另一旗舰政策，1980 年，按照《地方政府、规划和土地法案》，英国政府成立了城市开发公司，其关注点在于散布在英国各地、受严重去工业化、经济调整、环境恶化等城市问题困扰的城市。城市开发公司被授权收购、持有、管理、改造和处理城市土地和其他不动产，开展楼房建造和其他经营，改善环境，确保供水、电力、燃气、排污和其他服务，提供交通设施，为达到城市更新目标而开展其他商业经营，对私人部门提供金融激励，目的就是要“通过有效使用土地和建筑来确保自己所负责区域的更新，鼓励现有和新型工商业发展，创造有吸引力的环境，并确保住房和社会设施以鼓励人们居住和生活在这个地区”[31]。在这样两个堪称旗舰政策的推动下，这一时期的整个英国到处都充斥着各种地产开发项目，商业、办公及会展中心、贸易中心成为地方主要更新模式。

大洋彼岸，美国联邦政府在里根总统的执政下，实施“城市复兴”政策，取消或减少联邦政府对“城市计划”的资助[103]。在这一政策的强压之下，各州和地方政府纷纷选择慷慨刺激，以减免税收、大力发展债券、贴息贷款以及低于市价的土地交易等措施推进城市企业化改造模式，促进了城市中心区及商贸区的开发，同时积极发展各种产业以吸引潜在的投资者、居民和旅游者。这一政策倾向下的城市复苏目标以公司大楼、旅馆和商业大街等取代了盈利较少的小企业。而在居住区，则意味着中产阶级回归对贫困居民的挤压以及社区空间和资源的重新安排，虽然在一定程度上拯救了美国城市，但却也加剧了地区发展的不平衡和社会发展的不公平。

2.1.5　20 世纪 90 年代后的城市更新

产业发展不平衡造成城市不同区域发展水平的差距，高新技术制造业和第三产业不断发展使得拥有大市场和大量技术工人的地方形成专门化的交通运输和市场服务，并逐渐形成城市集聚区。集聚区人口日益膨胀，导致规模不经济，出现交通拥堵、土地短缺、房价飞涨、基础设施不敷使用等问题。而另一方面，衰落的老工业区和落后地区因为人口过于稀少和分散，无法支撑各项现代服务设施的基本运转需要。贫富差距、族群歧视在内的社会问题依然是这一时期城市发展的主要问题。此外，可持续发展和改善现有城市已成共识，高度重视人居环境，在着眼于城市经济竞争力的同时，更着眼于社会公平和环境保护成为城市更新的指导思想。进入 90 年代，传统的城市规划方法和程序发生很大变化，基于沟通和共识的规划方法逐渐开始主导规划决策过程。功能理性的城市更新逐渐开始转变为注重社会文化的人本主义城市更新理念，城市更新的规划也开始从工程技术转向对社会问题的关注，主张人际沟通与关系重建、提倡人与人的和谐交往、人与自然的交融，同时强调人的独特性和多元性。

在这样一种人本主义和可持续发展理念的影响下，欧美各国城市更新进入一个更加强调综合整体对策的城市再生阶段，建立合作伙伴关系成为主要的组织形式。1990 年，“城市再生”理论初步提出，其所关注的城市更新组织形式、城市环境的发展方式、城区规划和管理以及更新改造的核心主题等成为西方各国推进城市更新的基本着眼点。英国政府在这一时期的城市更新政策重点发生转变，多部门合作开始涌现，地方政府从较早的吸引投资、协调各方的“幕后工作”重新走到“台前”，重返城市更新视野，并加强与社区的合作。基于房地产驱动式更新的“公—私”双向合作方式逐渐转变为公共部门、私人部门和社区志愿组织结成三方多部门合作关系，受城市衰败影响的、有需求的人士也可以加入城市更新倡议行动中去。1991 年，英国政府开始启动城市挑战计划，鼓励地方政府和地方社区在城市更新中起核心作用，把相互竞争作为城市资源配置的方式，要求受计划资助的城市更新项目要为既有公司的合作投资增加价值，激发财富增长和企业文化，扩大社会服务，让当地社区受益，提高居民生活质量。1993 年英国国家环境部提出“专项再生预算”计划，协调各项政策，推进包括公共、私人、志愿组织和社区部门在内的多元主体合作，整合住房、教育、健康、预防犯罪和社区安全等各种主流计划，以一种具有战略性、协调性和投入产出效益的方式来帮助解决贫困地区的问题。“专项再生预算”计划的核心原则就是要求当地群众参与到城市更新中去，并从中获益，其目标在于通过良好的设计、管理和维护来改善住房条件和生活质量，预防犯罪和促进社区安全。此后，英国政府又先后提出“第二次现代化”，颁布《我们的城镇：迈向未来的城市复兴》等计划，召开各种峰会等，旨在实现城市复兴，显著影响了英国城市形态和功能的发展。

在同样背景下，美国在一系列组织的倡导和推动下，提出《精明增长计划》，强调振兴中心城市和旧社区，主张促进紧凑式开发，改善资本投资，促进可持续发展。东北部“铁锈地带”在产业衰退和人口外迁等消极作用下，纷纷调整地区支柱产业以扭转发展颓势，而太平洋沿岸地区则借助高科技朝阳产业，成为美国新的经济热点地区和人口迁入地。

2.2　重要思想

2.2.1　“田园城市”理论

英国著名城市学家，埃比尼泽·霍华德（Ebenezer Howard），是被称为“花园城市”之父的英国“田园城市”运动创始人。他针对当时城市膨胀和生活条件恶化现象，于1898年出版《明日：一条通往真正改革的和平道路》一书，1902年该书修订再版，更名为《明日的田园城市》。书中提出通过建设田园城市以及开展一系列的社会改革，最终构建一个“城市—乡村”一体化发展的田园城市群——社会城市，从而达到平衡住宅、工业和农业区域比例的目的。按照霍华德的定义，田园城市是一个为健康、生活以及产业而设计的城市，它的规模足以提供丰富的社会生活，但不应超过这一程度；四周要有永久性农业地带环绕，城市土地归公共所有，由委员会受托管理。

霍华德田园城市理论主要有两个思想来源，一个就是19世纪上半叶的乌托邦传统，构想美好的家园共同体是一个城镇和乡村的综合体，还有一个就是19世纪下半叶由维多利亚思想所具体体现的理想演变而来的向往，企图把家庭生活从大都市的拥挤和混乱中解放出来，尽量合理地使城镇变得和乡村一样[104]。田园城市理论的主要内容包括：田园城市包括城市和乡村两个部分，城市四周为农地所环绕，城市居民生活于此、工作于此，新鲜的农产品在就近的市场就可以得到供应；田园城市有规模限制和人口限制，设想中的田园城市大约 24.28 平方公里，承载人口 3.2 万，超出这一界限就分流出去另建一个田园城市，以保证城市不会出现过度集中和拥挤问题，同时也要保证每户居民能极为方便地接近乡村自然空间；新建的田园城市可以通过构建与原城市和中心城市的交通网络，最终以社会城市的方式组成城市集群；所有的土地归全体居民集体所有，使用土地必须缴付租金，租金收入用以满足城市设施的建设、维护和投资等各种支出；田园城市的行政管理机构由购地与纳税人选举产生，其构成中的中央议会和各部门均衡权力，与市场主体共同实现城市自治。

霍华德提出的田园城市的设计方案既有关于单体的田园城市规划，也有关于社会城市集群的城市规划。单体田园城市总占地约 6000 亩，城市居中，四周农地包围，由内向外圈层布局，六条主干道从中心向外放射，将城市分为六个扇形区域。其中，内部市中心是一个公园式市民活动中心带，周围环绕着各类大型公共建筑——市政厅、音乐厅、剧院、图书馆、展览馆和医院等。再向外环绕这个中心的是居住区、商业区和公园，组成市中心的第一个环形带。此环形带外设一条林荫大道，两旁有住宅，学校和教堂等，将中心带外围的城市地区划分为两条环带，环带的外圈有工厂、仓库、市场等。农业用地含农业种植和养殖，也含休闲绿化。社会城市是一个由中心城市与若干个田园城市共同组成的通过农业带分隔的城市集群，每一个城市集群中中心城市与每个田园城市之间的距离从中心到中心约 4 英里，边缘之间距离约 2 英里。中心城市规模略大，面积 12000 英亩，人口 5.8 万人；每个田园城市面积 6000 英亩，人口 3.2 万人；整个社会城市面积约 66000 英亩，人口 25 万人。从空间上开看，社会城市表面上类似于一种微弱的单中心结构，但实质上强调的是大城市的分解[105]。霍华德的田园城市设计，从单体式设计看，其空间布局上保证了城市功能的完整性、路网交通的通达性、城乡琴瑟的和谐性以及绿色空间的可及性。从集群式设计看，其城市规模、人口密度、结构布局等规划简洁，堪称是一个比较完整的城市规划思想体系，对现代城市规划起到重要的启蒙作用，也对后来出现的一些城市规划理论、规划方案和规划法规产生较大的影响。

2.2.2 “有机疏散”理论

有机疏散理论是出生于芬兰的美国著名建筑理论家伊利尔·沙里宁（Eliel Saarinen）在 20 世纪初，针对大城市过分膨胀所带来的各种弊病，提出的城市规划和疏导理论。最早提出于 1918 年芬兰“大赫尔辛基”规划方案，整个理论体系及原理集中在他 1943 年出版的名为《城市：它的发展、衰败与未来》一书中。

1918 年，伊利尔·沙里宁在为芬兰制定“大赫尔辛基”规划方案时，面对中心城区的拥挤现象和居住在郊区的人们因往返于中心市区就业而造成的交通拥堵和生活成本攀升问题，他广泛研究交通系统的组织，居住和工作的关系，建筑与自然的关系，主张在赫尔辛基附近建设一些可以解决一部分居民就业的“半独立”城镇，以此缓解与城市中心区通勤的矛盾。

在《城市：它的发展、衰败与未来》一书中，伊利尔·沙里宁从建筑的角度出发，首先通过考察中世纪城市生机勃勃的原因和 19 世纪中城市发生的衰退问题，提出城市建设的主导思想是追求物质秩序和社会秩序的相辅相成，城市建设要“把对人的关心，放在首要位置上”“物质上的安排就是为人服务的”。“在谈论城市中良好的生活及工作条件时，应当把良好的条件，理解为既是物质上又是精神上的条件。”城市物质形式的秩序在于启发居民在精神文明上求取进步，因此诚实的和创造性的建筑“会在人们心灵中产生一种向往精神文明的积极影响”。继而，沙里宁总结了当时城市发展的现存问题，并从社会、心理、物质、交通以及人口等诸多方面进行原因分析。最后，结合具体实例，提出了为使城市避免受到贫民区感染的危险，必须运用灵活和保护的原则鼓励城市走向分散的多种建议。他主张把大城市中整块拥挤的区域散布成为若干集中单元，如郊区中心、卫星城镇以及社区单元等；此外，还要把这些单元组织成为“在活动上相互关联的有功能的集中点”。因为在这些“有功能的集中点”中，凡是相互之间没有联系的活动，以及相互干扰的那些活动，都不允许设置。所以，在那里，企业之间必要的相互联系，显然能够更直接更有效和更容易地建立起来。这其中，第一，住宅区的选择和开发尤为重要，沙里宁认为所谓“相互有关的活动”，首先应该解决人们的居住地点和日常工作地点之间的彼此良好联系，以便使人们的生活更有效率和更加方便，住宅区位置的选择和开发必须要置于整个疏散计划中全面规划，而不应是随意选择和安排，以避免其变成与整体无关的临时性质的工作，从而造成混乱，并最终“十之八九将变成贫民区”。第二，疏散不仅仅是“物理意义”上的把城市的居民和使用的土地分布到可供扩展之用的边沿地区，确切地讲，将其理解为“化学程序”更合乎逻辑，因为它还涵盖对城市各种活动的分布与相互关联进行安排，这一进程明显把城市的紊乱状态，逐渐转变为一种切实可行的秩序。原来混乱的随意分布的各种城市功能，现在适当地相互关联起来，形成了功能性的组合，并逐渐与其他的组合建立起切实可行的相互关系[106]。第三，明确了分散的目的是要把相互干扰的混乱状态，变成有功能的高效率局面。

综合来看，沙里宁的“有机疏散”理论并没有对城市更新给出一个具体的或者技术性的指导方案，而只是对城市的规划、设计和建设进行了有哲理性的思考。但是对其思想进行梳理和总结，其核心观点在于把城市分解为一个既统一又分散的城市有机整体，认为城市的发展不能全部集中在旧城中心，要把城市的人口和工作岗位渐序疏散到可供合理发展的远离中心的地域上去，多中心发展、多功能布局，恢复城市的秩序以逐步解决内城的衰败问题，提高城镇居民的生活质量。“有机疏散”理论成为二战后西方城市建设的共识，也成为许多大城市中功能与空间重组的重要理论基础。

2.2.3 “城市集中主义”理论

“城市集中主义”理论的典型代表人物是被称为“现代建筑的旗手”、法国著名建筑师勒·柯布西耶（Le Corbusier)。面对当时欧洲城市因快速城市化和工业化所引发的城市问题，勒·柯布西耶在进行深入研究的基础上形成了自己的城市思想，主张通过对城市内部的改造，使之适应未来发展的需要，改造的重点应放在物质要素的布局和改善上。

1922 年，柯布西耶出版了名为《明日城市》一书，同年他在巴黎秋季沙龙展览会上提交了一个“300 万人口的当代城市规划”方案，展示了他对于现代建筑和城市规划的崭新思想。在他的方案中，城市中心设计规划为必要的公共服务设施，周围分布着 24 栋 60 层摩天大楼，内居 40 万人。摩天大楼围合的地域内及其周边是大片的绿地，建筑仅占总基地面积的 5%。再向外围是可容纳 60 万居民的多层连续的板式住宅形成的环形居住带，而在最外围规划的是容纳 200 万居民的花园住宅区。整个城市平面呈严谨的现代化几何形构图，矩形的和对角线的道路交织在一起，其规划的中心思想是，疏散城市中心、提高密度、改善交通，提供绿地、阳光和空间[107]。

1925 年巴黎万国博览会上展出了柯布西耶的巴黎市中心改建规划方案，也被称为“瓦赞规划”。规划提出要拆除大量旧建筑，拓宽道路，修建多栋高层办公楼。地面完全开敞，可自由布置高速路和公园、商店等休闲设施，这是他现代集中主义城市构想的再次运用。

20 世纪 30 年代柯布西耶提出“光辉城市”理论，进一步表达了他的城市规划思想。主张用全新的规划思想改造城市，设想在城市里建造高层建筑和现代化交通网络以及大片绿地，为人们创造充满阳光的现代化生活环境。他认为传统的城市由于规模的增长和市中心拥挤程度的加剧，已出现功能性的老朽；关于拥挤的问题可以通过局部大量高层建筑的形式提高密度来解决；调整城市内部的密度分布，降低城市中心的建筑密度和就业密度以缓解中心商业区的压力；新的城市布局形式可以容纳一个新型的、高效率的城市交通系统。这些规划思想力求规则、秩序和唯美，“主张旧城‘新城化’，通过大规模改造，使分区功能纯化；通过预先规划和大规模拆建，将旧城混杂的布局改造为结构清晰、分区明确，交通便捷的‘新城’”。柯布西耶充满秩序和理性的现代主义建筑理论成为战后初期城市更新的圣经，也成为后来“机械美学”思想体系和“功能主义思想体系”的思想源泉。

柯布西耶一生参加过很多规划项目，但绝大多数都只是停留在图纸。1951年，柯布西耶应邀为印度设计昌迪加尔首府，也正是这一次设计，终于将他的城市规划理念完美展现在现实中。

2.2.4 生态城市和可持续发展思想

20世纪80年代，面对片面追求经济高速增长而带来的一系列社会问题，经济与人、经济与资源环境协调发展的新型社会关系被人们广泛关注。1987年可持续发展理念的提出奠定了生态城市思想和城市可持续发展理论的基础。90年代后，基于对之前更新改造实践的反思，城市更新开始与可持续发展思想合流，出现了更加注重人居环境和社区可持续更新的发展趋向并形成了一些新的认识成果。“新城市主义”“精明增长”“紧凑城市”等便是以生态问题为出发点提出来的对城市发展模式的再思考。

2.2.4.1 城市可持续发展理论

可持续发展意在既满足当代的需求，也不损害后代人满足他们基本需求能力的发展，是当代人与后代人之间发展和消费机会的平等，也是区域内和不同区域间资源利用和环境保护二者之间成本—效益的公平负担和分配，涵盖经济、社会、环境、生态等各个领域，广泛影响着人们对世界、城市、生活的重新认知。在可持续发展理念的影响下，西方国家城市更新理论与实践进一步发展。一方面城市更新的目标更加多元，手段更加多样，内容更加丰富；另一方面多元主体多边合作，采取小规模改建为主，重点加强社区邻里的持续更新。

1996年在联合国第二届人类住区会议上，城市可持续发展的概念走进人们的视野，会议核心内容是协调城市经济发展与社会、文化和自然环境之间的关系，大会明确两个议题，即“人人有适当住房”和“在不断变化的世界中建设可行的人类住区并实现全面城市化”。这次会议的副秘书长乔治·威廉认为：只要把发展定义为：①经济增长；②社会公平；③更好的生活质量；④更好的环境之间的协调和平衡，那么，更多更好的、具有人性的城市一定会出现。从这个意义上讲，可持续城市与可持续发展的含义是一致的，那就是要协调好城市经济、社会发展和城市环境之间的关系。以及城市与农村的平衡关系。而对于如何发展可持续城市，乔治·威廉提出了供城市决策者和城市规划师们思考的几个问题：①当应用到人类住区时，可持续发展指的是什么？②经济增长如何影响城市结构和形态？③生活质量是指什么？好的环境与生活质量之间有怎样的关系？④谁来建设城市？⑤减少关于小汽车相对于公共交通所产生的空气污染和噪声污染的争论是否正确？虽然威廉先生对于他所提出的问题最终并没有给出完全的答案，但是这些问题却是发展可持续城市时必须思考的问题[108]。在随后的实践和理论研究中，人们对可持续发展城市的理解越来越深刻，先后提出“城市复兴”“城市再生”等概念，明确了城市转型发展的原动力和前提基础，提出整体、系统的可持续政策目标和以文化为导向的更新理念以及发展新兴产业等城市更新举措。

2.2.4.2 生态城市理论

生态城市理念源远流长。伴随城市生态问题加剧和日趋复杂，1915 年，芝加哥城市社会学家帕克围绕城市环境下人类行为发表学术观点，奠定了城市生态学基础。在帕克看来，城市的初步布局是以自然地理环境为基础的，伴随城市人口不断增加，个人兴趣、职业以及经济利益等因素使人们分布于城市的不同位置，并因此而形成许多具有独特文化、传统和历史的社区；城市化的发展打破原有的社会分工，促进了人口的增加和流动，而改变了原有的人与人之间的关系，社区内各种机构取代从前的家庭和社会关系而成为满足人们生活所需的来源；城市人的职业选择机会较多，而未实现城市化地区的职业选择则受到多种因素的限制。很显然，帕克的城市生态学研究的是城市人类行为与周围环境之间的关系，他与传统生态学所研究的以动植物及其生存环境的关系存在较大差异。

随着人类文明的不断发展，对人与自然关系的认识不断升华，学者们开始以生态学为基础，跨学科研究人类的社会经济活动与城市生态系统的结构和功能之间的关系。20 世纪 60 年代，城市生态学研究广泛开展。70 年代，联合国教科文组织发起的“人与生物圈”计划提出生态城市是“从自然生态和社会心理两方面去创造一种能充分融合技术和自然的人类活动的最优环境，诱发人的创造性和生产力，提供高水平的物质和生活方式”。1984 年“人与生物计划”又提出生态城市规划的五原则，即生态保护战略、生态基础设施、居民生活标准、文化历史保护、自然融合城市。同年，苏联城市生态学家雅尼茨基也提出他的理想生态城市模式：社会、经济、自然协调发展，物质、能源、信息高效利用，生态良性循环的人类聚居环境。透过这些颇具引领性的表述，生态城市是一个具备高度生态文明的人文环境系统，既具有时代性，又保留原生态，既健康和谐，又充满活力的良性循环的人类聚居地。

2.2.4.3 新城市主义

新城市主义是 20 世纪 80 年代美国的一种社会发展和城市规划运动。其所针对的是城市郊区无序蔓延所造成的城市空心化及其带来的一系列社会问题，主张以新的城市规划理念克服城市无序蔓延开发的种种弊端，以紧凑、联系密切的社区模式恢复城市的活力和联系。

新城市主义的核心内容集中体现于传统邻里的开发模式和交通导向的开发模式。前者主张每个邻里的规模都要有明确的中心和边界；邻里规模以人的步行尺度进行设计，紧凑发展，功能全面；邻里中心为能够满足居民多样化需求的社区活动核心区，区内住宅类型和居民人口多样化；街道布局采用棋盘式以增加人行乐趣为追求；公共建筑一般应位于广场周围或者街道终端以作为地标；交通导向开发模式偏重于对城市邻里、地区和联络通道的设计，主张以地铁、公交等公共站点所在地为社区中心，在紧凑范围内建立集生活、生产、商业、服务、文教等于一体的功能区，各功能区之间实行紧凑开发的一种有机协调模式。新城市主义提倡的是一种快节奏、低成本的都市生活模式，其核心理念在于将传统的城市规划和设计思想与现代生活相结合，让城市文明与自然环境和谐共存，在协调城市人与自然和社会的关系时，同时满足城市人群的生活享受。

2.2.4.4 精明增长

精明增长理论发端于 20 世纪初期，是当时美国等发达资本主义国家针对城市的无度、蔓延式发展而提出的城市规划方案和未来发展理念，从学理渊源上是对“紧凑型城市”的继承和发展，目标在于控制城市蔓延。90年代，“精明增长”概念被提出。自然资源保护协会将其目标界定为“为城市注入活力，新的开发应该是紧凑的、步行友好的和公交导向的，并且将最秀美的景观留给子孙后代”。城市土地研究院则将其定义为：“精明增长并不试图阻止或者限制增长，而是将其纳入这样一个轨道，从而增强经济，保护环境，保护或改进一个社区的生活质量。”[109]总的来说，“精明增长”就是一种服务于城市经济、社区和环境的发展模式。它为城市的发展提供了一个框架，使社区能够做出明智的决策，从而确定有关增长的方式和位置；创造拥有住宅、商业和交通等方面多种选择的活力旺盛的邻里；建立能够为家庭生活提供一个清洁环境的健康社区。1996年，美国规划协会提出城市精明增长的十项原则，即：混合性的土地利用模式；紧凑的建筑设计；创造多样化的住宅选择机遇；建造步行友好的邻里；创造具有鲜明场所感的社区，从而增进其特色和吸引力；保护开放空间、农田、自然景观和重要的环境区域；将开发活动导向现有社区，从而增强其发展；提供多样化的交通选择；使开发决策具有可预测性、公平性和成本高效性；鼓励社区居民和利益相关者积极参与开发决策[110]。2000年，美国规划协会联合60家公共团体组成“美国精明增长联盟”，明确精明增长的核心内容是：确保城市空间存量增效，减少增量扩张；加强对现有社区的重建和对废弃、污染工业用地的再开发，节约基础设施和公共服务成本；城市建设相对集中，生活和就业单元尽量缩短空间距离，减少基础设施、房屋建设和使用成本[111]。精明增长是一种理性的发展方式，它把城市经济社会的发展和保护环境资源、改善社区生活质量统筹考虑，力求为居民及其后代创造一个空间紧凑、资源节约和环境友好的景观城市。

2.3 西方国家城市更新治理模式的典型代表

2.3.1 英国的城市更新治理实践

第二次世界大战后至70年代末，英国政府的城市更新治理主要采用的模式是地方政府主导的公共部门投资和规制，中央政府通过与地方政府紧密结盟，对受损严重的城市地区进行再开发，以实现经济目标、社会目标和环境目标。如1977《英国城市白皮书：内城政策》建议加大政府对城市更新改造的资助额度，希望在1979年到1980年之前，将城市计划的年资助额度从3000万英镑提升到1.25亿英镑，同时给予地方政府额外的权力以有效运营当地经济发展，鼓励地方政府与类似私人部门和地方社区这样的其他组织加强合作，以弥补地方政府不能依靠自身力量解决过于庞大的城市问题的不足。然而，1979年的执政党更迭以及社会和经济问题不断变化，导致白皮书所建议的很多内容并没有发生。但是在现实的实施过程中，城市计划加强了对经济发展的重视，并成为资助成千上万项目和组织的重要资源，高峰期曾每年资助57个城市计划地区内的1万多个项目，仅在1992—1993年，政府的资助支出就高达2.36亿英镑。20世纪80年代后期到90年代早期，城市计划的一般的支出都用在实现经济目标上，剩下的则基本都用在社会和环境目标上。

随着1979年撒切尔夫人所代表的保守党政府上台，自上而下的新自由主义城市更新成为主要的策略，主张降低国家干预、推行市场驱动，力主公私合作或建立增长联盟以实现追求利润驱动下的城市更新或房地产驱动更新。国家政策的重点也由此从福利转到企业，以努力扭转第二次世界大战后那种向集体主义和社团主义演变的政策趋势，重新定义了国家干预在经济中的角色和程度，限制工会组织的权利并释放竞争性市场的自然、自发之力，从而振兴私人资本主义，促进经济增长和积累。政府城市更新治理理念和政策的转变，一方面重构了中央和地方政府之间的关系，这种新的关系主要表现在：①替代，将权力转移给非选举产生的机构，以避免地方政府可能产生的官僚主义和阻挠；②放松管制，减少地方政府的规划控制，鼓励房地产驱动的城市更新；③双向合作，鼓励中央政府和私人部门的双向合作；④私有化，将“合同外包”纳入地方政府服务，住房产权多样化，学校配置中管理控制推出地方教育；⑤集中权力，通过建立一系列的半官方机构或非部门公共机构实现权力集中。另一方面，重构了地方政府和企业之间的关系。地方政府变得更具有企业家精神，愿意提供大量的补贴和奖励以吸引开发商，并在各种开发项目中充当开发合作者。企业家主义成为当时英国城市治理的主要形式，而公私合作和房地产驱动则成为它的主要内容[31]。

公私合作就是地方政府公共部门与私人部门之间的合作。撒切尔政府通过自上而下的一系列政策措施，成功地实现城市政策重心从公共部门向私人部门的转移。公共部门的主要任务是吸引私人投资者，在不过度干预他们开发决策情况下协调他们的各种要求。这一观点也成为1980年《地方政府、规划和土地法案》所提倡议和行动的基础。英国政府和私人部门进行合作的策略在一定程度上借鉴了美国的经验，美国第二次世界大战后期就开始了公私合作。地方政府被参与联邦政府城市重建计划的联邦资金与私人开发商之间产生的合力所吸引，基于各自的利益需要展开联邦政府、州政府和企业之间的三方合作。政府提供大量的补贴和奖励以吸引开发商，也经常在更具冒险性的开发项目中充当开发合作者。企业与政府的合作从单一项目发展到系列城市再开发项目。公私合作几乎成为所有美国城市经济发展战略的基础，为商业活动创造了良好的环境。借鉴美国模式，公私合作成为撒切尔夫人政府城市更新政策的一个显著特点。

房地产开发是第二次世界大战后政府宏观经济管理的一种工具，可以通过向各种基础设施进行公共资源的投入或注销来刺激或减少社会总需求。20 世纪 80 年代，房地产驱动的城市更新在城市政策中扮演核心角色，私人部门更是起着关键作用。通过房地产开发和修葺可以改善居住环境而使得所在地区更适宜居住和投资，通过建造项目可以扩大就业，扩展企业容纳能力和经营规模，通过构建办公场所，吸引更多公司搬移进来，增加地区经济活力，并为进一步投资创造条件。伦敦在这一时期迎来了历史上最大规模的办公楼建设，借此吸引了大量的外国银行和其他经商者，通过城市空间的重构，保护了自身的金融机构没有流向欧洲的其他竞争城市。

20 世纪 90 年代，英国城市政策的重点发生转变，多部门合作开始涌现，地方政府和社区重新得到整合，公共部门、私人部门和社区志愿组织的三方多部门合作成为这一时期城市更新的主要选择，对社区的再次重视被视为是城市政策的主要成功之处，城市更新治理的可持续性问题得到关注。城市更新资金引入竞争性招标，中央政府根据地方政府竞标的质量和中央政府判断的可能的经济机会对城市更新基金进行分配，以此“让资金产生更大价值，并会形成激励的效果，激励人们在发展建议中更具创新性，鼓励城市更新行动吸纳更多的企业和采用战略性方法”[112]。

进入 21 世纪，新工党政府的城市更新政策再次发生转变，供给成为制定城市更新政策的基础，同时在区域和街区层面进行国家干预，加强相关机构之间的联合治理，鼓励社区参与城市更新计划成为这一时期的显著特点。2007 年，金融危机席卷全球，以地产和消费为驱动的城市复兴活动再次登上历史舞台。2010 年，英国联合政府先后出台两轮促进“更新和经济增长”的政策，地方企业合作组织和对地方政府与居民参与城市更新的赋权再次成为推动城市和经济发展的力量点。英国城市政策进入一个新的历史时期。

2.3.2 美国的城市更新治理实践

美国在第二次世界大战后期就开始实施公私合作。联邦政府面对中心城市的凋敝和社区衰败以及由此而引起的一系列社会问题，许诺为地方政府和房地产商提供补贴，实现三方合作，重新振兴中心城市。1949 年《住房法》通过，对美国联邦政府的住房政策和城市政策都产生了深远影响。藉《住房法》，联邦政府试图以财政补贴形式，以公共住房为切入点，依靠房地产开发商，在地方政府参与下对中心城市的衰败社区进行区域治理。地方政府被来自城市重建计划的联邦资金与房地产开发商之间产生的合力所吸引，以房地产商为代表的中心城市商业阶层则希望能够恢复其满足现代商业需求的能力。基于各自不同利益的考量，三方分别扮演着计划的制定者、参与者和执行者的角色。按照该法制定的“城市更新计划”，联邦政府在住房领域承担主要责任，六年内必须提供 10 亿美元贷款，以资助城市相关部门。同时由联邦政府出面购买贫民窟和衰败社区的土地以供公共部门或私人进行再开发。自此，联邦政府与地方政府和房地产商共同解决中心城市衰败问题的模式成为美国治理全国性城市问题的主要途径，也为其他西方国家提供了城市更新治理的经验和模板。

随后，政府又颁布多项法案为城市更新导航护航。1954 年，为了平衡政府、民众和开发商之间的利益，国会对原《住房法》中的“城市更新计划”进行修订，将非住宅建设的比例逐年提高，从最初的 20% 升至 1965 年的 65%。城市更新向非住宅建筑倾斜，进一步满足了房地产开发商和中心城市商业集团的利益。1961 年新《住房法》颁布，授权联邦政府资助城市公共交通，补贴进出大城市的通勤铁路线。1962 年联邦政府通过“区域重建”计划，在商业部地区重建管理局的赠款和贷款扶持下，市政当局的城市下水道系统、图书馆和其他公共设施得到极大改善。1964 年，美国总统签署《综合住宅法》以推动都市重建、为老年人和弱者提供住房和储贷计划，随后的 1965 年《住房和城市发展法案》、1966 年《住房拨款法案》和 1968 年的《住房和城市发展法案》等，都成为住房保障的重要举措。

与此同时，美国联邦政府开始整合城市更新治理相关职能部门。1965 年，美国联邦政府将涉及城市援助和住房的相关职能部门进行整合，建立住房与城市发展部，专门负责统筹规划城市的交通、住房以及基础设施建设等项目。最终形成由住房与城市发展部根据地方反映的情况，代表联邦政府制定计划，交由联邦两院的银行、住房和城市事务委员会讨论通过并审核预算金额的联邦援助城市的管理模式。住房与城市发展部从此代替私人部门负责对城市中心的改造问题进行专项治理。之后，进入 70 年代，“城市更新计划”逐渐被新政府的各项计划，如“税收分享计划”“社区发展计划”等所取代。联邦政府对中心城市的治理进入新的历史时期。

2.3.3 德国的城市更新治理实践

面对第二次世界大战后严重的“房荒”问题，1950 年，联邦德国政府在致力于战后重建过程中通过颁布《联邦住宅建设法》保证将住宅建设作为全国的一项“公共任务”，要求联邦、各州和城镇必须把住宅建设作为紧急任务予以优先考虑。

进入 60 年代，伴随联邦德国经济迅猛发展，城市开始向外扩张。1960 年，政府通过颁布《联邦建设法》确定城市建设总体框架，重点对城市的土地利用加以控制。在着力解决交通和基础设施问题、整治旧城的同时，城市更新重点从之前的战后重建转向城郊卫星城和新城建设，借以分流城市中心更新改造后所产生的迁出人口，并为其创造良好的居住条件。

进入 70 年代，面对城市更新普遍缺乏公共资金的支持问题，联邦政府颁布全国性的“城市建设资助计划”，主张城市更新在联邦、州和地方三级政府协同合作的资助计划下共同推进，实现财政上三级政府共同出资的模式。在具体合作实践中，地方政府确定存在问题并需要改造的地段，申请将其纳入年度更新资助计划。各州根据规定的标准选择资助地段，具体更新措施包括物质空间改造升级和社会治理措施等。联邦政府起主导作用，在构思、形成和组织整个计划以及提供国家总体发展方向上发挥着关键作用。在更新改造的资助内容上，涵盖内城振兴、城市景观保护、社会基础设施改善、社区发展等诸多领域。其目标在于提升现有城市和社会结构。作为城市更新的重要工具，“城市建设资助计划”以明确的法律依据和相关程序规范为城市更新提供资金安排等各方面的保证，同时鼓励公众广泛参与，推动城市更新治理模式开始转型。这一时期联邦德国的城市更新以政府大力支持并给予公共财政支持、大型国有公共住房公司执行为主要形式。

80 年代，由于石油危机和环境问题爆发，城市空间的增长和投资导向的发展需求有所下降，联邦德国的旧城更新从大拆大建转变为谨慎更新，更新模式也由之前的自上而下转变为自下而上的公众参与和沟通式决策。1983 年，政府提出“谨慎更新 12 原则”，即：城市更新的规划和实施必须考虑本地居民和商家；要将技术规划和社会规划结合起来考虑；要保留街区的独特风貌以此唤醒信任感，实体结构的损坏应该尽快修复；建筑的一层应该允许变更其用途；更新需要循序渐进，逐步推进；要尽量少的拆除，提升现有建筑的庭院绿化，并修复或重新设计外墙；在社会规划方面，务必要考虑到所有相关人员的参与权和物质权利；所有决定都要在信任和开诚布公的基础上完成，要加强本地利益主体代表性；城市更新需要可靠的资金，并恰当地使用资金；必须建立新的、关注于地方利益的董事制度；谨慎的城市更新是长期的责任。该原则以原住民为主体，从社区和城市两个尺度，时间和空间两个维度引导实施者解决各类问题，成为后来联邦德国城市更新的准则，也对其制度建设产生重要影响。1984 年，为了解决城市更新的利益博弈与分配问题，联邦德国对早前的《城市建设资助法》进行修订，调动相关利益者的参与热情，减少公共财政资助，鼓励私人资本投入旧城改造与翻新。

随着柏林墙推倒，德国为应对前民主德国地区历史街区的城市遗产保护设立专项资助，以政府投资来改善历史建筑的修缮和改造。在原联邦德国地区更新资金大幅减少的困境下，更多私人资本在税收减免的政策鼓励下进入城市更新。公共干预下的市场自发性更新成为这一时期的显著特点。

世纪之交，为保证街区社会结构稳定化和可持续发展，德国政府建立城市发展的社会监测机制对社区社会公共服务进行定期系统监测。1999 年，德国正式启动名为“社会城市”的综合性城市更新项目，政府开始探索多维综合目标的城市更新路径与社区干预方法。“社会城市”项目的启动标志着德国城市更新治理正式转型为合作式治理，其特点是通过赋权社区来推动大量的公众参与和自组织社区更新，更新策略也不再仅仅局限于空间干预层面，大量的社会文化活动成为社区更新的主要途径[113]。

3 社会主义革命和建设时期的城市更新演进与治理

任何一个国家的城市更新与发展总是与其当时所处的社会政治、经济和文化发展背景有着内在的必然联系和统一。新中国成立初期，受半殖民地半封建社会时期的经济基础和城市化水平所影响，以及帝国主义侵略和国内各种战乱的破坏，放眼中国城市，满目疮痍，一片破败。治理城市环境为实现社会主义工业化创造条件，改善城市居住条件，提高居民生活水平成为当时城市更新最为迫切的任务。政府虽然受限于国家的人力、物力，尤其是财力，但仍然组织力量进行城市的改造与更新。

3.1 社会主义革命和建设时期城市更新的社会经济环境

刘易斯·芒福德曾经说：真正影响城市规划的是深刻的政治和经济的转变。1949 年，刚刚建立起新政权的中华人民共和国虽然已经迈入了一个新的发展时期，但是却面临着复杂严峻的国内外发展环境。西方国家对新中国的全面禁运和封锁、朝鲜战争的爆发，满目疮痍的中国经济基础薄弱，政权不稳，城市管理处于过渡时期，城市更新迫切而又举步维艰。

3.1.1 城市畸形发展不符合新中国社会主义工业化和现代化发展需要

近代中国是一个半殖民地半封建社会，帝国主义列强凭借不平等条约，在沿海、沿江、水陆交通便捷的城市开辟商埠、建立租界，修筑港口，开办工厂银行以及仓储设施等，大量占用土地，不仅使城市沦为为帝国主义和官僚资本主义服务的政治、经济、文化掠夺基地，而且还造成城市租界内外、占领区内外面貌迥异，也造成全国范围内城市分布的不均衡和城市人口规模的差别以及城市发展进程的差别。从社会制度上看，在所有城市中，只有少数是属于近代资本主义性质的城市，而大多数尚处于以自然经济为主的封建或半封建性质状态。民族工业虽然得到一定程度的发展，但是由于受到帝国主义和官僚资本主义的挤压而难以形成规模。中国的工业和农业在国民经济中的比重严重失衡。就全国范围来说，在抗日战争以前，中国的现代性工业在国民经济中的比重为10%左右，而农业和手工业则占90%左右。这是旧中国半殖民地和半封建社会性质在经济上的表现，也成为新中国成立后实现工业化城市的羁绊和进行城市更新的必然要求。

3.1.2 城市“房荒”问题严重不能满足人民住有所居的期待

由于历史的原因，我国很多城市在国民党统治时期就存在大量人口无房可住的现象，而由于战争的缘故更导致许多城市房屋损毁、年久失修。新中国成立后，一方面，由于经济建设的需要我国城市人口激增，而房屋增建有限，导致现有住房不能满足广大群众的基本住房需求。另一方面，由于政策的限制，私人房屋对外出租的房租较新中国成立前普遍降低，有的城市私房租金仅达到战前的1/3到1/2，而所交房地产税却因政府对房地产估价偏高而加重，严重影响了私人房屋的新建和修缮。城市房荒不仅影响民众住房，而且也满足不了政府办公和工业建设等各方面的需要，而公房购租又进一步加剧群众住房的相对减少。于是，楼上加楼、木板搭建、临时窝棚等各种危房加剧了城市住房的安全隐患。1951年北京市委在给中央的《关于修建房屋解决房荒的计划》中提到由于“公家仍需大量房屋，因此已引起严重房荒。有些房屋的买卖价格已超过建筑价格。新租房屋的租金不断抬高，低薪人员（包括工人、机关职员及教员）新租房屋的租金，有的已占其薪资百分之四十以上。一般市民苦于无处找房，被迫搬家的群众则更为不满”。同年，中共中央在《转发北京市委关于修建房屋解决房荒的计划》中明确表示“现在大城市房屋缺乏，已引起人民很大不满，必须有计划地建筑新房、修理旧房，满足人民的需要”[114]。1953年2月，内务部党组在呈交中央的八大城市房地产管理局长的座谈报告中指出我国城市房地产及房屋问题确属严重而需注意研究逐步解决。很多城市房荒、危房现象极为严重，很多城市中缺房人口占全市人口20%左右，已严重影响到国计民生，解决城市住房问题迫在眉睫。

3.1.3 巩固国家政权需要以城市为依托加速实现工业化

新中国成立后，新生的国家政权面临严重的威胁。一方面，帝国主义反对我们；台湾、西藏的反动派反对我们；国民党残余、特务、土匪反对我们；地主阶级反对我们；帝国主义在我国设立的教会学校和宗教界中的反动势力，以及我们接收的国民党的文化教育机构中的反动势力反对我们[115]。与此同时，国内各种社会问题和民生问题异常严峻，失业现象依然严重，社会秩序也没有安定。所有这一切问题都对新生政权的巩固提出了挑战，也对加强经济建设和国防建设提出了要求。而另一方面，中美在朝鲜战场上力量悬殊的较量所凸显的“工业实力不强，武器装备落后给稳定战局带来的制约和影响”，和“苏联优先发展重工业、快速实现工业化的经验可资借鉴”等现实经验教训，更是让我们深刻认识到，优先发展重工业和国防工业，建立较为完整的工业化体系，是巩固与维持政治独立的经济前提。而城市作为工业化发展的重要依托，其更新建设便也成为巩固新生政权的重要保障。

3.1.4 财政短缺难以为城市更新建设提供必要的资金

“为了建设重工业和国防工业，就要付出很多的资金。”[115]然而，在新中国成立后的很长时间内，“由于国内外反动派所发动的长期的反对中国人民的战争，给了人民以严重的灾害，给了经济以严重的破坏。我们今天要将革命战争进行到底，要医治长期战争遗留下来的创伤，要从事经济的文化的国防的各种建设工作，国家的收入不足，开支好大，这就是我们今天所遇到的一项巨大困难”（见表 3 - 1）。在财政收入有限的情况下，国家的财力安排主要是放在经济建设方面，其次是国防建设。而在城市规划、设计与建设上则由于资金匮乏而显得力不从心（见图 3 - 1）。1951 年 1 月，周恩来在关于聘请苏联专家进行建筑设计应注意的几个问题的指示中强调：凡请苏联专家来设计的，须预先告知其设计范围及我们的物质基础、技术条件、生产能力和财政状况等，使其了解我们今天的可能条件。并规定凡我们自己已经有了的或者能从其他地区调拨的机器、材料，就不要再进口；凡我们自己能够找到的专门技术人员就不要再从苏联请人来；凡能够因陋就简地设备起来的工厂、房舍就不要另起炉灶或照最高的标准来修建[116]。

表 3-1 1950—1969 年我国财政收支比较

年份	财政收入（亿元）	财政支出（亿元）	差额	年份	财政收入（亿元）	财政支出（亿元）	差额
1950	65.2	68.1	-2.9	1960	572.3	654.1	-81.8
1951	133.1	122.5	10.6	1961	356.1	367.0	-10.9
1952	183.7	176.0	7.7	1962	313.6	305.3	8.3
1953	222.9	220.1	2.8	1963	342.3	339.6	2.7
1954	262.4	246.3	16.1	1964	399.5	399.0	0.5
1955	272.0	269.3	2.7	1965	473.3	466.3	7.0
1956	287.4	305.7	-18.3	1966	558.7	541.6	17.1
1957	310.2	304.2	6.0	1967	419.4	441.9	-22.5
1958	387.6	409.4	-21.8	1968	361.3	359.8	1.5
1959	487.1	552.9	-65.8	1969	526.8	525.9	0.9

数据来源：根据《中国统计年鉴 1986》，中国统计出版社 1986 年版搜集整理。

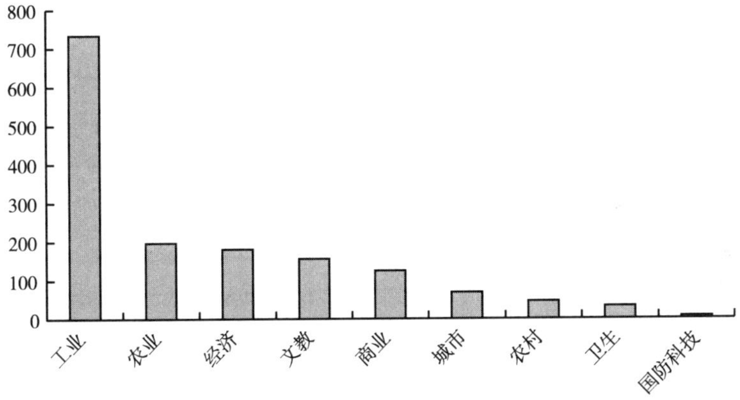

图 3-1 “一五”计划政策文本关键词的频数分析

数据来源：张书成．新中国城市化政策演化进程与评价研究（1949—2014）［M］．上海：上海交通大学出版社，2019.

3.1.5 城市建设用地不能满足工业化建设的需要

社会主义革命初期，对生产资料的社会主义改造尚未完成，城市大量土地仍然掌握在私人手中，严重阻碍了国家城市建设和工业化建设的迅速发展。按照内务部当时的统计，在城市范围内，“公地在市内土地中约占 1/3，私有土地占 2/3，其中有少数农业用地，也有一部分空地和低洼地，大部分是房基地，约占私有土地的60%—80%。私人土地一部分为工商业资本家所有，一部分为大房产主大地产主所有，大房产主又多为工商业资本家。如天津市中心区的私有土地，一亩以上的所有者占有土地百分之七十五以上，而一亩以下的所有者仅占土地的百分之二十五”[117]。而伴随国家工业化建设的发展，对城市用地的需求逐年增加却难以得到满足，不仅如此，土地的私有化诱发房地产主利用国家建设的土地需要大搞投机，“操纵居奇，使用土地受到很多阻碍，耗费了许多资金”，给城市的更新建设和改善人民群众的居住、生活条件造成相当的不便和困难。

3.2 社会主义革命和建设时期我国城市更新的指导思想

3.2.1 变消费性城市为生产性城市

随着全国解放战争的胜利推进，党的工作重心逐渐由农村开始转向城市。1949年3月，党的七届二中全会在西柏坡召开，这是一次为了解放全中国和绘制新中国建设蓝图的重要会议。会上毛泽东提出“从现在起，开始了由城市到乡村并由城市领导乡村的时期。党的工作重心由乡村移到了城市。党和军队的工作重心必须放在城市，必须用极大的努力去学会管理城市和建设城市”。报告同时指出开展城市工作的中心任务就是恢复和发展生产，“只有将城市的生产恢复起来和发展起来了，将消费的城市变为生产的城市了，人民政权才能巩固起来”。1949年3月17日，《人民日报》刊登发表题为《把消费城市变成生产城市》的社论文章，文章指出：在旧中国这个半封建、半殖民地的国家，统治阶级所聚居的大城市（像北平），大都是消费的城市。有些，虽也有着现代化的工业（像天津市），但仍具有着消费城市的性质。它们的存在和繁荣除尽量剥削工人外，则完全依靠剥削乡村……我们进入大城市后，决不能允许这种现象继续存在。而要消灭这种现象，就必须有计划地、有步骤地、迅速恢复和发展生产。“生产性城市”成为新中国城市建设和发展的明确方向和基本方针。

1962年7月25日至8月24日，中共中央政治局在北戴河召开中共中央工作会议，会议主要讨论农业、财贸和城市等方面的问题。7月30日，根据中央政治局常委会的决定，周恩来主持召开城市工作会议，分析城市工作中存在的问题，并在会上指出解决城市工作中存在的问题“首先是恢复正常生产”。只有工业劳动生产率提高了，有效地支援了农业和市场以后，生活才会改善。1963年9月16日至10月12日，中共中央、国务院召开第二次城市工作会议，会议分析了我国城市建设和发展现状，指出我国工业调整尚未完成，各类主要生活必需品供应仍很不足，市政建设落后于生产发展和人民生活的需要。10月22日，中共中央、国务院批准下发《〈第二次城市工作会议纪要〉的指示》，强调全国大中城市是现代工业的基地，也是商业和文化教育等事业最集中的地方，并在《纪要》中明确做好城市九个方面工作的基本要求，即：进一步做好工业的调整工作；努力做好商业工作，更好地为生产和生活服务；大力发展城市郊区的农业生产；加强房屋和其他市政设施的维修，逐步进行填平补齐；积极开展计划生育；妥善安置城市需要就业的劳动力；试办职业教育；加强城市的管理工作。“先生产、后生活”的城市化优先服务于工业化的思想成为贯穿这一时期整个城市建设与发展历程的主线。

3.2.2 坚持党的领导，依靠人民群众

坚持党对一切工作的领导，是马克思主义政党的必然要求，中国共产党在开始建立自己领导的军队和政权时就深刻认识到这一问题，而关于党与其他一切组织的关系，毛泽东在中共六届六中全会就已经说得很明确，“我们的原则是党指挥枪，而决不容许枪指挥党”，阐明了共产党和军队以及其他一切组织之间是指挥与被指挥或者说是领导与被领导的关系。

1948年4月10日，毛泽东在为中共中央起草致华东局转许世友、谭震林、谢有法并告各中央局、分局、前委电报中指出：“革命形势要求我党缩小各地方各兵团的自治权，将全国一切可能和必须统一的权力统一于中央，而在各地区和各部分则统一于受中央委托的领导机关。”[118]1951年2月18日，《中共中央政治局扩大会议决议要点》指出，要实行七届二中全会决议，加强党委对城市工作的领导，重申坚持党对一切工作的领导。同时强调，城市建设要全心全意依靠工人阶级恢复和发展生产，也要全心全意为了人民群众，改善城市人民生活，在城市建设计划中要贯彻为生产服务、为工人服务的思想。毛泽东多次告诉全党，在城市斗争中，我们不仅要依靠工人阶级，更要团结包括知识分子以及与共产党合作的民族资产阶级及其代表人物等在内的其他劳动群众，这样既可以使我们党开展城市工作减少阻力，又可以充分发挥他们的聪明才智去建设管理城市。要“使所属三万人口以上城市的党的组织和各界人民代表亲

密结合，经过他们去团结各界人民，克服困难，恢复和发展生产，并克服党的领导机关中的许多人只相信少数人的党内干部会议，不相信人民代表会议的官僚主义作风”“积极利用城市的各界代表会议及各县的代表会议，将一切施政中的重大问题逐一提出自己有了准备了的想过了的有了办法的问题向会议做报告，并交付讨论，征求他们的意见”。[118]为了能够多举措解决各大城市普遍存在的住房困难问题，中央鼓励各城市相互学习，彼此借鉴。1951 年，在给各中央局并分局及各大市委及区党委的信中，中央拿出北京市委所提倡的组织公私合营房地产公司以解决房荒问题的办法供各大城市借鉴，有计划地建筑新房，修理旧房，以满足人民的住房需要。地方各级党组织和各界人民代表、包括城市工人阶级和知识分子在内的广大的人民群众以及民族资产阶级及其代表人物等构筑起城市更新建设的主体框架。

3.2.3 注意保护历史文物建筑

中国共产党对历史文化的保护是一以贯之的。1948 年底，平津战役即将打响，人民解放军在对北平形成包围之势时，党内多位领导力主和平解放。“要尽力把这个文化古都保全下来”，避免对城市文物及基础设施造成无法估量的破坏和损失。毛泽东认为：北平不同于全国其他任何一座城市，如果是炮火打下，那将会是生灵涂炭，文物古迹毁于战火，那整个中华民族将遭受难以估量的损失，那我们就成了历史的罪人，对不起老祖宗。为了保护北京城的故宫、天坛、北海、中南海等文物建筑，解放军专门派人聘请清华大学建筑系主任，著名建筑学家梁思成，委托梁思成组织编写《全国重要文物建筑简目》，并印发解放军相关基层，要求他们南下时注意保护。

1950 年 7 月，中央人民政府政务院颁布《关于保护古文物建筑的指示》，要求“因事实需要，不得不暂时利用古建筑的单位应尽量保持旧观，经常保护，建筑物内不得堆放易燃、易爆的危险物”，“如确有必要拆除改建时，必须经由当地人民政府逐级呈报各大行政区文教主管机关批准后始得动工”，“对保护有功者予以适当之奖励，破坏或疏于防范而致损者，应予以适当之处罚”[119]。随着第一个五年计划的推进，大量建设工作不可避免对文物建筑造成破坏，在相关历史文化和建筑学者的建议和推动下，政府确定了以配合基本建设进行考古发掘为中心的全面文物建筑保护管理工作，并多次颁布具有准法律约束力的通知和指示。1953 年 10 月，政务院颁布《中央人民政府政务院关于在基本建设工程中保护历史及革命文物的指示》[120]，对相关工程技术人员、施工人员以及工程施工做出了相关规定和要求。要求在较大规模的基础建设工程确定施工路线、施工地区之前，要和文化部门联系；对于地面古迹及革命建筑物，除非确实有必要，不得任意拆除，必须拆除的则要报由文化部门批准；对于地下文物，发现大量地下文物或古墓葬、古遗址时，应立即停工，报文化部门处理，有重要的发现，还要报中央文化部。该《指示》成为当时具有准法律效应的文物建筑保护文献。进入20世纪60年代，国务院又先后通过《文物保护管理暂行条例》，下发《关于公布第一批全国重点文物保护单位名单的通知》，为城市建设过程中对历史文化及文物建筑的保护与维缮提供了行为遵循。

3.2.4 坚持“以苏为鉴”的城市更新规划与建设

新中国成立后，中国便以“一边倒”之势靠向社会主义阵营，在现实的城市规划与建设中，苏联的城市规划思想、原则和做法便也自然而然地成为我国城市规划思想、理论和做法的本源，对我国建筑规划界以及政府城市规划决策产生了颇为深远的影响。

1952年12月22日，著名建筑学家梁思成先生在《人民日报》上发表文章写道：我在两个不同的岗位上接触过若干位苏联专家，其中两位曾给我以深刻的影响。一位是都市计划专家穆欣同志，他曾经随同苏联都市计划权威、建筑科学院舒舍夫院士共同工作多年，有丰富的知识和经验。另一位是清华大学建筑系的阿谢普科夫教授——苏联建筑科学院通讯院士。他们来到中国的时间虽不久，但对中国的城市建设和建筑已有了很大的贡献[121]。苏联人的建筑理论与思想深深影响着中国建筑学家们的都市建设与规划的理念，也影响着中国城市更新的建设实践。

1953年，毛泽东在全国政协一届四次会议闭幕会上专门讲了关于学习苏联经验的问题，“我们要进行伟大的五年计划建设，工作很艰苦，经验又不够，因此要学习苏联的先进经验”，“我们现在学习苏联，广泛地学习他们各个部门的先进经验……把他们所有的长处都学来，不但学习马克思列宁主义的理论，而且学习他们先进的科学技术，一切我们用得着的，统统应该虚心地学习……应该在全国掀起一个学习苏联的高潮，来建设我们的国家”[115]。同年，中共中央专门下发了一个文件——《中共中央关于加强发挥苏联专家作用的几项规定》，进一步推动了向苏联学习的高潮。

1955年7月，在第一届全国人民代表大会第二次会议上，李富春代表中共中央做了《关于发展国民经济的第一个五年计划的报告》，总结苏联以严格节省的办法为其实现工业化积累资金的经验，提出“苏联走过的这条道路，也就是我们现在应该走的道路”，同时比照苏联第一个五年计划中非生产性投资所占全部投资的比例，提出对我国非生产性投资的发展要求，要求非生产性的房屋建筑要按照“适用、经济、在可能条件下注意美观”的原则，避免浪费[122]。苏联式的城市投资、规划和建设理念在我国城市更新实践中全面得到贯彻和实施。

3.3 社会主义革命和建设时期我国城市更新治理实践

3.3.1 城市更新的治理实践

3.3.1.1 1949—1957年城市更新的起步阶段

新中国成立初期，受之前的社会经济基础所影响以及战争的破坏，城市千疮百孔，一片破败。政府积极组织进行城市更新，改善住房问题。1951年2月《中共中央政治局扩大会议决议要点》指出，“在城市建设计划中，应贯彻为生产、为工人服务的观点”[116]，明确了城市建设的基本方针。1951年2月28日在给各中央局、各分局、各大市委、省委及区党委的信函中，中共中央明确提出大城市必须“有计划地建筑新房，修理旧房，满足人民的需要”[115]。面对当时我国“城市住房问题确属严重而需注意研究逐步解决”的现实需要，1952年11月，内务部党组在呈交中央的八大城市房地产管理局长的座谈报告中提议，要贯彻毛主席“在今后数年内要解决工人住宅问题”的指示，对机关和国营企业职工住房问题，由机关和国营企业负责有计划地进行建设并加以解决。对私营企业职工的住房问题，要责成资本家定出修建计划并加以解决。各大城市需将市民住宅的修建计划纳入市政建设规划中，逐步解决广大群众的住房问题。采取各种举措鼓励私人新建房屋和养护已有的房屋，如：在照顾房客负担能力之下，允许房东适当提高房租以便督促房主修缮房屋，避免倒塌损毁，城市公安局和房地产管理局作为主管部门要常监常督。建议人民银行为城市私人新建房屋提供长期贷款。建议建立城市统一的公房管理机构，负责管理城市内各级机关、团体、学校各部门（包括经济管理部门在内，企业、兵营不在内）的全部房屋。由于受限于国家的人力、物力，尤其是财力的限制以及当时国家政策倾向和社会主义计划经济模式的导向作用，在这一时期的城市建设主要集中于城市给水、排水、道路、供电、防洪等设施维缮，和城市局部的危房改造以及在原处适当添加新建筑工程的建设和小规模的环境整治。

在党和政府的大力努力下，我国城市建设发生了翻天覆地的变化。“仅一九五二年一年中，北京、天津、沈阳、鞍山、上海五个城市就修了五百万平方公尺左右的工人住宅。许多长年累月传播疾病的臭水坑、臭水沟，像北京的什刹海、龙须沟，天津的墙子河、金钟河，都进行了彻底的整修，给成百万的劳动人民带来了舒适干净的生活环境。”根据 20 个城市截至 1953 年底的统计，“自来水线共增加了一千九百多公里，下水道增加了一千四百多公里；各个城市中的公共汽车，有轨及无轨电车增加了近两千辆。”在国家财政紧缺的经济条件下，从 1950—1954 年这 5 年的时间里，国家一共支出了 10 万多亿元用于公共事业修建和环境卫生改善等方面[123]。

经过三年的经济恢复，1953 年我国开始执行第一个五年计划，遵循城市建设“为国家的社会主义工业化，为生产、为劳动人民服务，有重点、有步骤地进行”的原则，城市建设工作主要偏重于工业建设这一中心，生活条件的改善居于次要地位乃至于要做出一定牺牲。正如 1953 年 9 月发布的《中共中央关于中央建筑工程部工作的决定》所指出：任何忽视工人当前切身生活利益的倾向，是错误的，不可容许的；但如果离开发展国民经济，实现国家工业化这一目标，离开提高劳动生产率这一基础，片面强调职工工资福利，也是错误的，是与工人阶级长远利益相违背的。这一时期，围绕重点建设项目，内陆地区诞生了一批新兴的工业城市，一些原本就有工业项目的城市也得到了大规模的扩建。从 1953—1957 年，我国所安排的所有大中型工业建设项目，包括苏联援建项目在内，36% 建在原来工业基础比较好的城市，还有 63% 建在新工业区，这些项目分布在华北、东北、华中、西南、西北等地的小城市中，或者在离开原有城市一定距离的地方进行新的建设，从而使得这些城市得到发展，或者出现新的工业区或工业城市，而这一过程中，新兴的工业城市逐渐发展成为我国区域经济中心，在国民经济中起到重要作用[124]。为了能够更好地建设这些城市和地区，让社会主义城市更好地服务于工业化建设和人民对居住环境的要求，1953 年 9 月，中共中央作出指示，一方面，要求重要的工业城市必须加强城市建设的总体规划和布局，以确保形成与工厂、住宅和交通运输等方面的合理布置和建筑用地的正确分配，解决城市建设中各建设单位各自为政，分散建筑造成的建设中的盲目、分散和混乱现象。另一方面，要求设立大区财委的城市建设局、城市建设委员会等负责管理城市建设的专门机构，拟定城市建设的指标。而对于一般中小城市，在第一个五年计划期间，只能拨给少数款项作为维护费用，一般不再扩大基本建设。在城市规划方面，重要工业城市的规划工作由中央建筑工程部城市建设局直接帮助设计，一般工业城市及改建城市均由大区城市建设部门直接领导，由城市建设委员会参照相关文件拟定城市总体规划草案[125]。城市建设专门管理机构的设置和城市规划步入正轨标志着我国城市更新的规范与健康发展。

3.3.1.2 1958—1978 年城市更新的动荡和萧条阶段

第一个五年计划的胜利完成，极大地鼓舞了中国人民的建设热情，也使党内高层领导产生快速实现经济增长的想法。这一时期，伴随我国经济发展强行登上快车道，城市为适应工业发展的需要，也提出要“从实际出发，逐步建立现代化城市的问题”。1958 年，全国城市规划工作座谈会在青岛召开，会议提出“从实际出发，逐步建立现代化城市的问题”，认为“我们的国家将要建设成为具有现代工业、现代农业和现代科学文化的伟大的社会主义国家。工业、农业和科学文化事业都在突飞猛进地向前发展，这种形势要求城市建设也要相应地向现代化的方向迈进”，因此“城市要有现代化的供电、供热、供水、排水、交通工具、道路，以及合乎卫生标准和居住条件的房屋建筑及文化宫、图书馆、博物馆、影剧院等”。[126]在这样的形势下，许多城市为了实现城市现代化、适应工业发展的需要，迅速编制、修订城市规划，使城市规划和建设也出现“大跃进”形势，城市基础设施和居民住房问题虽然得到一定的改善，但是，由于“大跃进”运动所具有的“运动化”和急于冒进的总体特征，加之国家在当时社会经济发展基础仍很薄弱的现实，脱离实际的工业建设规模和不切实际的城市发展热情，远远超出国家财力和物力所能承受的限度。1960 年 11 月，国家计委在北京召开全国计划工作会议，实行“调整、巩固、充实、提高”的八字方针，批评了城市规划中出现的“四过”问题：“规模过大、占地过多、求新过急、标准过高”，并宣布“三年不搞城市规划”。

“大跃进”运动开展不到两年时间，国家进入“三年困难时期”，1961 年，中央政府开始进行以“调整、巩固、充实、提高”为主要内容的第一次国民经济大调整，重工业生产指标和基本建设规模大幅压缩，城市人口强行精简，城市更新几乎处于停滞状态。1962 年 12 月底，建筑工程部召开第三次全国城市建设工作会议，讨论编制城市建设的第三个五年计划，修订城市建设工作的各项具体规定草案。然而，随后开始的“文化大革命”再次中断了城市规划的复苏，整个社会陷入一片动荡，城市遭受前所未有的破坏，城市更新建设“见缝插针”、乱搭乱建，严重影响了城市交通和城市的立体布局，弱化了城市可持续发展能力。

3.3.2 城市更新治理体系

城市更新治理体系是政府及相关职能机构，为了实现城市发展目标和国民经济发展目标，通过一定程序进行的制度安排。新中国成立后，在推进城市更新改造实践的过程中，党和政府先后制定了一系列的制度，为城市的生产生活，乃至整个国民经济的发展发挥了应有的作用，但是作为一定历史阶段的必然产物，传统的制度体系也必然存在一定的历史局限性，从而在当时乃至后来的发展中产生一定的消极影响。

3.3.2.1 户籍制度

户籍制度的形成最早是为了对反革命分子或可疑分子进行监视和控制，以便“搞好社会治安保障安全”为国家施政、管理和建设提供人口资料。1950 年 8 月，公安系统内部颁发《特种人口管理的暂行办法（草案）》，是我国现行户籍制度形成的开端。1951 年 7 月，公安部制定并颁布《城市户口管理暂行条例》，规范了城市的户口登记和管理，也成为政府当时维护城市公共秩序、恢复城市经济建设的重要手段。1953 年，随着《全国人口调查登记办法》的颁布，农村建立简易的户口登记管理办法，奠定了新中国户籍管理的基础登记制度。1954 年发布的《内务部、公安部和国家统计局联合通告》规定了农村户口的登记由内务部主管，城镇户籍登记由公安部主管，人口统计资料的汇总业务由国家统计局负责的户籍管理格局。此后，经常性户口登记制度开始建立，管理权逐步集中。1955 年 6 月，国务院颁布《关于建立经常户口登记制度的指示》，对户籍登记作了明确的规定，对户籍变动提出具体的要求，将户口登记交由内务部统一管理。1956 年 1 月，国务院发出《关于农村户口登记、统计工作和国籍工作移归公安部门接办的通知》，将全国户籍管理工作和组织机构全部转归公安部门，并在同年 3 月召开的全国第一次户口工作会议上调整了户籍管理工作的任务，明确户籍管理是为了“证明公民身份，便利公民行使权力和履行义务”“为国家经济、文化、国防建设提供人口资料”，由此，户籍制度的作用被进一步拓展和巩固。

这一时期户籍登记与管理制度的典型特征是具有一定的行政计划性。一方面，配合我国内地工业城市和区域建设的需要，从新中国成立到第一个五年计划结束，我国有计划有组织地把沿海地区的企业及其职工和家属迁往内地与边疆，从东部人口稠密地区向东北、西北和内陆省区组织集体移民开垦荒地、从农村招收大量的农民进入城镇参加工矿企业建设，实现了内陆地区大规模的新城建设、城市新区建设改造以及人口的城市迁移。另一方面，面对当时尖锐的粮食产需和供求矛盾，为了实现资源的有计划配置，国家将户籍作为区分家庭和个人身份、对居民进行分类控制和对粮油等生活必需品进行分配的依据。1953 年 10 月，中共中央政治局通过了《关于实行粮食的计划收购与计划供应的决议》，11 月，政务院发布了《关于实行粮食的计划收购和计划供应的命令》及《粮食市场管理暂行办法》，规定了城乡保障粮食供应的对象为城市居民和农村缺粮户，但却不包括一般的农村经济作物产区人口。1955 年 8 月，国务院发布《农村粮食统购统销暂行办法》和《市镇粮食定量供应暂行办法》，进一步明确农民吃自产粮，城镇户口实行按人定量供应粮食。随着户籍职能作用与就业安置、粮油供应等政策几乎连为一体，城乡分治的局面也日渐明显。

1958 年《中华人民共和国户口登记条例》的颁布，标志着城乡有别的二元户籍制度正式形成。该《条例》以“维护社会秩序、保护公民的权利和利益，服务于社会主义建设”为立法宗旨，以法规的形式明确规定“公民由农村迁往城市，必须持有城市劳动部门的录用证明，学校的录取证明，或者城市户口登记机关的准予迁入的证明，向常住地户口登记机关申请办理迁出手续”。按照《条例》颁布前公安部部长罗瑞卿在《关于中华人民共和国户口登记条例草案的说明》中所言:《条例》是为了“保护广大人民的政治权利和经济利益的”，然而事实上，户籍政策控制农民进城，也就限制了工业劳动力的增长和城市工业的发展，将为数不少的农民框定在农村活动范围，也就阻断了农民在农村外的发展机会，造成农民长期的贫穷落后[127]，而其后果则是城乡发展、工农业发展出现严重不协调。伴随粮食连年减产，城市粮食供应出现危机，为缓解这一问题，1961 年 1 月，中共中央八届九中全会再次强调“调整、巩固、充实、提高”八字方针，并于 6 月发出《关于减少城镇人口和压缩城镇粮食销量的九条办法》，旨在精简职工、减少城镇人口。在这些政策和方针的敦促下，1961—1963 年，全国一共精简职工 1800 万人，压缩城市人口 2600

万人[128]。“文化大革命”期间，出于经济和政治的考量，政府广泛动员城市知识青年“上山下乡”，到全国各地农村“插队落户”，这种对户籍制度的强制性调整，一方面，暂时减少了城镇吃商品粮的聚集人口，在一定程度上减轻了城市资源供给的压力。但另一方面，用行政手段去解决因户籍和资源的集中控制而造成的供给问题，又在制造一系列的遗留问题，其中尤为突出的就是下放知青及其子女的户口安排和回城就业安置以及住房等问题，而这也确实成为改革开放后城市各项制度包括城市更新政策制定的重要依据。

3.3.2.2 土地制度

在社会主义革命和建设时期，我国在城市土地的权属管理、使用管理、建设征地管理和城市建设规划管理等方面做了大量的工作，积累了许多宝贵经验，并形成一套与我国土地公有制相适应的管理制度和办法，在社会主义建设中发挥了积极的作用。

（1）土地权属管理制度

新民主主义革命取得胜利后，社会主义革命和建设的目标就是要建立以生产资料的社会主义公有制和计划经济以及按劳分配等为主要特点的社会主义制度，实现社会主义的工业化和现代化。土地作为实现这一目标的重要生产要素，理所当然地需要在这一过程中实现所有权的转变，而后再通过国家的行政计划实现对土地的统一调拨使用。因此，在这一过程中，政府首先按照早先的“三大经济纲领”，通过取缔和没收等方式将帝国主义、封建主义、官僚资本主义和国民党反动派曾经占有的土地收归国家所有。在农村，1950 年国家开始开展土地改革，将没收来的土地分配给农民，实现了粮、棉、油等各种农作物产量的提高。1953 年，随着社会主义三大改造的推进，农村通过农业合作社进行农业生产，农村土地逐渐形成集体所有制形式，土地产权制度发生根本性的改变。在城郊，1950 年 11 月，人民政府公布了《城市郊区土地改革条例》，宣布没收封建地主阶级在市郊的土地归国家所有，并规定了相应的分配和使用方法。1951 年底，土地没收工作基本完成，新中国拥有了属于全民所有的一部分城市土地，为后来的城市土地国有化奠定了物质基础。这一时期由于对资本主义工商业基于保护的原则而承认其土地所有权，因此，在社会主义改造完成之前，我国城市土地制度为公有制和私有制并存的“双轨制”。1956 年，随着新生政权和社会生活逐步稳定，政府着手开始对城市资本主义工商业进行赎买。1956 年 1 月，中共中央批转了《关于目前城市私有房产基本情况及进行社会主义改造的意见》，建议采用国家经租和公私合营等方式对私有房产进行社会主义改造，包括一切私人占有的城市空地、街基等，经过一定的适当方式，一律收归国有。这一赎买过程长达10年左右，到了1966年，国家宣布取消定息，停止付租，轰轰烈烈的资本主义工商业的社会主义改造宣告结束，城市土地国有化顺利实现转型。

（2）土地征收和调拨使用制度

改变土地的权属是为了便于国家对土地的集中统一管理和使用。建立在生产资料社会主义公有制基础上的计划经济让百废待兴的新中国社会、经济和国防等各方面得到空前规模的发展，迫切需要扩大原有的城市空间以承载大规模的经济建设、重大工程建设和国防建设等发展的需要。1953年12月，中央人民政府政务院公布《关于国家建设征用土地办法》，充分肯定为了经济建设而征用农业用地发展工业的必然性、必要性和合理性，规定在对土地所有者和因失去土地而生活困难者给予补偿的前提下，可以征用其土地用于市政建设以及机关、国营企业的建设，在给予农民一定补偿的同时，提议各城市人民政府和有关部门通盘筹划解决农民的失地转业问题。对于城市内的空地和低洼地以及沼泽地，在原主无使用计划和安排的前提下，一律无偿征用。强调“凡不按照政务院关于国家建设征用土地办法办事者，应以违法乱纪论处，在党内应严格追究有关党员的政治责任”[125]。1954年，《中华人民共和国宪法》对征地制度作了最高形式的规定：“国家为了公共利益的需要，可以依照法律规定的条件，对城乡土地和其他生产资料实行征购、征用或收归国有。”1957年，国务院全体会议第58次会议对原有的《关于国家建设征用土地的办法》进行修正，对征地制度进行了全面调整，并经1958年全国人民代表大会常务委员会第九十次会议批准，由国务院颁布实施，在此后的20多年里该《办法》一直是中国征用土地的主要法律依据。

土地国有化带来城市土地使用制度的巨大变化。1954年2月，政务院在《关于对国营企业、机关、部队、学校等占用市郊土地征收土地使用费或租金问题的批复》中表示，“保证土地合理使用的决定性关键，在于政府批准使用土地时，严格掌握使用原则，按照企业单位、机关、部队、学校的实际需要与发展情况，确定其使用土地的面积。不必采用征收土地使用费或租金的办法。同时，收取使用费或租金，并非真正增加国家收入，而是不必要地提高企业的生产成本和扩大国家预算，并将增加不少事务手续。因此，国营企业经市人民政府批准占用的土地，不论是拨给公产或出资购买，均应作为该企业的资产。

不必再向政府缴纳租金或使用费；机关、部队、学校经政府批准占用的土地，亦不缴纳租金或使用费”。1954 年 3 月，内务部规定，用地单位使用国有土地一律由当地政府无偿拨给使用，尽管当时也曾规定，“私营企业或私营文教事业单位使用国有土地时，应向政府交纳使用费”，但“其合于减免条件者，并得酌情减免”[129]。由此，计划调拨和无偿使用成为我国计划经济时代城市土地使用制度的基本特征。

所谓城市土地计划调拨就是指对于城市的国有土地资源，在用地单位提出用地申请，经所归属的地方人民政府依法批准，缴纳土地补偿费、劳动力安置费等费用后，由国家通过指令性计划予以划拨的方式取得的土地使用权。而所谓无偿使用，就是说用地单位在从国家获得土地使用权时，无须支付地价，也无须在土地使用过程中缴纳土地使用费。计划调拨和无偿使用的机制贯穿于社会主义建设时期城市土地经济活动的全过程，制约着城市土地的流转和城市土地收益的分配和使用，与其他市场经济国家通过市场对土地资源进行配置和调节形成鲜明对比，是我国当时城市土地制度的独有特征。

3.3.2.3 住房制度

新中国成立后，党和国家工作的重心虽然是以恢复国民经济和实现工业现代化为首要目标，但同时也在不遗余力地改变城市面貌，以“确保城市居民有足够的房屋可住”。鉴于当时“国家的资财主要是用于进行人民革命战争和用于恢复和发展生产，不可能投下大量资本来建筑房屋”[130]，政府在住房制度的设计与安排上，选择了存量盘活和投资新建两种方式。

第一种方式，对现有住房进行统筹利用。作为城市土地制度的衍生产物，住房制度也会先对附属在原帝国主义、官僚资本家、战犯、汉奸、反革命分子在城市的一切地产上的房产进行接收、没收、代管，将他们和外国侨民新中国成立前在城市占有和购置的房产收归国家所有后，由政府统一管理并调配给城市居民使用。而对于现存的城市居民、个体劳动者与工商业者的私有房产，一方面，有鉴于政府在当时的实力难以对其进行赎买和修缮保养；另一方面，也基于我们对这部分房产性质的认知，即“建筑房屋需要一定的投资，而且要经常出资加以修缮，当利用房屋的投资收取租息时，它就成为一种资本。因此城市里私人房主对房屋的占有，一般地不是封建性质，而是资本主义性质的。在新民主主义革命时期，这种资本主义性质的房屋所有权，应当和其他官僚资本以外的私人资本的所有权一样地受到保护”。[130]因此，在对资本主义工商业进行社会主义改造前，根据1949年8月公布的《关于城市房产、房租的性质和政策》，国家承认一般私人所有的房产的所有权，并保护这种产权所有人的正当合法经营，禁止任何机关、团体或个人任意占用私人房屋。允许私人房屋出租，租约由主客双方自由协议来订立，主客双方都应当遵守所自由议定的租约。人民政府有权保护城市的房屋，并督促房主进行必要的修缮，而不能听任有用的房屋拆毁、倒塌，当然，对于私人所有的房屋、地产，政府要按累进制分等征收一定的捐税。随着资本主义工商业的社会主义改造不断推进，国家通过公私合营的方式逐步使企业具有了更大程度上的社会主义性质，但房产的私有性质并未发生改变。直到1956年，资本主义工商业的社会主义改造基本完成，中央对私有房产的政策才开始发生重大变化，总的要求是“加强国家控制，首先使私有房产出租完全服从国家的政策，进而逐步改变其所有制”。“采取国家经租、公私合营等方式，对城市房屋占有者用类似赎买的办法，即在一定时期内以固定的租金，来逐步地改变他们的所有制。”[131]可以说，对城市既有住房统筹利用的过程就是一个私人房产公有化的过程，在这一过程中，不论是没收、赎买、接管还是国家经租、公私合营都仍然是以“三大经济纲领”为指导，只不过是面向的对象不同，所采用的改变方式也有所不同，但其目标都是要将城市房产私有制改为公有制。随着全国范围内城市房产公有化进程的推进，公有制在城市房产所有制中的比重逐渐增加。

第二种方式，新建住房是我国当时解决城市住房问题的一项重要内容。我国城市的新建住房基本都是由国家投资，国家通过当地的城市住房管理部门或通过城市企业承担住房投资、建设、分配、修复、保养和日常管理。各个单位成立专门机构负责建设各自的职工住房，资金由上级拨款，土地由国家无偿划拨。西安市作为“一五”阶段国家重点建设城市，承担了全国156个重点项目中的17个，城市在进行这些重点项目的厂房等生产设施建设同时，就近配套建设大片职工住宅楼群和完整的基本生活福利设施，这些大规模的工人新村成为当时颇具代表性的城市住房建设的典型。“一五”后期，受经济因素的困扰，我国形成了对生产性建设和非生产性建设的两种不同态度。一方面，强调生产性建设是我国城市新建和改建重点；另一方面，对非生产性建设则要求降低标准，“各种非生产性建设的造价，应该比原计划至少节约百分之十五”。以“节省那些不应该有的和可以节省的支出，而用于增加生产性的建设，来加速我国建设的速度”。[122]在节约成为压倒一切的原则背景下，国家建筑工程部对住房标准设计进行调整，居住面积定额不断下调。

总之，我国的城市住房制度是国家在优先考虑生产性建设和执行工业化政策背景下，为保证城市居民收入和生活水平而做出的选择。通常情况下，公有制单位的职工住房由政府统一分配管理，其中，国营单位的职工住房由单位在划拨土地上由单位内部的专门机构负责住房建设和分配，非国营单位则通常租住旧房。非公有制单位的职工住房由单位或职工自己解决。

3.3.3 城市更新的治理特点

从治理主体来看，由于经济发展要素短缺、社会发展尚不稳定、城市更新利益回报较低以及对社会主义特征的固化认识等多方面因素的影响，为了能够集中力量办大事，我国在选择计划经济体制的时候也就基本上“屏蔽”了市场体系的作用。党和政府在领导中国人民进行革命和建设的过程中所取得的一个又一个历史性成就牢固树立了自己的威望，奠定了自己的执政基础，因此在社会主义革命和建设中，也就自然可以代表人民从制度上拥有城市的基本资源——土地的配置、开发、管理等各方面的权力[132]，党和政府代表人民对土地资源、既有设施、公共设施等在内的物质资产和与之相关的文化、历史、社会网络等在内的非物质资产进行战略性管控成为历史的选择[133]。公众无须对公共事务有所关注，国家也尚未建立专门针对公众参与的立法、制度、机构组织。以中央集权为特征的政治制度使得国家权力几乎可以控制社会经济领域的一切活动，政府主导的“一元”主体治理或者说政府决断型治理成为那一时期城市更新治理的显著特征。

从治理方式上看，政府对城市更新的治理是自上而下的“全覆盖”治理和“调动一切积极因素为社会主义事业服务”的“举国之力”治理。一方面，中央政府从宏观上制定国家发展战略，主导城市建设走向，各地方政府逐层落实并分解任务，在对旧城进行改造的同时，也按照国家发展战略和目标要求推进新城建设。各部门和机构各司其职，协同完成城市规划、空间布局、土地划拨、投资建设和分配管理等各个环节的工作。各单位配合政府完成本单位的住房建设和分配，房管部门或企业成为居民住房最直接的“一线”管理者，单位性质、身份、技术和工作性质，甚至资历成为住房分配的主要参考指标。另一方面，在严重缺乏资金和企业等城市更新治理要素的情况下，政府广泛发动群众，以工代赈，用劳动力要素代替其他要素实现城市环境和居住条件的改善，以及新城市和新城区的建设。同时正确处理沿海和内地的关系，通过把多数建设项目安排在内地的方式，推进内地工业城市和工业城区的发展；协调重工业、轻工业和农业的关系以及生产建设与非生产性建设的关系，优先发展生产城市和新工业区，为轻工业、农业的发展和非生产性建设做好积累和创造条件。单项式的、自上而下的层级管理和单一的行政手段代表了当时城市更新治理的方向和方式。

从治理内容来看，城市更新聚焦于物质空间形态和结构的改造与传统文脉的延续。新中国成立以来30年的城市更新是一个以物质空间形态和结构的改变为主要特征的过程，在一片脏、乱、差乃至一片废墟上修建和发展城市是一个从无到有的新城市的建设过程，也是一个从户外环境到户内条件转变的老城区改造过程。按照1951年3月政务院《关于进一步整理城市地方财政的决定》的明确规定，整治城市环境，维修、改建、新建城市住宅，整修城市街道、增设公共交通，改善供水供电等设施，在后来很长时间都是地方财政适用的规定动作。物质环境的治理改善了城市居民的居住条件，也推动了工业化的发展和政局的稳定，既解决了社会问题，也解决了经济问题和政治问题。新中国城市更新对历史文脉的保护也是从浅入深，从局部到整体，从微观到宏观的发展过程。在这一时期，政府为了在更新城市形态和结构的同时保护旧城风貌，在管理层面划拨专款，成立保护、维修文物建筑的专门机构如建筑工程部建筑科学研究院；从零散个别的命令和指示发展为全面、系统、成文的《文物保护管理暂行条例》。在实施层面，把城市建设项目多设在城外和郊区，旧城工业建设采取扩建而非改建的方针，在节省基本建设投资的同时也保留和保护了原有城市格局和大型主体建筑。在对资本主义工商业和手工业进行社会主义改造的过程中，采取合并、转产、迁出市区等措施对工业企业和手工业企业进行归类和调整，促使城市工业布局和结构更加合理，城市建设向外围发展的过程中，也在一定程度上保护了旧城原有历史与风貌。

3.3.4 城市更新的治理效应

新中国成立后，中国共产党在政治上选择了高度集中的“集权模式”，在经济上选择了自上而下的指令性计划模式，政府作为城市更新治理过程的唯一主体，在国内外局势尚不稳定，国家政权仍处于初创阶段时，面对各种繁重的任务和风险挑战，在一定程度上重塑了城市社会的空间秩序，但也不可避免地造成其他问题的出现。

3.3.4.1 城市更新治理的正面效应

首先，政府“一元主导”的决断型治理模式在特定的历史条件下提升了城市更新治理效力。新中国成立之初，在各种生产要素和资源严重匮乏，各种体制机制尚未建立健全的背景下，城市更新治理难以形成聚合力，政府工作按行业划分为“块”，实施专业管理，按层级形成上下相互对口的部门和机构，组成专业性“条”，城市国有大中型企业的管理权限对上的归口也形成另一种“条条”关系，这种条块分割的层级行政管理模式将城市更新治理的目标、内容、方式、手段、责任等通过垂直体系层层分解、层层落实，确保了城市更新治理的高效实施，而避免了市场自发组织的盲目性。

其次，政府的“计划”治理导向引导城市更新有序、稳步地“摸着石头过河”。人口问题是城市建设中不可回避的问题，面对城市人口过多带给城市发展的负担和压力，政府先后通过遣返农村盲目流入城市的人口返乡和动员、组织、安排城市居民下乡的方式减轻城市人口压力，为城市化和工业化创造了条件。新中国成立后至三年自然灾害时期，面对大批因农村生活艰难而被迫流入城市的人口，为减轻城市供给负担，缓解“过度城市化”现象，政府以计划指令的方式动员遣返流入城市的农村人口。同时，组织城镇居民下乡插队，开垦农场。这其中包括城市失业人员和闲散劳动力以及政治运动中被下放到农村或干校的机关干部、职工及其家属，而最为主要的一个群体就是上山下乡的知识青年。在这样一种行政干预下，不论是旧城改造还是新城扩建都没有造成人口大量涌向城市的“城镇暴潮”，避免了对城市社会、经济和管理的冲击。

最后，政府“生产性城市”的治理理念改变了我国城市空间布局，推进了城市化进程。以建设生产性城市为目标的新的“城市区域”建设将我国集中力量建设的钢铁企业、有色金属冶炼企业、化工企业等重工业选在矿产资源丰富和能源供应充足的地区，将机械加工选择在原料生产基地附近，国防工业分布在内陆后方地区，不仅建立起国家较为完整的工业体系和国民经济体系，保证了国家重工业发展目标的实现，而且在工业化及其配套项目的带动下，我国中西部城镇有了较为合理的发展，新城与工业布局形成相对合理的空间分布。新城建设的另一个表现就是将主要城市的行政管理区域扩大至周边的镇以及农村腹地，成为新的“城市区域”，使城市和农村结合为一个经济与生态体系，避免了其他国家由于过度城市化而导致的高失业率和城市贫民窟泛滥等社会问题的出现。

3.3.4.2 城市更新治理的负面效应

一方面，高度集权的计划经济体制治理的持续性较差。高度集权的计划经济体制在我国城市更新治理中发挥了重要的作用，但是不可否认，随着城市建设的逐步推进和城市社会经济生活的深入发展，这种治理模式的弊端也日渐凸显。首先，在“生产性城市”治理理念的指导下，旧城更新要“充分利用、逐步改造”，其结果就是随着工业建设刺激下的城市逐渐发展壮大，城市职工住房不足问题日益突出。其次，工业建设的“新城郊区化”倾向形成独特的内旧外新的城市空间景观，城市空间形态受到了忽视。第三，一方面是“条块分割”的层级多头分散管理，另一方面又缺乏相关法律约束和监督机制，在“填空补实”的城市建设指导思想下，一系列标准偏低、配套不全、侵占绿地、破坏历史文化环境的城市更新建设行为没有受到约束，还伴生了大量的街道工厂，导致老城生活和生产环境都有所恶化。尤其是“文革”开始后的无政府主义大肆泛滥，乱拆乱建、乱挤乱占严重破坏了城市布局，恶化了城市环境，许多园林、纪念性建筑与历史遗产在“破四旧”运动中遭到前所未有的破坏。

另一方面，国家或集体统一安排的土地划拨制度造成土地利用结构不合理。按照“先生产、后生活”的城市发展要求，城市中心城区工业用地挤压商业用地问题明显，城市功能区划分纷纷形成以工业区为中心的居住、商业混合区，背离了土地区位利用的价值规律。城市土地划拨配置的行政性、使用的无限期性和无偿性使城市土地成为一种“无偿使用的物品”而非经济资产，由此而导致的后果是，一方面，土地资源使用效率低。城市征地存在先征后用、多征少用、征而不用的各种高征地率、低利用率现象，造成土地闲置和土地资产流失等各种问题，土地难以得到最佳利用，也就无法实现土地效益最大化，甚至效益极为低下。另一方面，土地的无偿使用难以实现土地价值而无法保证城市建设良性循环。传统土地使用制度下不存在地租或地价，使得地租或地价与利润、利息、税收混为一体，从而使国家与企业之间的收入分配关系和渠道相脱离，城市建设资金无法实现良性循环，最终造成城市基础设施长期短缺[134]。

土地划拨使用所带来的问题在当时就已经引起了党和政府的高度重视。1955 年，陕西省民政厅对部分单位用地情况进行调查，发现土地高征用、低利用问题严重。按照当时不完全统计数据显示，仅 1955 年 1—9 月陕西省所征用的土地相比 1952 年增加了约 2.5 倍，比 1953 年全面增加了 76%。仅国棉一厂、西北工学院等 24 家用地单位从 1951 年至 1954 年 8 月征用而未用的土地就达到 1287.9 亩。调研结论总结造成这一问题的原因时认为，用地单位对节约用地的精神认识不足，工程设计不准确，没有精密计划，用地单位为了占用土地或上级划拨的建设经费而征用了土地，各级民政部门对国家建设征用土地审批制度执行不严等是造成问题出现的主要原因。事实上这一问题在当时全国很多地方是普遍存在的，归根到底在于当时城市土地划拨配置制度及其无偿性和无限期使用的特点所造成。1955 年中共中央将批转陕西省《关于检查用地单位浪费土地情况及处理意见》转发中央各部委党组和各省（市）委，剖析土地浪费问题的严重后果，要求各省及中央各部委党组切实自查和处理。但却没有对“单位申请、政府拨付”的土地使用制度进行检视和改革，以致这一城市土地使用制度一直延续至改革开放后的很长时间。

3.3.5 西安市城市更新规划与建设实践[135]

1949 年西安解放后，为了能够适应即将到来的经济建设高潮，西安市城市建设部门的领导和工作人员，根据西安市政府领导的要求，着手编制西安市城市建设发展规划。由于缺乏技术力量和城市建设相关经验和资料，在尚未学习苏联建设社会主义的城市规划理论和方法的条件下，城建部门为了确保城市道路建设和工厂布点等各项规划内容不致因为盲目和随意而造成损失，借鉴西方国家和日本的城市规划原理和方法，于 1950 年下半年编制出西安解放以来的第一张都市规划方案。

该规划方案提出将城市布局重点向西郊扩展，不以行政中心为市中心而以商业中心为城市中心，城市中心规划在今天的劳动路与西关正街交叉处。行政中心安排在旧城区，共有两个行政中心，其中，西仓为市级行政中心，新城为西北区行政中心。城市功能区分为面粉工业区、机械工业区、商业区、经济中心区、混合工业区、高等教育区等，每个区内的生产区与居住区相邻布置，以便于职工上下班。城市路网以旧城原有道路向外延伸构成，城市规划发展人口 125 万人（见图 3－2）。

这一张规划蓝图经西安市建设计划委员会讨论后，报送西北军政委员会、西北财经委员会，后于 1951 年年初送北京汇报。作为全国最早出台的城市规划之一，西安市都市规划蓝图受到中央极大重视。中央财经委员会在听取汇报后，邀请国内 20 多名专家学者对之进行认真研究和讨论，在充分肯定这一规划的同时，指出该规划还需进一步研究修正。在整个方案未定之前，同意西安市先按照报送的都市规划进行建设安排，开通修建西郊的大庆路、劳动路、汉城路、未央路等。

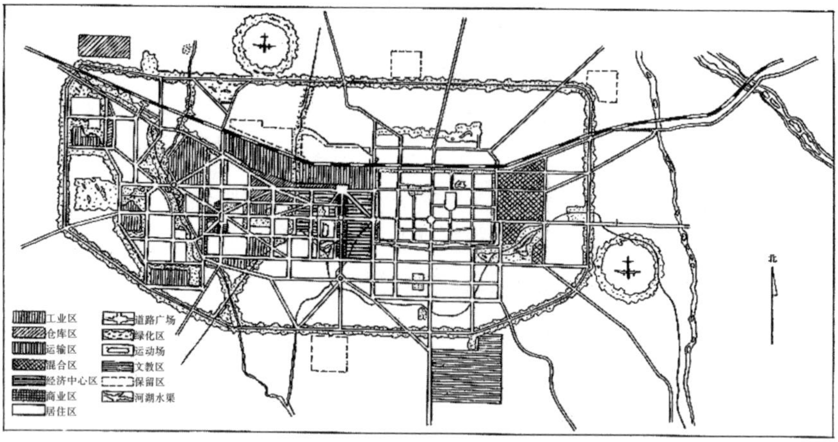

图 3-2　1950 年西安市都市计划蓝图

图片来源：西安市地方志编纂委员会．西安市志（第二卷 城市基础设施）［M］．西安：西安出版社，2000.

1951 年 6 月，西安市建设计划委员会针对第一次城市规划蓝图存在的问题，吸收各界的意见，进行了第二次都市规划设计，将城市规划用地扩大 30 平方公里，工业区和住宅区仍然采用混合式布置方式以便于工人上下班。当年的西郊 3507 厂、544 厂、制药厂等企业的建设布局都是按照这次的规划方案而定的。此时，西郊已开始进行工业布点建设，一批军需、地方工业，如 603 厂、604 厂、606 厂，包括上文提到的 544 厂、西安制药厂等相继开始建设。

1952 年，中央财经委员会召开全国城市规划管理座谈会，西安被列为全国 8 个新的重工业中心城市之一。在总结前两次城市更新规划蓝图的基础上，西安市城市建设部门重新修改、编制了 1952 年都市规划设计蓝图，该规划方案改变城市集中向西郊发展的布局，将市中心选定在钟楼和西华门地区，城市发展规模东至浐河西岸，南到吴家坟，西至㳇河，北到龙首村。同时取消工业区与住宅区交叉的布局，集中布置大面积的工业区（见图 3-3）。在这样一种布局下，西安市东郊浐河以东建起灞桥热电厂，西郊建起西安纺织厂、新西北印染厂、人民面粉厂、西北制药厂，开辟了西郊仓库区，南郊建起以省邮电学校等 12 所高等院校为中心的文教区。

1953 年，在国家计委和建筑工程部城市建设总局的指导和帮助下，西安市人民政府全面引进苏联城市规划的原理、经济技术指标和编制城市总体规划的程序和方法，结合西安的社会和自然条件，编制了《西安市 1953—1972 年

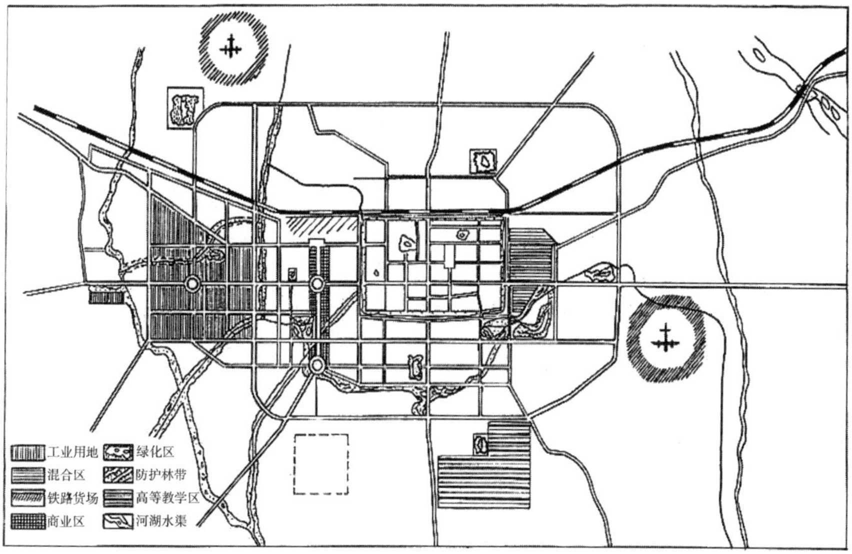

图 3-3 1952 年西安市都市计划蓝图

图片来源：西安市地方志编纂委员会．西安市志（第二卷 城市基础设施）[M]．西安：西安出版社，2000.

城市总体规划》。然而受当时“左”的思想的影响，西安市城市更新规划与建设实践屡遭干扰和挫折，长期片面突出发展工业，而导致第三产业趋于萎缩，城市基础设施和住宅等严重不足。但总体来看，城市的更新治理与建设实践还是取得了较大的成绩，城市经济实力大大增强。经过第一和第二个五年计划，西安成为西北地区以机械和纺织工业为主的重工业基地。20 世纪 60 年代中期到 70 年代中期，西安作为国家“三线建设”的重点地区之一，航天工业和核工业也实现了从无到有，并逐步发展成为国家重要的航天航空、电气电子等工业基地。西安市城市规划与建设的实践可以看作是我国当时大部分城市更新建设的一个缩影，清晰展现了这一时期国家城市规划与建设实践的“工业化”和“生产性”等显著特征。

4 改革开放和社会主义建设新时期的城市更新与治理

社会主义革命和社会主义建设时期“先生产、后生活”理念下的城市更新为我国实现工业化目标和建立比较完整的工业体系和国民经济体系提供了支撑，也使城市居民相较新中国成立前有了更好的居住条件，城市空间形态和结构也有了很大的改观。然而，一方面，随着社会经济生活的深入发展和社会生产力水平的不断提高，不论是居民生活还是工业生产对城市空间环境的要求都越来越高；另一方面，由于政治生态和社会生态的起伏变化以及城市更新治理体系和治理能力相对不足等各种原因，在连续三年自然灾害后，我国城市更新建设几乎处于停滞状态，尤其是“文化大革命”的发生，更是让整个社会陷入一片混乱，城市规划在很长时间内被废弛，城市没有得到应有的发展，城区建设布局不合理，乱占乱建成风，市容杂乱无章，废水、废气、废渣和噪声污染严重，不少园林、绿地和风景区被侵占，文物古迹受到破坏。尤其是住房和服务设施问题长期得不到解决，成为困扰城市发展的严重问题。1978 年出台的《关于加快城市住宅建设的报告》显示，1977 年年底全国 190 个设区城市，人均居住面积仅为 3.6 平方米，城市缺房户达 323 万户。长期以来的土地划拨制度和“单位出资建房，无偿分配给职工”的住房分配制度导致单位缺乏足够的资金来管理和维修公有住宅以保证职工的居住质量，政府也因土地资源日益紧张和经费短缺而无法发展城市建设。随着十一届三中全会明确提出“解放思想、实事求是、团结一致向前看”“要有一套科学的办法”改革同生产力迅速发展不相适应的生产关系和上层建筑[136]，城市更新及其治理呈现出新的变化趋势。

4.1 改革开放和社会主义建设新时期城市更新治理的动力机制

4.1.1 人口数量激增是城市更新的直接动力

改革开放后受中央政策变化影响，城市人口暴增的来源主要是早期上山下乡的知识青年和下放干部、恢复高考学成后毕业留在城市的农村学生和农村经济体制改革带来的农村剩余劳动力。始于20世纪50年代中期的知识青年上山下乡，是人类现代历史上罕见地从城市到乡村的人口大迁移，这场运动在当时解决了城市就业的困难，缓解了城市粮食供应的压力，也在一定程度上满足了农村对文化青年的需求。然而，由于各种主客观原因，20世纪70年代中后期在“知识青年问题容当统筹解决”“知识青年问题，宜专题研究”的批示中，从1974—1977年有大约438万知青按照国家计划通过招工、招生、征兵、提干的政策陆续返城。1978年，党和政府开始以招工、调动、顶替、病退等多种途径继续安排各地留守农村和农场的知青返回所在城市。1980年，邓小平在国民经济计划座谈会的讲话中建议，将每年用来安置下乡知青的3亿多元经费转用于扶持知青返城就业。由此，在中央政策的干预下，知青返城的门户彻底打开。这一时期先后有大约2000多万知识青年和下放干部返回城市，给城市住房和就业带来很大的压力。1978年全面恢复高考，在教育体制机制的设置上为广大农村学生提供了走进城市和分享城市资源的制度空间，农村学生有了落户城市和在城市工作生活的制度保证。随着十一届三中全会各项政策落地，农村率先迈出改革的第一步，家庭联产承包责任制大大提高了农业劳动生产效率，不仅增加了农民的收入，也使越来越多的农村剩余劳动力从农业种植业中分离出来，在户籍制度日益松动和城乡互动愈发频繁中，他们源源不断地涌向城市，一些勤劳致富的农村人甚至落户城市工作和生活，城市人口迅速增加，对城市加快数量、质量和空间格局的更新以提高城市承载能力提出了要求。城市通过更新对道路进行规划、对住宅容积率和绿地面积进行调整，在满足相关要求及规范的前提下，最大程度地挖掘用地潜力，以满足源源不断地增加的城市人口对住房的需求。

4.1.2 经济发展与社会生产是城市更新的动力源泉

城市更新与城市化相伴相随，是对城市发展中不符合当下发展需求的建成环境进行有计划改造的过程，它需要经济的发展提供更新的资本，其更新的目的也在于推动经济发展，在经济发展与城市更新的良性循环中推动城市现代化进程并最终实现国家的现代化。因此，不论从更新的条件还是更新的目的来讲，经济发展都是城市更新的动力源。

首先，城乡经济的蓬勃发展带来城市数量的不断增加。农村经济改革带动农村工业和其他非农产业所构成的乡镇企业异军突起，城镇的产业结构和人口结构发生了很大变化。面对这一变化，为了适应城乡经济发展的需要，1986年4月，国务院贯彻遵循“控制大城市规模，合理发展中等城市，积极发展小城市”的基本方针，批转民政部关于《调整设市标准和市领导县条件报告的通知》，以非农人口和经济指标作为设市撤县的标准，规定非农业人口6万以上，年国民生产总值2亿元以上，已成为该地经济中心的镇，可以设置市的建制；总人口50万以下的县，县人民政府驻地所在镇的非农业人口10万以上、常住人口中农业人口不超过40%、年国民生产总值3亿元以上，可以设市撤县；总人口50万以上的县，县人民政府驻地所在镇的非农业人口一般在12万以上、年国民生产总值4亿元以上，可以设市撤县；自治州人民政府或地区（盟）行政公署驻地所在镇，非农业人口虽然不足10万、年国民生产总值不足3亿元，如确有必要，也可以设市撤县。在大量农村剩余劳动力转移和经济增长推动下，我国城市数量由1978年的192个发展到1993年的570个。1993年，面对我国经济社会发展和改革开放的新形势，国务院以非农人口及其占比、工业产值及其占比、GDP、第三产业产值占比财政收入等更为精细的指标，重新调整设市标准，在推动经济增长中合理发展中小城市，转而又带动地方经济的繁荣和发展，到2013年，我国城市数量已发展到658个（见表4－1）。

表4－1　中国各级规模城市数量的变化（1949—2011）　单位：个

年份	100万人口以及以上	50万—100万人口	20万—50万人口	20万人口以下	总城市数量
1949	5	8	17	106	136
1952	9	10	23	115	157
1958	11	19	36	110	176

续表

年份	100万人口以及以上	50万—100万人口	20万—50万人口	20万人口以下	总城市数量
1960	15	24	32	128	199
1963	15	18	54	87	174
1978	13	27	60	92	192
1986	23	31	95	204	353
1990	31	28	117	291	467
1995	32	43	191	374	640
2001	41	61	217	343	662
2002	171	279	171	39	660
2005	179	271	165	56	671
2010	194	274	150	39	657
2013	201	281	145	31	658

数据来源：根据相关年份《中国统计年鉴》和《中国城市统计年鉴》整理。

其次，经济发展所带来的产业结构变动推动城市空间布局更加合理。经济发展必然带来产业结构的变动，而不论是制造业还是现代服务业，由于对土地要素的投入要求比较低而主要聚集在城市地区发展，而随着工业化程度的提高，制造业由于在城市内部会产生环境污染和粗放占地等聚集不经济现象，逐渐向城市周边或远离城市的地区迁移。各种生产性服务和科学管理、信息流通等现代服务业也会跟随制造业的步伐向城市周边或远离城市的地区聚集，从而导致城市不断向周边推进，城市规模不断扩大，交通及公共设施也得到发展与完善[137]。同时，旧城中心地区随着城市产业和功能结构的调整，由传统的居住、商业、工业和管理混杂的用地结构逐渐向以第三产业为主的中心商务区转变。

最后，经济发展要求城市更新提质增效。消费和投资是拉动经济增长的重要因素。一方面，随着经济水平的提高，城市居民的收入和消费水平也在提高，城市居民的消费能力和消费层次要求城市更新提速提质以满足他们对城市居住环境和生活质量的要求；另一方面，经济的发展需要大量吸引国内外投资和优秀人才，因此也就迫切需要改善城市投资环境，提升城市空间结构的功能以吸引更高端的人才与产业进驻。城市基础设施水平对吸引投资、发展经济起着越来越重要的作用，产业聚集于城市的主要原因在于能够享受到城市更高的基础设施水平所带来的外部效应或者说溢出效应，因此也就成为城市更新动力系统的一个非常重要的组成部分。

4.1.3 经济体制改革是城市更新的动力引擎

随着改革开放的深入推进，我国建立并不断完善社会主义市场经济体制。社会主义市场经济体制的确立激发了包括政府在内的各主体和生产要素的活力。与计划经济体制下的城市更新有所不同，企业在市场对资源进行配置中逐利本性得到释放，越来越多的企业意识到参与其中将有利可图，并积极加入到城市更新的进程中，在一定程度上促进了中国城市更新速度的加快及规模的扩大。而从政府方面来讲，中央政府为了促进经济增长和社会发展，发挥城市的引擎作用，先后出台一系列的城市空间发展战略、制度和政策，将更多的权力和资源逐渐下放给城市，使城市成为国家经济增长的引擎和国家治理的基本单元，城市有了更大的自主发展空间，城市的潜能得到进一步释放。不论中央政府还是地方政府作为社会主义市场经济的宏观调控者和引导者，在政治任务和经济利益的驱动下，有意愿、有条件、有能力利用经济体制改革所带来的城市发展机遇，充分利用企业在城市更新建设中的热情和资源优势，盘活低效利用的城市存量空间资产，激活并释放土地租差，实现城市物质形态更新和经济利益增长的双重目标。土地资源作为生产要素参与市场化为城市建成环境的不断更新和城市物质空间的不断重组创造了条件，通过土地市场化，城市土地结构重新按照土地经济的内在规律进行调整，将土地资源导向利润更高的新兴产业或者生产新的消费空间，改变了土地的不合理使用，改善了旧城的功能结构和布局，极大地推动了城市改造和建设的步伐。

4.2 改革开放和社会主义建设新时期城市更新治理的制度环境分析

城市更新与城市化相伴相随，也因此而体现着不同历史条件和社会背景下的城市化特点，国家的政治体制转型、治理方式变革、土地使用制度和空间规划等系列制度环境的变迁，直接而深刻地影响着城市更新治理主体的行为选择，从而决定着城市更新的过程与质效。

4.2.1 行政区划与分权治理制度

4.2.1.1 行政区划的层级设置与分权化改革

行政区划是国家为便于行政管理而进行的区域分级划分，它不仅包含行政辖区范围的划定，也包括行政等级的设立。改革开放后，沿袭计划经济体制下的中央集权、多层级、多地区的行政区划和政府组织架构，我国实行“中央政府—省级政府—市政府—县政府—乡镇政府”的五级政权分权体制，形成不同层级政府之间的行政区划和行政管理权限以及管理办法。20 世纪 80 年代后，为适应社会主义市场经济体制发展的需求，调动地方政府发展经济的主动性和积极性，党和政府自上而下地逐步开展了一系列以财权和事权为核心的行政分权改革。冀以通过中央政府向地方政府的权力下移和政府面对市场和社会的分权，实现上下级政府之间和同级政府各职能部门之间在决策权、事权、财权上权力和责任的转移以及各级政府、市场和公民社会之间的关系结构重组（见图 4－1）。

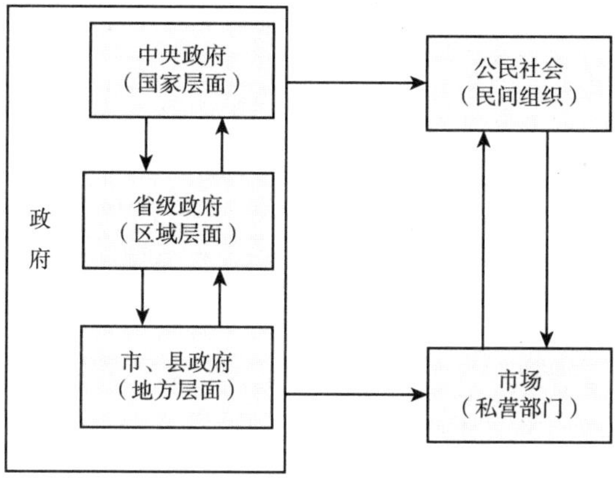

图 4－1 当代分权化改革的基本结构示意图

资料来源：孙柏英．当代地方治理——面向 21 世纪的挑战［M］．北京：中国人民大学出版社，2004.

4.2.1.2 行政事务管理制度改革

城市是我国新的经济体制模式框架的基本支撑点和经济运行的枢纽，城市改革是我国经济体制改革的先导。从 1981 年全国五届人大四次会议提出“以大中城市为依托，形成各类经济中心，组织合理的经济网络”，到1987年党的十三大，几乎每一次党和国家的重要会议都提出要充分发挥城市尤其是大中城市的作用和城市改革的目标、要求和政策，并在改革的实践中率先从行政权力的纵向尺度调整发力，突出体现在包括行政事务管理的分权与中央和地方财权关系的变化。事实上，关于行政事务管理的分权，早在1982年我国新修订的《宪法》中就确立了在“中央统一的领导下，充分发挥地方政府的主动性、积极性的原则”，明确了中央和地方在经济调节、社会管理及公共服务等方面的职权，为我国现行的纵向府际权力关系奠定了基础。1994年的分税制改革进一步细化了中央和地方政府的事权和财权，规定地方财政在行政事务的财政分担上重点承担本地区的行政管理费用、地方统筹的基本建设投资、城市维护和建设费、地方科教文卫体支出等相关费用。2003年，党的十六届三中全会通过的《中共中央关于完善社会主义市场经济体制若干问题的决定》，要求除外交、国防、政权组织、司法制度等国家政治性公共职能外，在经济调节、市场监管、社会管理、公共服务等经济社会事务的管理责权方面，属于全国性或者跨省、自治区、直辖市的事务，由中央管理，以保证国家法制统一、政令统一和市场统一；属于面向本行政区域的地方性事务，由地方政府管理，以提高工作效率、降低管理成本、增强行政活力；属于兼有全国性和地方性、需要中央和地方共同承担、发挥两个方面积极性才能够办好的事务，由中央和地方共同管理，中央和地方的分工和职责更加明晰。这一行政事务管理制度的改革给予了地方政府更多的行事权力，在一定程度上更为有效地实现了资源的合理配置，也促进了城市经济的发展。从城市更新治理的视角看，中央政府给地方政府放权就意味着地方政府可以在经济和政治的双重激励与约束机制下采取策略性行为争取地方利益的最大化。这一时期，我国城市建制和行政区划开始不断重构，城市的法定地位得到明确，在纵向行政管理体制的安排下，城市被划分为直辖市、副省级市、地级市、县级市和乡级城镇五个层级，城市依据不同行政级别享有不同的事权范围和资源，城市对城市内部空间生产和治理的能力也就基本确定下来。

4.2.1.3 财政分税制改革

财政制度是党和国家激励地方政府实现国家战略的主要手段，它随着不同时期国家战略目标的调整而呈现出明显的阶段性特征。改革开放后的1978—1979年，我国在经济体制改革之初实行的“比例分成、增收分成”财政体制在一定程度上增加了国家和地方的税收，促进了经济的发展。1980年，为贯彻落实“调整、改革、整顿、提高”的方针，适应四化建设的需要，国务院颁发关于《实行“划分收支，分级包干”财政管理体制的暂行规定》，调整中央和地方的财政关系，以财政地方承包制给予地方政府统筹安排地方财政的自主权，调动地方政府的积极性，突破了“统收统支”集权为主的老办法，改“大锅吃饭”为“分灶吃饭”，是我国财政管理体制从“中央集权为主”向“分级包干”转变迈出的决定性一步。1985年，国务院下发了《关于实行“划分税种、核定收支、分级包干”财政管理体制的通知》，明确了各级地方财政的权力和责任，更好地体现了财政管理体制的责、权、利相结合原则。1988年又通过了《关于财政包干办法的决定》，对地方财政包干制度进一步完善。

“财政大包干”体制在一定程度上有效激活了地方政府的积极性，壮大了地方财力，也强化了地方利益，但不可避免也造成地方权力扩张而导致中央权力弱化、中央财政收入比重持续下降的趋势。为了进一步理顺中央与地方政府的财政分配关系，在调动地方政府积极性的同时，提高中央政府财政收入占全国财政收入的比重，稳定中央政府与地方政府的财力分配格局，1993年12月，国务院发布《关于实行分税制财政管理体制的决定》，确定从1994年1月1日起改革现行地方财政包干体制，对各省、自治区、直辖市以及计划单列市实行分税制财政管理体制。分税制改革的原则和主要内容是：按照中央和地方的事权划分，合理界定各级政府的财政支出范围；根据事权与财权相结合原则，将税种统一划分为中央税、地方税和中央地方共享税，并建立中央税收体系和地方税收体系，分设中央、地方两套税务机构来分别征管；科学核定地方收支数额，逐步实行比较规范的中央财政对地方的税收返还和转移支付制度；建立和健全分级预算制度，硬化各级预算约束。由此，我国财税体制从财税包干走向分税制。分税制改革进一步细化了中央和地方政府的事权和财权，规定了地方财政在行政事务中的财政分担费用，是新中国成立以来影响最为深远的一次财政和税制改革。这一《决定》明确规定我国“国有土地有偿使用收入”属于地方固定收入的内容，为后来地方政府将地方税收来源锁定在“土地财政收入”提供了更充分的政策和制度依据。

4.2.2 城市土地制度

随着以市场化为导向的经济体制改革和中国经济的高速发展，城市土地使用制度也开始了以市场化为导向的改革。

4.2.2.1 土地使用制度的改革逻辑与进程

城市土地有偿使用的探索终结了我国50年代以来长期贯彻的城市土地无偿使用制度。这种探索最早源于对中外合营企业场地使用的规定。1979年7月，为了扩大国际经济合作和技术交流，第五届全国人民代表大会第二次会议通过了《中华人民共和国中外合资经营企业法》，该法规定："中国合营者的投资可包括为合营企业经营期间提供的场地使用权。如果场地使用权未作为中国合营者投资的一部分，合营企业应向中国政府缴纳使用费。"1980年7月，国务院《关于中外合营企业建设用地的暂行规定》进一步明确指出，"中外合营企业用地，不论新征土地，还是利用原有企业的场地，都应计收场地使用费"，由此改变了土地无偿使用的制度，也标志着我国城市土地使用制度的改革拉开序幕。

随着改革的进一步推进，土地有偿使用制度在一些改革前沿地区开始探索。从1982年起，北京、上海、抚顺和成都等城市由国家主导相继开展了土地商品属性的探索。1986年，国家土地管理局基于马克思地租理论和国家对城市建设的大规模投资以及节约用地的现实，向国务院提出在全国普遍开征土地使用费的建议。同年，深圳提出"没有土地市场就没有完整的商品经济体制"。1987年，在国务院和国家土地管理局的推动下，国家土地使用制度改革得到进一步推进，深圳、上海、天津、广州、厦门和福州被国务院批准作为土地使用制度改革的试点城市。1987年12月1日，深圳市首次公开拍卖一块面积8588平方米的地块50年的使用权，敲响了新中国历史上土地拍卖的"第一槌"。在改革试点的基础上，国家开始进行土地有偿使用和转让的法制化探索。1988年，第七届全国人民代表大会第一次会议通过宪法修正案，将《宪法》中"不得出租土地"的规定改为"土地的使用权可以依照法律的规定转让"，这为土地使用制度改革的全面展开和深入发展扫清了障碍，并促使了几项重要的法律法规的制定和颁发。1990年，国务院颁布《城镇国有土地使用权出让和转让暂行条例》。该《条例》对土地使用权的出让、转让、出租、抵押、终止和划拨等作了明确的规定，是我国城镇土地使用制度改革的专项条例，也是把我国城镇土地使用制度改革从试点推向全国的重要法律保障。在土地使用税费方面，1988年，国务院颁布《城市土地使用税暂行条例》，正式在全国范围内征收土地使用税。1993年，国务院颁布《土地增值税暂行条例》，对转让土地收益征收增值税，城市土地使用制度的改革进一步走上法制化轨道[138]。

伴随社会主义市场经济体制日趋健全，土地有偿使用程序和土地使用税费征收制度也在不断调整和完善。2001 年国务院下发《关于加强国有土地资产管理的通知》，有针对性地从六个方面提出具体要求：严格控制建设用地供应总量，实行国有土地有偿使用制度，大力推行国有土地使用权招标、拍卖，加强土地使用权转让管理，加强地价管理和规范土地审批的行政行为等。在土地资产管理制度上制定了一系列的新举措。与此同时，土地使用税费征收制度也在不断进行调整。2006 年 12 月，国务院修改《城市土地使用税暂行条例》，较大幅度提高了城市土地使用税，并且对土地使用税征收层级作了重新划分。2007 年 12 月，国务院修订《耕地占用税暂行条例》，耕地占用税税额标准上浮 4 倍左右，同时外资企业也被纳入耕地占用税纳税范围[138]。城市建设土地有偿使用的各项法律、条例和办法的提出与落实有效保证了城市国有土地的合理使用，也进一步深化和推进了我国土地市场化进程和社会主义市场经济体制的完善。

4.2.2.2 土地产权制度与城市更新

土地产权制度是土地制度建立的基础。随着改革开放后我国经济体制改革的进行，原有的城市土地产权制度所依存的外部环境发生了很大变化，为了能够获得原有产权结构下潜在的城市土地使用收益，中央政府开始对城市土地产权制度进行改革。

1982 年通过的《中华人民共和国宪法》明确规定："城市的土地属于国家所有，农村和城市郊区的土地，除由法律规定属于国家所有的以外，属于集体所有；宅基地和自留地，也属于集体所有。任何组织或者个人不得侵占、买卖，或者以其他形式非法转让土地。"由于城乡接合处边界不清，我国城市土地的产权权属也呈现国有土地和集体所有用地并存的局面，既有所有权归国家所有的城市建成区的土地，也有国有土地与集体土地并存的城市边缘地带，还有单纯的集体土地构成区。1990 年国务院颁发的《中华人民共和国城镇国有土地使用权出让和转让暂行条例》明确表示国有土地有偿使用，城市土地使用由原有的无偿无限期变为有偿有限期，城市土地"两权分离"的产权制度正式形成。

"两权分离"规定了城市土地的所有权归国家所有，城市更新中经土地产权市场交易而来的建设用地只是获得国有土地的使用权，或者说是“城市规划区国有土地范围内的房地产开发用地的土地使用权”，这一土地使用权是以城市土地所有权属于国家为前提，城市更新建设用地必须首先要依法取得国有土地的使用权。面对改革开放后城市更新对土地资源的大量需求以及城乡接合处和“城中村”集体土地的粗放式开发，地方政府依法运用中央下移的事权和财政权实现对农村集体用地的征收，并将其转性为国有土地后，或者以政府作为投资主体对征收土地进行开发建设，或者将土地使用权以划拨、出让（拍卖、挂牌、协议三种方式）的方式移交给房地产开发商，由房地产开发商全权负责对征收土地的开发建设和居民安置楼建设，从而获得改善“撤村建居”居民的居住条件和整个城市空间形态的社会效益，以及政府获取土地出让金、开发商取得土地和居民获得补偿安置的“三方共赢”经济效益。

4.2.2.3 土地储备制度与城市更新

土地储备制度是顺应和深化城市土地制度改革的产物，是政府提高土地综合利用效率、实现土地集中供应、促进城市发展的重要手段。随着分税制和土地使用以及住房等各项制度改革的不断深化，土地的资本属性日渐显现，地方政府通过开发和经营土地，获得大量的土地收入，推动了城市社会和经济的发展。为了能够更好地实现国家对土地市场的宏观调控及规范化管理，避免市场经济可能带来的城市土地供应背离市场价值和土地浪费严重等各种问题，上海、杭州等地率先开始探索和实践对建设用地总量控制和存量入市的改革。其主要目标在于彰显城市土地价值，调控土地市场，盘活事业单位因产业结构调整而出现的存量土地资产，优化土地资源配置，合理利用土地。2001 年 5 月，国务院下发《关于加强国有土地资产管理的通知》，提出“有条件的地方政府要对建设用地试行收购储备制度”。在这种示范作用、实际利益和国家政策的支持和吸引下，很多城市都竞相推广土地储备制度。在 2007 年 11 月，国土资源部、财政部、人民银行发布《土地储备管理办法》，正式确立土地储备机构为土地储备工作的具体实施主体。

城市土地储备的运作总体上就是“土地储备—土地出让”，具体的操作是城市土地储备机构按照法律程序，运用市场机制，通过征收和置换等方式从分散的土地使用者手中把土地集中起来纳入政府土地储备库，并由土地储备机构统一进行土地整理，然后进行储备，再根据城市总体规划、土地利用总体规划和经济发展的客观需要将储备的土地有计划投入市场这样一个过程，是城市土地储备过程、相关法律法规配套及其实施管理的完整整体（见图4－2）。

土地储备制度让政府不仅掌握对新增建设用地的支配权，也有效控制了城市存量土地的供给。在增加政府的土地收益同时，一方面，通过完善土地市场的管理体制，稳定和规范了土地市场秩序，使各自为政的土地使用方式得到有效遏制，政府城市规划的空间效果得到更好的体现。另一方面，为城市更新改造提供了庞大的资金来源，最大限度地满足了城市更新对土地资源的需求，从根本上改变了城市更新改造和建设治理的模式，在一定程度上促进了城市经济、社会与环境的相互协调与发展。

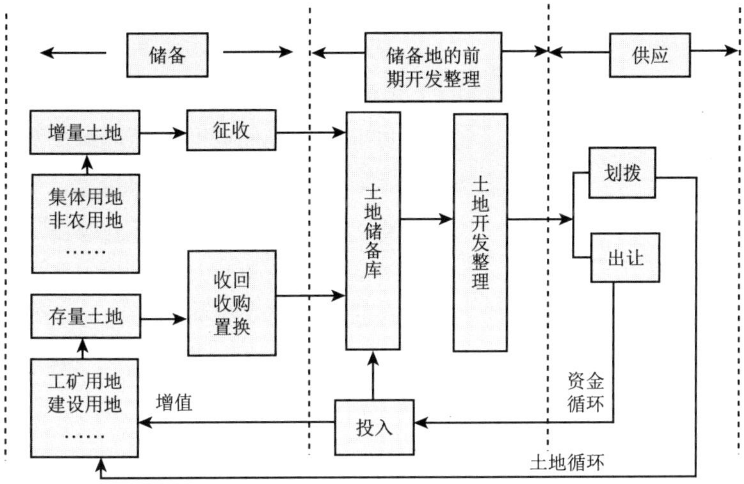

图4－2　土地储备制度运作流程示意图

资料来源：西安市大兴新区管委会。

4.2.3　城市规划制度

土地制度的改革引发了城市规划机制的变革。改革开放后，在党的思想路线的指导下和西方现代化理论与新自由主义的影响下，我国城市规划进入新的重建期，经济体制转轨和社会结构转型从根本上改变了城市空间发展的动力基础。

4.2.3.1　城市规划指导思想和政策机制的变迁[139]

“文革”结束后，国民经济开始复苏，城镇数量大幅增加，城市空间形态与结构发生较大的改变，城市建设出现新中国成立以来最好的形势。但同时，不可否认的是仍然存在很多与发展经济和改善人民生活要求不相适应的问题。1978 年 3 月，全国第三次城市工作会议要求城市建设要与经济社会发展和整个经济体制改革的进程相适应，保持一个稳定、合理的发展速度，提出控制大城市规模、发展中小城镇的城市工作基本思路，首次将城市发展规划定义为刚性规划，要求全国各城市，包括新建城镇，都要根据国民经济发展计划和各地区的具体条件，认真编制和修订城市的总体规划、近期规划和详细规划。这对城市规划工作的恢复和发展具有十分重要的意义。1980 年 10 月，国家建委在北京召开了全国城市规划工作会议，提出"控制大城市规模，合理发展中等城市，积极发展小城市"的城市发展总方针，明确了城市规划在国民经济和社会发展中的职能作用。同年 12 月，国务院批转了《全国城市规划工作会议纪要》，明确这一时期城市规划的主要指导思想，充分肯定城市规划是一定时期内城市发展蓝图，是建设和管理城市的依据。此后，中国的城市规划进入相对稳定的发展阶段，城市规划设计的编制工作步入了正常的轨道，规划管理法规也逐步配套。到 1986 年，全国有 96% 的建制市和 85% 的县镇编制完成了城镇发展规划，促进了城镇发展。与指导思想的变革相适应，国家政策体制在土地制度、户籍制度、城市制度等多方面进行了相应调整。在土地制度上，1990 年 5 月，国务院颁发了《中华人民共和国城镇国有土地使用权出让和转让暂行条例》和《中华人民共和国外商投资开发经营成片土地使用权和转让暂行条例》，标志着城市土地有偿使用开始走上依法管理的轨道。在户籍制度上，1985 年公安部发布了《关于城镇暂住人口管理的暂行规定》，允许暂住人口在城镇居住，城乡二元户籍制度的鸿沟及乡城迁移流动壁垒开始消融。1986 年 4 月国务院批准的《关于调整设市标准和市领导县条件的报告》对设市标准进行了调整，适应了城乡经济的蓬勃发展和人口变化的需求。在城市规划的法律制度保障上，1989 年 12 月，全国人大常委会颁布了《中华人民共和国城市规划法》，这是新中国成立以来第一部城市建设领域的国家法律，标志着城市规划的法制建设进入了新的历史阶段。该法中规定的"两证一书"制度在此后逐渐确立，使用了统一的建设用地规划许可证和建设工程规划许可证。

进入 20 世纪 90 年代，城市规划配合社会主义市场经济体制改革更加侧重具体规划方法和做法上的设计。1991 年《城市规划编制办法》对城市规划编制内容、成果形式和编制质量作出规定，1994 年《城镇体系规划编制审批办法》对城镇体系规划的任务和内容又作出规定。1996 年 5 月国务院下发的《关于加强城市规划工作的通知》明确指出："城市规划工作的基本任务是，统筹安排城市各类用地及空间资源，综合部署各项建设，实现经济和社会的可持续发展”。这一对城市规划地位和作用的重新界定明确了新时期城市规划的核心指导思想。此后多项关于城市规划的法规体系得到逐步完善，城市规划的体制机制更加巩固和成熟。

进入21世纪，中国的工业化和城镇化进入快速发展时期，城市规划与时俱进，不论是在指导思想上还是在政策体制上突出落实科学发展观，2007年10月，全国人大常委会颁布《中华人民共和国城乡规划法》，强调城乡统筹，并确立我国的城乡规划体系。2008年1月，面对人多地少、建设用地供需矛盾突出的问题，国务院颁布了《关于促进节约集约用地的通知》，要求充分发挥市场配置土地资源基础性作用，健全节约集约用地长效机制，“按照循序渐进、节约土地、集约发展、合理布局的原则，科学确定城市定位、功能目标和发展规模，增强城市综合承载能力”“合理确定各项建设建筑密度、容积率、绿地率，严格按照国家标准进行各项市政基础设施和生态绿化建设”。与此同时，颁布《中华人民共和国环境影响评价法》《历史文化名城保护规划规范》等一系列关于城市规划的法律法规，城市规划步入规范化发展轨道。

4.2.3.2 城市住房制度

社会主义市场经济体制在城市规划建设领域的一个重大转变就是开展了城镇住房制度改革——停止了住房实物分配，促进住房商品化、社会化和货币化。

党的十一届三中全会后，面对我国长期计划经济体制下所积累的城市建设问题，以及城市人口不断增多所带来的福利分房制度难以满足快速增长的城市住房需求现状，我国开始尝试城市住房商品化改革。1980年4月，邓小平同志在谈到建筑业和住宅问题时曾指出“城市居民可以购买房屋，也可以自己盖房。不但新房可以出售，老房子也可以出售”“要联系房价调整房租，使人们考虑到买房合算，因此要研究逐步提高房租”“将来房租提高了，对低工资的职工要给予补贴”“建房还可以鼓励公私合营或民建公助”，[140]成为住房制度改革的初步设想。1980年6月，中共中央、国务院批转了国家建委《全面基本建设工作会议汇报提纲》，正式宣布我国将实行住宅商品化政策，准许私人建房、买房和拥有自己的住宅。1981年末，在新成立的城乡规划和环境保护部的支持下，中国房屋建设公司成立，在随后不断的自身发展和工作推广中，中国城市住房的福利供给逐渐向商品化开始过渡。1984年，中央提出要进一步推进城市住房商品化试点，开展房地产经营业务，通过各种途径，逐步缓解城市住宅的压力。1985 年 9 月，中国共产党全国代表大会通过的《中共中央关于制定国民经济和社会发展第七个五年计划的建议》提出，要“积极推行城镇住宅商品化，加快民用建筑业的发展，使建筑业成为我国国民经济的支柱产业。”《建议》同时指出，我国传统的城镇统建统配政策不仅不利于住宅问题的解决，而且还加重了国家的财政负担，导致民用建筑业失去生机和活力，“必须尽快提出一套比较成熟的办法，使住宅商品化这项重大政策逐步付诸实施”。解决财政负担，发展建筑业，促进经济增长成为当时城镇住房商品化的重要内容之一。1988 年，第一次全国住房制度改革工作会议召开，会上国务院秘书长陈俊生宣布：从当年开始，住房制度改革正式列入中央和地方的改革计划，在全国分期分批展开。住房制度的改革办法是实现住房商品化。基本构思是提高房租，增加工资，鼓励职工买房。

1991 年 6 月，《国务院关于继续积极稳妥地进行城镇住房制度改革的通知》出台，制定了出售公有住房、实行新房新制度等新规定。同年 11 月，《国务院办公厅转发国务院住房制度改革领导小组关于全面推进城镇住房制度改革的意见的通知》出台，提出城镇住房制度改革的根本目的是“缓解居民住房困难，不断改善住房条件，正确引导消费，逐步实现住房商品化，发展房地产业”，不仅明确了住房制度改革的目的，也提出了住房制度改革的方向。1992 年社会主义市场经济体制的确立加速了住房商品化和房地产业的增长。1994 年 7 月，《国务院关于深化城镇住房制度改革的决定》出台，明确提出城镇住房制度改革的根本目的是：建立与社会主义市场经济体制相适应的新的城镇住房制度，实现住房商品化、社会化；加快住房建设，改善居住条件，满足城镇居民不断增长的住房需求。该《决定》是首个体现了社会主义市场经济体制要求的住房制度改革方案，从“三改四建”进行了全面规划，在我国房改历史上具有里程碑意义。这一时期，根据“坚持配套、分阶段推进”的原则，开展了一系列改革探索，推动了由住房实物福利分配向货币化分配的转变。特别是逐步建立了住房公积金制度，针对长期低工资政策导致居民购买力有限的现实，较好地实现了住房资金的快速集聚[141]。1998 年 7 月，随着《关于进一步深化城镇住房制度改革加快住房建设的通知》的下发，福利分房终止，住房市场完全货币化，商品房交易市场开始启动。2000 年后，我国住房市场化改革全面展开，住房成为居民新的消费热点。2007 年 8 月国务院发布的《关于解决城市低收入家庭住房困难的若干意见》，标志着中国住房保障体系开始走向完善，具有里程碑意义。

4.3 城市更新治理及其效应

20世纪70年代后期，面对城市建设30年的生活设施欠账和严峻的住房问题，城市通过更新大量修建住宅。同时，结合工业的调整和技术改造，着手城市工业布局和空间结构改善。彼时城市建设用地大多仍选择新区建设，旧城实行填空补缺。由于当时管理体制和经济条件的限制，以及规划理念和城市环境、历史文化遗产保护意识的匮乏和淡漠，城市建设项目存在各自为政、标准偏低、配套不全以及侵占绿地、破坏历史文化环境等现象。随着改革开放的深入和城市发展理念的规范与成熟，这些问题也随之逐渐得到改善和解决。特别是社会主义市场经济体制的建立和完善、土地使用和储备等制度的改革，为城市更新创造了良好的制度、政策和体制环境；产业结构的调整、城市功能结构的转型、土地区位和级差地租作用以及城市社会空间和人口空间重构为城市更新改造提供了重要动力；一些重点城市对有机更新策略的探索和对不同利益主体的利益共享机制的探索为全国范围的城市可持续发展提供了借鉴和参考。这一时期的城市更新涵盖了旧居住区更新、重大基础设施更新、老工业基地改造、历史街区保护与整治以及城中村改造等多种类型[49]，城市更新治理过程与模式呈现出新的特点。

4.3.1 城市更新的实践演绎与治理特点[47]

党的十一届三中全会是中国历史的重大转折，随着国家提出并进行经济体制改革，人们逐渐意识到城市建设对国家经济发展的重要性并开始加强城市建设的总体规划和具体规划。旧城改造中一些污染严重的工厂从居民区被迁移出去，大批住宅小区及其相关配套市政基础设施与社会福利体系开始建设。这一时期的城市更新改造与建设总体来说，规划先行，分批改造；加强立法，综合开发；众筹资金，政企合作。截至1986年年底，全国96%的大中城市与85%的乡镇完成了地方总体规划，很多旧城区也在按照总体规划稳步推进更新改造，改造后的住区人口密度和住宅容积率都远远大于城市新发展区。法律法规、制度政策成为政府对城市要素进行控制、住房进行分配安置和城市进行有序管理的重要保证，旧房整治与修缮成为与拆除重建同样有效的治理手段。为了多方筹集更新改造资金，在互利的基础上，政府采用多种手段如集资联合建房、企业代建、政企合建、居民自建以及商品房等加强对城市的更新改造。这一时期的政企合作主要表现为地方城市政府房管部门与企业合资改造，改造完工后，企业可获得一定数量的改造住房。

进入20世纪90年代，随着社会主义市场经济体制的建立和探索，地方经济增长有了更强劲的动力和更广阔的空间。在地产开发商的重磅登场下，大规模的城市更新改造掀起高潮，城市更新呈现新的特征。第一，经济效益最大化成为城市更新改造的重要目标。基于各自的目标利益，政府与城市发展商建立合作，在城市更新中各取所需，城市发展商以谋求个人商业利益为首选，城市政府旨在获取丰厚的经济回报增加地方财政税收。第二，城市政府的角色发生转变。随着国家出台和调整了一系列以城市为尺度的空间战略、制度和政策，城市政府拥有更多的资源调配和治理权限，从单纯的国家意志贯彻者转变为具有地方意识的利益主体；从先前的行政主导者转变为与私人企业、开发商等的经济合作者。第三，城市更新规模更大、内容更全。一方面，在20世纪90年代后，我国开始了有史以来最大的旧城区房屋更新改造；另一方面，大规模新区建设如火如荼，为旧城区重新进行功能定位、转移工业并疏解中心区过密的人口创造了条件，旧城更新从单纯的危旧房改造或基础设施建设发展为综合处理物质老化、功能调整、用地结构转换等多项内容[142]。第四，城市更新更加趋于法制化和体制化。经济杠杆、法规手段，政策引导等沟通协作的方式逐渐取代行政和计划为主的传统手段。国家层面城市规划法律法规以及各地区城市更新法规的颁布，让城市更新改造的实施更加规范，一些历史文化名城在更新改造中也得到相应的保护。

进入新世纪，在科学发展观的引领和指导下，实现高水平的城市更新和可持续发展成为城市规划的重要目标，城市建设中的社会因素与其他经济、政治、文化等因素具有了同等重要的地位。人们开始认识到，城市更新不仅仅是旧建筑、旧设施的翻新，也不仅仅是一种城市建设的技术手段和一种以房地产开发为导向的经济行为，它还应该具有深深的社会和人文内涵。任何忽略社区利益、缺乏人文关怀、离散社会脉络的更新改造都不是真正意义上的城市更新。城市更新应该是多目标而非单目标的[143]。然而，认识的先导并未带来实践的同步，在当时城市更新治理的实施过程中，对土地增值的利益追求主导着城市改造主体对土地利用结构和所有权的调整行为，城市更新改造的治理过程更多地表现为地产开发商简单的土地经济置换。

4.3.2 城市更新的治理效应

4.3.2.1 城市更新治理的正面效应

改革开放和社会主义现代化建设新时期的城市更新治理与市场经济体制的建立和完善相伴相随，更多表现且逐渐定型为实质就是政企合作的“二元”城市更新治理模式。很明显在这一过程中，城市更新治理的主体结构发生变化。城市更新治理的政府主体在纵向上调整中央和地方的关系，将权力下移至地方政府，在横向上调整地方政府和市场的关系，允许政府以外的市场主体介入城市更新治理，使城市空间治理可调用的资源前所未有地得到提升，政府治理的范畴与作用重新界定。在政企合作治理的作用下，城市更新治理效应较之从前发生了巨大的改变。

首先，市场力量介入的城市更新治理有效减轻了政府负担。任何形式的城市更新都是一项庞大的建设工程和民生工程，政府以外以企业为主体的市场力量的介入，一方面以雄厚的资金有效化解了政府城市更新改造的财政压力，成功应对了城市建设资金筹集的困难挑战；另一方面，也帮助政府承担了大量的物质建设工程和纷繁复杂的社会责任，弥补了政府在城市更新治理中精力和人力有限的缺憾，政府可以在政企的权责分配中更加高效地发挥宏观调控和监督引导的作用，实现政企不同利益主体的诉求。

其次，城市更新改造的质效得到提升。市场力量的参与和介入，充分发挥了市场在资源配中的决定性作用。那些实力雄厚、资质深厚、具有技术优势的企业经过市场的优胜劣汰参与到城市更新治理中来，充分保证了城市更新治理的质量和效率。而随着城市更新治理主体的力量不断壮大，在与政府的通力合作之下，城市更新不再仅仅局限于大面积的新区开发，也迎来了旧城环境提升的良好契机，由此旧城居住环境和投资发展环境得到了很大改善。

最后，市场主体的介入使城市更新治理更多地展示出市场化的思维。治理的设计与规划不再拘于传统机制下脱离市场和社会需求的行政指令性计划和安排，而是基于资源效益最大化的考量。城市住区的更新改造不仅仅是将原来的棚户区或老旧小区改头换面为“新住宅区”，而且充分考虑住区的服务配套设施供给，既提升了城市空间资源的利用效率，也提升了城市住区乃至整个城市环境的整体品质。另一方面，充分面向市场的城市更新治理在一定程度上促成了繁荣共享局面的形成，开发商获得土地开发建设的经济收益，政府依靠资金和市场力量，迅速推进城市空间形态和结构的改善，实现城市功能提升，而居民则得到经济补偿和居住环境的改善。

4.3.2.2 城市更新治理的负面效应

然而不可避免的是，探索中的政府主导政企合作城市更新治理模式也会存在很多缺陷。尤其是市场机制本质上就是以经济利益唯上，存在自发性和投机性等方面的局限，地产开发商为追求高额利润而加快城市更新效率，在很大程度上可能会忽略对居民和社区利益的考虑，从而造成对公共利益的损害和社会矛盾的产生。不仅是与民生相关的公共利益，甚至很多与历史文化相关的公共资源也受到损害。更为关键的是，当原有的社区网络被彻底破坏，历史脉络的继承性便成为空话。

首先，粗放式的城市更新治理破坏了城市社会机理。市场经济体制建立后很长时间内乃至进入新世纪，我国城市更新在很大程度上都是以物质形态改善和经济利益最大化为主要目标。更多是依靠政府政策倾斜，靠低成本土地供给、低成本劳动力使用和低成本环境开发吸引开发商参与的简单粗暴的大拆大建，使城市丧失了特色和个性，许多城市在“旧貌换新颜”的过程中传统风貌和景观特色遭到破坏，方形模块化建筑千篇一律，城市失去了特有的历史文化特色和价值。

其次，追求经济利益导致民生问题和公共利益问题出现。社会发展转型对城市更新治理的探索由于缺乏经验，在制度设计上不够完善，加之不论政府还是企业对效率的渴求以及经济利益的诱惑，导致社会公共利益的合理诉求没有得到及时有效的回应，从而引发多种社会矛盾和纠纷。而社区也因为如此改造失去对原有的社会网络、社区机理和历史脉络的传承，难以发挥其应有的协调整合作用，更加难以及时有效地消除社会矛盾。

最后，制度缺陷导致城市更新治理效果受限。制度设计的缺陷造成政府作用与市场作用之间存在“真空地带”，或者说政府和市场的角色定位的模糊状态，从而造成政府主导作用的“缺位”“错位”和“越位”现象，严重影响城市更新的治理效果。企业对政府“剪不断、理还乱”的依赖情结决定了这一主体在很大程度上需要看“政府的脸色”行事，从而造成政府的“过度主导”。非政府组织、公众等作为城市更新治理的重要主体和利益受体虽然逐渐开始得到关注，然而，由于社会参与制度的缺位，其作用难以发挥，其利益也难以得到保证。从而造成在政府利用其公信力对合作治理保驾护航的情况下，却难以高效整合不同利益群体实现城市更新效率和满意度最大化。

4.4 城中村改造：中国城市更新的特有现象

4.4.1 城中村的类型与特点

城中村是我国快速城市化进程中出现的特有现象，也是我国城市更新的一种主要实现形式。改革开放后，随着城市的迅速发展和不断扩大，原来城乡接合部的村庄逐渐被城市建成区的用地包围或半包围，成为城市地域中的一部分。然而由于其在建筑景观、人口构成、经济特征、行政管理、生活方式等多方面与城市社区存在明显的差异，这一具有特殊“风貌”的片区便成为城市中的“孤岛”。根据其在不同发展阶段所表现出的相对地理位置、农业用地比例、户籍村民收入来源以及户籍人口数量等方面的特征，城中村可以分为三种类型：成熟型城中村、成长型城中村和初生成型城中村（见表4-2）。它们代表着城市规模不断扩大过程中农业集体用地逐渐转变为国有城市建设用地的发展进程，也代表着城中村形成和发展的不同阶段。在城市更新和建设中，无疑成熟型城中村是主要的改造对象。

表4-2　　城中村类型与特点

	农业用地	生产方式	主要收入来源	区位及价值	改造紧迫性
成熟型城中村	完全没有农业用地	脱离了原有的农村生产方式	物业出租是主要收入来源；房屋租金收入在户籍村民的总收入中的占比趋于稳定	完全被城市所包围，区位价值很高	是当前城市发展的顽疾和主要问题，政府将其改造的欲望十分迫切，同时也是城中村改造研究和实践的焦点
成长型城中村	几乎没有或少量留有农业用地	已经脱离原有的农村生产方式	物业出租收入已成为主要收入来源；占比有增加趋势	区位价值较低	治理没有那么迫切，治理难度也相对较低
初生成型城中村	较多农业用地	没有完全脱离农业生产方式	物业租赁不占据主要地位	处于城市的边缘	已纳入城建用地但还未开发

资料来源：侯景新，任霞．城中村改造的原理及模式研究［J］．城市观察，2013（05）．

4.4.2 城中村改造的目标与实践

城中村改造事关城市综合竞争力的进一步提高和城市的可持续发展以及和谐城市社会的构建。其根本目标在于解决长期二元体制所造成的该地域与周边城市建成区在建筑景观、经济特征、行政管理、生活方式、思维方式等各方面的差异，真正实现区域整体的城市化。而所谓区域整体的城市化就是既要实现农业用地向非农业用地的转化和农业地域向城市的转化，也要实现农业人口的非农化和城市人口规模的扩张。

城中村拆迁改造确实推动了城市化。城中村的拆迁改造将大规模的农业集体用地转变为城市建设用地，实现了农业地域向城市的转化，为城市更新改造做好了资源要素的准备。我国《土地管理法》明确授权政府征收农地的权力和向市场出让所征农地转性后使用权的权力。“任何单位和个人进行建设，需要使用土地的，必须依法申请使用国有土地”“国有土地包括国家所有的土地和国家征用的原属于农民集体所有的土地”。政府通过依法征收农业集体用地并将其转化为国有土地，进而将其推入市场进行出让，在市场力量的作用下，整合社会资金和专业运作盘活了效益低下的城中村土地，城市景观环境得到显著改善，城市土地价值和空间价值有了很大提升。同时，也改变了城市空间和功能结构，高端居住和服务业职能的现代建筑取代了原有的低矮、杂乱和拥挤建筑群，低端、单一的居住环境升级为配套设施齐全的住宅小区。城市整体形态和结构发生巨大变化，居民的生活品质得到前所未有的提高。不仅如此，城中村拆迁改造直接推进了撤村建居，实现了村民委员会向社区居民委员会的转变和村民向居民的转变。随着撤村建居和整村改造的推进，新的生活有机体形成，原有的村落共同体转变为社区共同体，居民的居住空间转变成城市社区的居住形态，品质有了很大提高，户籍身份也从村民变为居民，开始享有城市居民所享有的社会福利待遇。城中村改造成为我国城市化进程加速的重要推动力量。

然而，城中村改造却没有实现“撤村建居”群体完整意义上的城市化。一方面，城中村改造并不是一个推进顺利的和谐共赢过程。城中村改造在土地征收中使村民失去赖以生存的土地，却未能保证其公平地分享土地资源市场配置带来的价值。改革开放后经济的高速增长和城市化的快速推进造成对土地的大量需求和土地价值的升值，城中村因其区位优势和形态劣势而成为土地征收的必然对象，政府根据被征收农业用地的收益给予农民征地补偿，却根据土地未来用途的预期收益和市场主体的最高竞标价出让土地使用权。城中村农民赖以生存的土地在不断地被大规模吞噬，却不能公平分享土地资源市场配置所带来的价值，农民的权利在这样的城市更新中严重受损。

另一方面，回迁安置社区的空间规划与建构在物理特征上的技术差别和物质景观特征与现代城市整体标准尚有一定的差距，其城市建构的社会经济特征也没有形成真正意义上“撤村建居”的城市属性。回迁安置社区的物理性质建构重置了“撤村建居”居民居住环境所需要的物质资料，在一定程度上改善了他们的居住条件，提高了他们的生活质量，同时也更进一步为其贴上城市经济人的身份标识。然而，社区容积率以及安置楼结构设计和建材选择等一系列建构标准与现代城市存在的显著差距却难以让他们体会到与同等城市居民在资源配置与经济活动效率上的公平与正义，反而产生一种强烈的被剥夺感，而引发对城市建构主导者的不满、抵触和排斥，一系列消极情绪最终难以实现他们对自己城市社会身份和权利的认同。

此外，回迁安置社区的社会性质建构没有为他们搭建与城市社会关系建立和交往的桥梁。居住空间的社会性质建构充分影响着“撤村建居”群体城市社会属性的养成，是他们社会关系再生产和实现城市化的有形载体。“撤村建居”居民需要在开放的空间里丰富自己的社会关系，在与人的普遍交往中获得城市社会人多方面的规定性，成为真正的市民。然而，居住设计空间的“闭锁”，导致居民心理的自我凝聚，片面的、狭小的、封闭的社会群体生活加剧了居民社会交往的内倾型，削弱他们城市社会关系的再生产，阻碍他们的城市化。从这个意义上讲，回迁安置居住空间的设计，除了考虑城市规划的需要，也要考虑物质资料在物理性质建构与社会性质建构过程中的空间分配和结合方式要有益于社群之间、社区之间形成普遍主义信任关系和城市社会人意识形态，避免居住设计空间的自我凝聚和我与非我的思维模式，以免引发与其他群体之间的抵触甚至排斥等逆社会性的情况。

4.4.3 “撤村建居”居民的城市社会融入

4.4.3.1 “撤村建居”居民城市社会融入的现状

社会融入是处于弱势地位的主体能动地与特定社区中的个体和群体进行反思性、持续性互动的社会行动过程。“撤村建居”群体的城市社会融入不论是对于微观上个人城市主体地位重塑和可行能力的提升，还是对于提高城市社会运行效率和增强城市竞争力都具有非常重要的作用，直接反映着城市更新的成败与效果。然而，对于如何考量该群体的城市社会融入始终没有形成明确统一的测评标准。基于学界普遍认为的“经济层次的融入并不一定带来其他层次的社会融入，但是其他层面的社会融入却始于经济层面的整合”的结论[144]，结合众多社会学者对社会行动本质特征的理解[145]-[147]，我们在考量“撤村建居”居民的城市社会融入现状时，以他们是否参与城市社会经济活动以及参与过程中所表现的持续性、能动性和反思性来反映其城市社会融入的概貌。同时为了使研究结果更具可信性，我们选择以西安市莲湖区四个“撤村建居”社区作为调研对象，所获取的调研结果如下：

首先，对城市社会经济活动的参与度。通过调研发现，“撤村建居”居民中，有73.7%的调研对象表示能够通过就业等各种方式参与城市社会经济活动，其中男性占57.4%，女性为42.6%。就业群体的年龄分布上，20—30岁的占24.6%，30—39岁的占32.8%，40—49岁的占29.5%，50岁以上的占13.1%，就业年龄结构呈正态分布，基本不存在劳动力因年龄越大，其自身各种素质、技能水平、知识结构和交往手段差异越大而导致的参与度差别大的可能性，也不存在因此而导致其难以走出传统地缘和血缘关系从而与城市社会隔离的现象。知识、技能和交往能力的短板是整个“撤村建居”居民的共性特征。30—49岁年龄段的群体就业比例最高，而50岁及以上的群体在这个本就不存在就业竞争优势的群体中更为弱势。客观条件决定了他们的就业机会相对更少，但主观上他们不会因年龄大而选择与城市社会隔离。在所有参与就业的群体中，20—30岁的年轻人本应是最积极活跃的，但是他们却只占24.6%。在本次调研中，还有26.3%的人因为各种原因而未能参与，也就是说有26.3%的人不曾体验过与城市社会的交往互动，更不要说融入了。

其次，在参与城市社会经济活动的持续性方面。“参与”使“融入”成为可能，而持续性则夯实了“融入”的根基。只有持久参与城市社会经济活动方可积累和沉淀各种资源，才能在新的社会关系中将外在于自己的社会行为规范和准则内化为自己的行为标准，在不断增进城市特质的过程中形成城市社会思维，并以城市的思维去维持其城市社会关系。如果将“撤村建居”居民参与城市社会经济活动的持续性与其年龄和从业经历相结合，认定18—30岁群组的居民至少有5年就业经历，31—40岁群组中至少有5—10年就业经历，41—50岁群组中至少有10—15年就业经历和51岁以上群组中有15年以上就业经历的居民为持续参与城市社会经济活动，那么，在本次调研中只有64.8%的人能够保证其城市社会经济活动参与的持续性。而那些参与但未能持续参与的群体，其社会经济活动参与终止，说明他们的参与行动是存在问题的，也就意味着他们的城市社会融入过程可能是失败的。

再次，在参与城市社会经济活动的能动性方面。城市社会融入需要“撤村建居”居民能知、能动地运用城市社会规则和自己所掌握的资源不断地改造外部世界和满足自己需要。走访中，当被问及“是否了解政府的回迁安置政策”以及“未来有何打算”，绝大部分受访者首先认定政策的制定与落实导致自己利益受损，较少谈及未来规划，同时也忧虑“补偿款不算高”“老本吃完了咋办”。部分回迁安置社区因未能如期完工而延期交房，大家普遍表示不满。但也有三分之一的居民在不满的同时又希望延后回迁，因为延期交工半年以内的过渡费翻倍，半年以上翻3倍，这种对补偿过度依赖的思想严重影响了他们参与城市和融入城市。当然也有13.6%的居民理性认为，政府的安置和补偿政策给予广大“撤村建居”居民基本的生存保障，更主要的还是要鼓励大家自谋职业，“只是没有明确规定”，所以“不能太依赖政府”。在回答“是否会积极主动地参与就业”时，受访者均表示“愿意就业”，但是“没有合适的”。22.2%的居民因为“收入太低”“只能打扫卫生”等原因而选择待业；43%的居民表示碰上合适的工作也会去就业，而至于“合适”的标准：一是收入高低，二是劳动强度；16.2%的自谋职业者和自主创业者是从前生存压力下的选择结果，今天的“撤村建居”并没有对自己从前的生活方式产生太大的影响，同时感慨拆迁安置政策中没有针对自己所在群体的创业优惠和鼓励。受访者中，越是靠近远郊的社区，其能动性越强。“一直以来郊区的农村房子租不上价，收入来源少，村干部少作为甚至不作为，迫于生存压力，只好自己想办法”“拆迁改造后基本还是如此，没有太大变化，已形成氛围。”而越是靠近城市中心地带的社区，“撤村建居”居民参与社会经济活动的积极性反而低。

最后，在参与城市社会经济活动的反思性方面。反思性是“撤村建居”居民在与城市社会互动过程中，对自己的所言、所行和所处不断进行反思和调控以适应城市社会发展变化的环节。80.5%的受访者在撤村建居后依然认同自己的农民身份，他们承认自己与城市居民之间存在差距，“但这并没有影响到自己的生活”，强调自己文化素质确实低，“不知道如何才能够有效表达自己的诉求”，也有愿望建立与社区外的社会关系或联系，但是只有不到30%的人能够实现。可见，以人为本的城市化在“撤村建居”居民的城市改造问题上，不仅要考虑他们的物质补偿诉求，而且需要考虑他们的可持续发展能力和融入城市社会大家庭机会的创造。

4.4.3.2 “撤村建居”居民城市社会融入的影响因素及其治理分析

(1)“撤村建居”居民城市社会融入的影响因素

对于“撤村建居”群体城市社会融入的影响因素，我们认为：自身的外在社会属性是影响其城市社会融入的主要内在原因；经济资本为“撤村建居”群体带来固定的年度收益，成为他们维持生存甚至改善生活的可替代收入，同时也有可能弱化其对城市社会经济活动的参与；人力资本的提高会加快“撤村建居”群体城市社会融入的进程和步伐，而社会支持则是其城市社会融入的外在动力。因此，本书提出以下假设。

假设 1：“撤村建居”群体自身的外在社会属性对其城市社会融入有影响。具体来看，主要在于以下方面：一是性别。由于传统男耕女织的社会分工与角色定位等方面的影响，男性较女性更有可能“持续能动地参与城市社会经济活动”，从而城市社会融入的可能性更大。二是年龄。一般来讲，劳动力年龄越大，自身素质、技能水平以及知识结构等越难以适应城市社会发展需要，越不愿走出传统地缘和血缘关系，进而与城市社会隔离的可能性越大，融入城市社会的可能性越小。三是交往能力。人际交往能力越强，则越有可能与外界环境建立广泛联系并对外界信息加以吸收和转化，为自己寻找更多的机会参与城市社会的各种活动，进而促成自己在社会规范、价值标准和行为规范等方面与城市社会的融合。

假设 2：“撤村建居”群体的经济资本对其城市社会融入有负向影响。就业收入并非“撤村建居”群体在城市生存的基本条件，参照既得的房租或分红等，低于预期收益的就业往往不能激发其参与的热情。各种补偿和福利待遇的提高会强化“撤村建居”群体的特殊身份认同，弱化他们参与城市社会经济活动的动力。多套住房带来的可观租金以及拆迁安置补偿费和每年的商铺分红等可替代收入，强化了他们“以房谋生、以房养老、以房保医”的收入理念，弱化了其建立业缘关系、扩大社会交往的可能性。

假设 3：“撤村建居”群体的人力资本对其城市社会融入有正向影响。结合“撤村建居”群体的实际特征，本文用“文化程度”“一技之长”和“职业层次”来描述其人力资本。文化程度越高，社会性越强，反思性越深，城市社会融入则越顺利；掌握一技之长，可以更充分地利用资源，实现与城市社会能动持久的互动；职业层次越高，则越有机会接触较高层次的城市群体，加快其城市社会融入的速度。

假设4："撤村建居"群体得到的社会支持对其城市社会融入有正向影响。社会支持可以提高"撤村建居"群体的社会适应能力：社会关系越广，社会参与的可能性越大，城市社会融入的可能性也越大；鼓励激发"撤村建居"居民积极投入城市社会经济活动的政策制度，对其社会融入有正向影响；周边企业与人口的集聚在一定程度上为"撤村建居"居民参与各种城市社会经济活动创造了有利条件，也有利于他们的学习和提高；社会认同度越高，社会排斥越小，"撤村建居"群体融入城市社会的外部条件越好，可能性也越大。

在研究假设的基础上，本文采用西安市莲湖区的调研资料，运用二元 logistic 模型从"撤村建居"居民自身的外在社会属性、物质资本、人力资本和社会支持这四类变量的14个因素进行回归分析（见表4－3），发现在自身社会属性类的变量中，交往能力对其城市社会融入具有一定的影响；经济资本和人力资本中的文化程度与一技之长因素对"撤村建居"居民的城市社会融入具有显著性影响；在社会支持中，政策制度对其城市社会融入也具有一定的影响。

表4－3　"撤村建居"居民城市社会融入的解释变量及其统计特征

变量名称	变量定义	均值	标准差
城市社会融入	融入＝1，未融入＝0	0.65	0.480
群体自身的外在社会属性			
性别	男性＝1，女性＝0	0.53	0.502
年龄	18—30＝1，30—39＝2，40—49＝3，50＝4	2.30	0.960
交往能力	差＝1，一般＝2，较好＝3，好＝4	3.51	0.982
经济资本			
就业收入	＜1500元＝1，1500元—2000元＝2，2000元—2500元＝3，＞2500元＝4	2.65	1.149
住房	1套＝1，2套＝2，3套＝3，4套以上＝4	3.48	0.639
拆迁补偿安置	＜20万元＝1，20万元—30万元＝2，30万元—40万元＝3，＞40万元＝4	3.12	0.892
酒商铺店分红（人/年）	8000—15000＝1，＞15000＝2	1.15	0.363
人力资本			
文化程度	小学＝1，初中＝2，高中及中专＝3，大专及以上＝4	2.78	0.879

续表

变量名称	变量定义	均值	标准差
一技之长	有 =1，无 =0	0.62	0.489
职业层次	差 =1，一般 =2，较好 =3，好 =4	2.69	0.852
社会支持			
社会关系	少 =1，一般 =2，多 =3	2.19	0.729
政策制度	差 =1，一般 =2，好 =3	1.73	0.684
周边人口与企业	少 = 1，较少 = 2，一般 = 3，较多 = 4，多 =5	2.44	0.933
社会认同	农村人 =1，城市人 =2	1.20	0.401

数据来源：根据调研数据分析得出。

从经济资本来看，“撤村建居”居民的主要收入来源是房租、商铺分红和就业收入。大部分“撤村建居”家庭都拥有多套房产，2 套房以下的群体比例虽占 37.3%，但这其中至少 40% 都是“姑娘楼”拥有者，拥有 3 套房的群体比例占 20.3%，4 套房的为 21.9%，而 5 套房以上的占 20.5%，有个别住户甚至拥有多达 17 套住房，坐收房租足以维持比较好的生活。除了房产，商铺分红是“撤村建居”居民的又一个收入来源，大多数普通股民年分红可达 9000 元以上，少部分有权、有关系的股民以多余住房换商铺，年终分红可高达 15000 元左右。由于具有了如此数量的可替代收入，“撤村建居”居民缺乏生存的压力，他们不会选择强体力劳动，对就业收入有较高的期望值，太低的收入对他们没有足够的吸引力。

从文化程度与一技之长来看，即便是同样就业收入群体，不同文化程度的人城市社会融入程度也不同。根据二元回归分析，初中、高中和大专以上文化程度群体，其城市社会融入远远高于小学文化程度的群体。这是因为文化程度既是人口城市化的智力支持，也是认知和接受城市现代文明的人文保证。文化程度越高，认知性、能动性和反思性越强，对外在于自己的行为、思维和规则的辨别与接受越快，形成城市特质并融入城市社会也就越容易。而对于就业收入相同和文化程度相同的群体，有无一技之长，其城市社会融入程度也不尽相同。通过回归分析，拥有一技之长的城市社会融入发生比是无一技之长群体的 5.432 倍。这充分说明，只有掌握一技之长，才能满足现代城市社会发展的需要，才更有可能参与城市社会的经济活动，并充分地利用资源实现与城市社会能动持久的互动，加快城市社会融入。

从政策制度和交往能力来看，在二元 logistic 回归分析中，政策制度和交往能力对“撤村建居”居民城市社会活动的参与影响分别在 1% 和 5% 的水平显著，说明责权明确的政策制度不仅可以提升政府的公信力，而且实现了城市社会与“撤村建居”居民的共赢：一方面城市形象与竞争力提升；另一方面居民主体在能动地参与城市社会经济活动中，逐渐积累个人资本与社会资本，成功塑造城市主体地位。交往能力与城市社会融入呈正相关关系，Wald 值为 10.224，结合发生比可知，人际交往能力强的人往往更容易建立新的社会关系，并在新的社会关系中互动、交流和反思，逐渐获得自我认同和城市社会的认同，实现城市社会融入。而人际交往能力差的人，则更多地局限于与传统的地缘和血缘关系交往，从而缺乏与城市互动和参与的空间，最终难以融入城市主流社会。

（2）城中村改造和“撤村建居”居民城市社会融入的治理分析

纵观城中村改造的历史进程，不论是它的形成，还是其改造治理的社会效应都带有鲜明的制度和体制的色彩。

首先，城中村的形成是制度原因所造成。一方面，计划经济时期为适应推进重工业优先发展战略而实行的城乡二元制度导致我国城乡管理体制、社会保障、教育等基础设施的公共投资在多个层面的不同制度安排，造成中国城市社会与农村社会两大部分表现在生产方式、生活方式、消费方式以及思维方式的显著差异。另一方面，改革开放后的各项制度改革和社会主义市场经济体制的确立抬高了城乡接合部的农村土地价值。高速增长的经济和快速城市化带来对土地的大量需求，土地价值的成倍升值、以分权化和市场化为导向的制度变迁推动了地方政府在城市土地开发和建设中更多的干预行为。在效率优先的执政理念和不科学的发展观和政绩观的驱使下，地方政府开始了几近疯狂的征地行动。“摊大饼”式的城区范围的不断扩大吞噬了城郊农民赖以生存的土地，城中村在空间上快速被城市淹没，成为被包围的“都市里的村庄”（见图 4-3）。

其次，城中村的改造治理同样深受政策体制的影响。从城中村改造的治理主体来看，政府主导下的政企合作中，政府主体在以分权化为特征的行政、财税和土地制度改革作用下成为“准市场主体”，地方政府对城中村改造活动的管制倾向日趋明显，决策空间得到极大拓展[148]，全面掌控撤村建居和城中村改造的拆迁安置和规划建设。而市场主体，由于市场机制取代计划机制成为配置资源的主要方式应运而生，也因市场机制的日趋完善迎来更广阔的发展空间，市场化运作所吸引的房地产开发公司成为政府城中村改造治理的合作伙伴

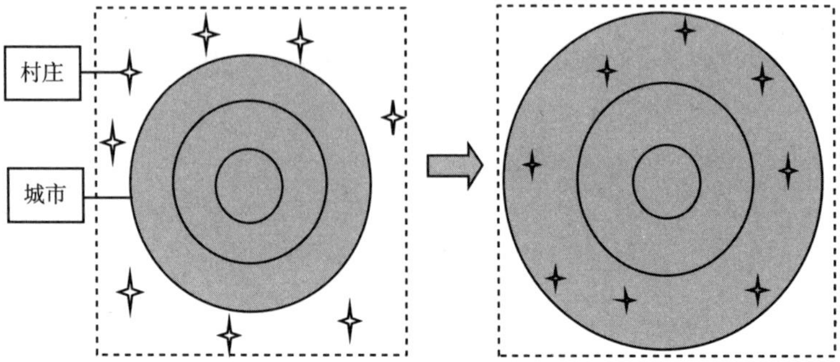

图 4-3　城中村形成示意图

资料来源：侯景新，任霞．城中村改造的原理及模式研究［J］．城市观察，2013（05）．

和最大的获利者。从城中村改造的治理目标来看，“作为发展中国家，我国在推进城市化的进程中面临着双重目标的挑战：一是加快经济发展，在解决因人口压力而产生的居住、就业、教育、交通等一系列问题的同时，增强经济实力；二是维持生态平衡，增强城市发展的可持续性，为城市居民营造一个长期的高质量的生存环境”。[149]这样的两个目标，一方面是相互矛盾的，在经济资源有限的条件下很难同时得到有效协调；另一方面，任何一个目标都不是短期内能够实现的。受限于此，加之对经济增长的渴求，城中村改造在很长时期内都在政策的规划中和机制的安排下而被简单化为物质空间的再造。与城中村改造相关的政府职能部门都是政府的建设、规划、国土、财政、环保等部门，涉及的政策“都是关于容积率、折赔比、低价一类经济杠杆，没有涉及城中村中人的社会关系和生存状况”[150]，重点解决的也都是景观整治和拆除建设。

最后，“撤村建居”居民城市社会融入的症结在于城乡二元制度。影响“撤村建居”居民城市社会融入的交往能力、物质资本、文化程度和一技之长以及政策制度等因素是传统城乡二元制度的必然产物。传统的户籍制度完全阻断了农村人口向城市的流动。土地管理制度造成城乡居民不同的经济依附关系，土地成为农民赖以生存如收入、养老、医疗等一切的来源和保障，种植成为他们必备的基本技能。在传统的公共投资体制下，农村的基础设施建设投资归集体或农民自筹解决，在村集体投资不足的情况下，造成农村道路狭小、卫生状况差和文体设施缺乏等各种落后局面。同理，不同于城市的中小学教育经费完全由财政拨款，农村地区的教育设施和教育活动所需的教育经费大多需要由乡村和农民自筹。这种教育支出的严重不平等现象造成我国农村人口受教育程度低，农村人口的素质相对较低，就业技能差，从而也造成城乡人口之间发展机会的不均等。改革开放后的城中村拆迁改造，通过特定的制度设计和执行，重新开发城中村土地资源、重构城中村空间结构，实现了居住社区环境质量和生活品质的提升。然而不可否认，地方政府对开发密度、用途、容积率等多方面的政策制度的许可所反映出来的城中村建筑形态和功能的物理特征以及背后所隐藏的社会性特征没有充分考虑“撤村建居”居民在户籍市民化后的身份认同与社会融入，社区的封闭性带来社区居民与外部社会的阻隔，从而造成社区内外彼此之间相互的排斥。而更为主要的是，拆迁补偿的政策制度在“撤村建居”居民本就因文化技能的差距而难以融入城市社会经济活动中去的基础上，加剧了他们的制度性依赖，闲散在家的“主观剩余劳动力”和无所事事的“二世祖”现象无益于建构其城市社会存在和实现市民化，只会加大他们与城市社会的距离和隔阂。单纯的物质环境更新理念必须转变了，正如格莱泽在其著作《城市的胜利》中所讲，“城市的主角是居民，不是建筑”，好的城市更新要和更多的普通人发生关系，应该是以人为本的城市更新。

5 新时代的中国城市更新与治理

经过改革开放以来的快速发展，中国特色社会主义进入了新时代，我国经济发展也进入了新时代，基本特征就是我国经济已由高速增长阶段转向高质量发展阶段。受经济发展的影响，我国城市发展速度开始由高速增长转向中高速增长，进入更加注重以人为核心和以提升质量为主的转型发展新阶段。2013年我国城镇化率突破53.7%，城市更新进入一个新的发展阶段。

5.1 新时代中国城市更新转型发展的背景

5.1.1 政策背景

城市建设既是贯彻落实新发展理念的重要载体，也是构建新发展格局的重要支点。党的十八大以来，我国进入全面建成小康社会的决定性阶段，这是经济转型升级、加快推进社会主义现代化的重要时期，也是城镇化深入发展的关键时期。党中央、国务院高度重视并审时度势，在2014年3月，印发的《国家新型城镇化规划（2014—2020年）》指出，城镇化必须进入以提升质量为主的转型发展新阶段，要优化城市内部空间结构、促进城市紧凑发展和提高国土空间利用效率，不断完善城镇体制机制，实现城市管理人性化和智能化，城市生活宜人化的发展目标。这既适应世界城镇化发展普遍规律，也符合我国发展现状。2015年12月，中央城市工作会议在北京召开，立足城市在我国经济、政治、文化、社会等方面活动中的中心地位以及在党和国家工作全局中的举足轻重的地位，会议总结改革开放以来的城镇化经验，提出要坚持集约发展和树立"精明增长""紧凑城市"等理念，推动城市发展由外延扩张式向内涵提升式转变的城市更新基本观点，从"统筹空间、规模、产业三大结构""统筹规划、建设、管理三大环节”“统筹改革、科技、文化三大动力”“统筹生产、生活、生态三大布局”“统筹政府、社会、市民三大主体”，系统阐释了城市未来建设“以人为本”的思路。2017 年，党的十九大作出我国社会主要矛盾已经转化的重大论断，明确了人民美好生活的需要层次更高、内容范围更为广泛的阶段性新特征，并提出必须坚持以人民为中心的发展思想。因此，城市更新的目标层次也需要变得更高更广，城市建设必须是建设让人民满意的城市。2019 年中央经济工作会议指出，要“加强城市更新和存量住房改造提升，做好城镇老旧小区改造”。2020 年 7 月，国务院办公厅颁布《关于全面推进城镇老旧小区改造工作的指导意见》，落实与部署上述国家政策，充分体现了党中央对人民群众生存质量和生活水平提升的高度重视。同年，党的十九届五中全会通过了《中共中央关于制定国民经济和社会发展第十四个五年规划和二〇三五年远景目标的建议》，明确提出实施城市更新行动，这对于我国的城市更新具有深远的时代意义。2020 年年底，中央经济工作会议将“实施城市更新行动，推进城镇老旧小区改造”列入“十四五”开局之年要做好的重点任务，这可以被看作为进一步提升城市发展质量而做出的重大决策部署，为“十四五”期间乃至今后一段时间做好城市建设指明了前进的方向。

随着全面建成小康社会目标的成功实现，在国家治理体系建设的总体框架下，城市内涵式发展日益成为城市更新的重点，包括城市功能结构优化、人居环境改善、人民群众福祉水平提高和城市社会经济活力提升等在内的多个方面已经成为我国城镇化下半场的主要工作。2021 年《中华人民共和国国民经济和社会发展第十四个五年规划和 2035 年远景目标纲要》在第八篇“完善新型城镇化战略，提升城镇化发展质量”中确定了深入推进以人为核心的新型城镇化战略，并在第二十七章提出“坚持存量优先、带动增量，健全农业转移人口市民化配套政策体系，加快推动农业转移人口全面融入城市”。在第二十九章“全面提升城市品质”中提出“加快转变城市发展方式，统筹城市规划建设管理，实施城市更新行动，推动城市空间结构优化和品质提升”的方针政策，把“加快推进城市更新，改造提升老旧小区、老旧厂区、老旧街区和城中村等存量片区功能”提上议事日程，赋予了新发展阶段城市更新工作新的使命、内涵和任务。2022 年 3 月，第十三届全国人民代表大会第五次会议在北京召开，国务院总理李克强在《政府工作报告》中提出要“提升新型城镇化质量。有序推进城市更新，加强市政设施和防灾减灾能力建设，开展老旧建筑和设施安全隐患排查整治，再开工改造一批城镇老旧小区，推进无障碍环境建设和适老化改造……”这是继2021年首次提出“提升城镇化发展治理”后，“提升新型城镇化质量”再次写入《政府工作报告》。

5.1.2 现实背景

5.1.2.1 城镇化呈现新特点，新发展格局逐渐形成

城镇化是工业化和经济发展的必然产物，城镇化水平同样也影响着工业现代化和经济高质量发展目标的实现。作为我国经济社会发展的主引擎和扩大内需的主战场，新时代的城市只有在适应时代发展要求和满足社会发展需求中常更常新，才能更好地发挥城市服务经济、服务现代化发展目标的功能。2008年金融危机后，我国城镇化在发展过程中呈现出新的特点，要求城市更新必须转型。

首先，随着2008年后我国经济增长速度放缓，城镇化也在经历高速发展阶段后减缓发展速度。国家统计局数据显示，2016年至2019年我国经济年均增长率为6.6%，比“十二五”下降了1.3个百分点，同期城镇人口增量也出现转折。2016年城镇人口较2015年增加2622万人，而到了2020年，城镇人口相比2019年增量仅为1773万人。预计“十四五”期间直至2035年，城镇化推进速度将继续放缓，2035年后会进入一个相对稳定的阶段。城镇化速度放缓，一方面减轻了城镇因人口增加而持续增量扩张的压力，为城市更新向优化存量模式转型升级提供了契机。另一方面，尽管城镇化推进速度会放缓，但是到2035年仍将会有大约1.6亿农村人口转移到城镇中去，这些人口对城镇人口的分布格局产生显著影响，对城市产业谋划、基础设施建设和公共服务布局与供给等都提出了要求。

其次，新发展格局对城市更新转型提出新的要求。2020年，为应对百年未有之大变局，开拓新发展格局，党的十九届五中全会通过的《中共中央关于制定国民经济和社会发展第十四个五年规划和二〇三五年远景目标的建议》提出构建以国内大循环为主体、国内国际双循环相互促进的新发展格局。以国内大循环为主体，要求国内消费要持续扩大和升级。研究表明，如果农民工按照城市居民消费方式消费，人均消费支出将增长27%，这对扩大消费意义重大。然而近年来，从整体城乡人口流动看，农民工永久返乡现象逐步凸显，对人口城镇化和拉动消费市场产生一定影响。留住这一群体并实现他们的市民化与推进农村人口的城镇化对于释放我国巨大的消费潜力意义同等重大。而实现

这一目标，要求必须改变从前见物不见人的农村人口城镇化体制机制，制定落实相关配套政策和制度，提高常住人口特别是流动人口的公共服务水平。教育、医疗以及住房等对于吸引和留住流动人口具有越来越重要的作用，这些与加快建立覆盖流动人口的统一的城乡社会保障体系一起构成了新时代城市更新的重要内容。

5.1.2.2 城镇综合承载力不足，土地资源利用效率不高

改革开放后，我国城镇化与工业化相伴相随，在彼此的相互推动下都得到显著发展，尤其是工业化的快速发展带动非农产业的发展，促进了农村大量剩余劳动力向非农产业的转移，在推动城镇化的同时，也对城镇各方面资源的承载力提出了要求。尽管在这一时期，地方政府与企业联手开展“圈地造城”运动，使城镇在新区建设和旧城改造中不断提升空间形态和结构功能，但是，城镇综合承载能力不足问题依然严重。

一方面，农业耕地面积被越来越多地占用，城市建成区面积不断扩张。据中国科学院空天信息创新研究院国家遥感应用工程技术研究中心发布的1972—2020年中国城市扩展遥感监测研究数据显示，在过去50年中，尤其是改革开放后，中国城市扩张具有普遍性、显著性、规模性和速度性特点（见图5－1a和图5－1b）。从2013年来自卫星遥感图像的数据统计也可以看出，我国城市建成区的面积在1990—2010年这20年间，先是从1990年的1.22万平方公里增长到2000年的2.18万平方公里，增长78.3%，2010年，中国城市建成区面积达到4.05万平方公里，增长了85.5%。随后，在国家“控制城市开发强度，科学划定城市开发边界，推动城市发展由外延扩张式向内涵提升式转变”的要求下，城市扩张有所放缓，2020年我国城市建成区面积为4.74万平方公里，相较2010年增加了17%。这些数据验证了我国城市扩张的规模和速度。由此可以看出，迅猛的城市扩张背后，是大量耕地被占用的事实。尽管不同时期，城市扩张规模和速度有所不同，但是总体来讲，耕地对城市扩张的贡献率在0—70%，不同规模城市中，人口超过千万的巨大城市扩张占用耕地比例最高，达到61.59%。具体而言，在城市扩张最为迅猛的1990—2010年这20年中，1990—2000年，大约有53.4%的城市扩张面积来自耕地，被占用耕地面积770万亩，2000—2010年，这个比例达到了68.7%，被占用的耕地约1900万亩。

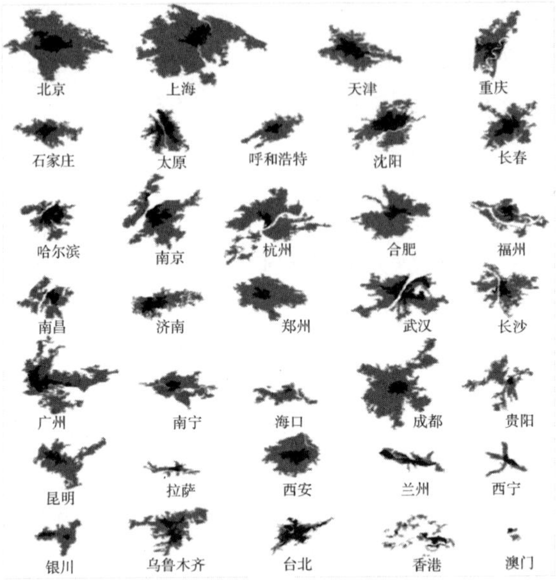

图 5－1（a）34 个直辖市、省会（首府）城市和特别行政区

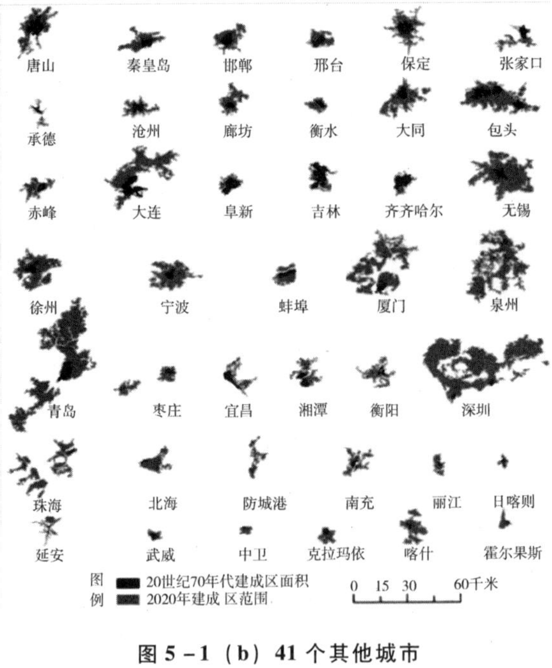

图 5－1（b）41 个其他城市

图片来源：中国青年报客户端，https：//s. cyol. com/articles/2021－03/04/content_k6QNdntG. html? gid＝4LkvKv17.

另一方面，在耕地面积被越来越多地占用、城市建成区面积不断扩张的同时，中国的城镇综合承载力却明显不足。很显然，这种承载力不足问题绝非城市建设用地不足，而在于土地资源的利用效率不高。所谓土地资源的利用效率不高，首先是指土地资源的不合理利用。大量土地被征收，大批投资项目并非主要是用于民生设施的改造建设，而是更多用于人造体育场馆和政府办公大楼等奢华“面子工程”建设，导致城镇发展急需的基础设施建设没有得到加强和改善，与城镇化过程中人口规模不断增加的趋势不相适应，城镇的吸纳能力和综合承载力明显不足，甚至引发交通拥挤、环境污染等一系列问题。其次，是指建成区土地征而不建，导致城镇空间资源低效利用。根据王雷在《中国1990—2010年城市扩张卫星遥感制图》的研究结果以及2021年《中国城市建设统计年鉴》所提供的数据，中国城市的人口密度从1990年的1.36万人/平方公里，下降到2000年的0.99万人/平方公里，再下降到2010年的0.90万人/平方公里，而2020年仅为0.28万人/平方公里，反映了居民拥有的人均建成区面积有所增加，反过来讲，每平方公里土地上的人口密度在减少，土地资源的利用效率有所下降（见图5-2）。第三，是指新建城区与主城区建设功能趋同，造成极大的资源浪费和严重的设施重复建设。在如此这般的

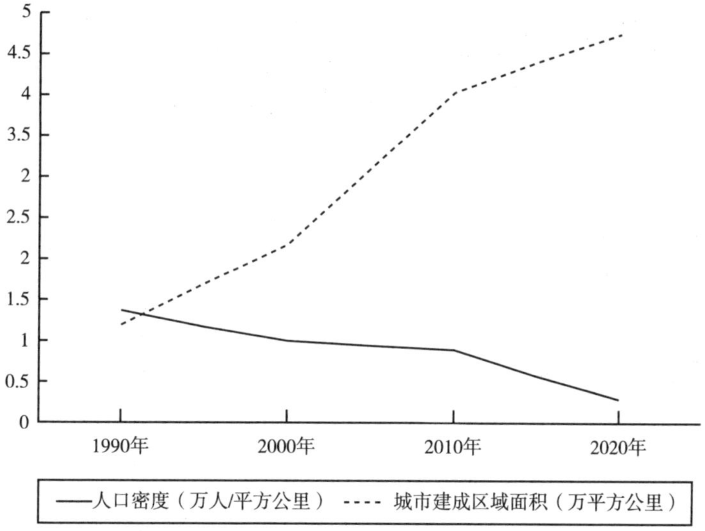

图5-2 1990—2020年城市建成区与人口密度变化

数据来源：王雷，黄华兵，宫鹏等．中国1990—2010年城市扩张卫星遥感制图［J］．科技通报，2012（16）；《中国城市建设统计年鉴（2021）》。

客观发展现实下，政府坚守18亿亩耕地的土地利用红线政策的刚性约束，提出城市高质量发展的动员令，这既是对经济从高速增长转为高质量增长发展的必然回应，也意味着传统的外延扩张式城市发展方式已经难以为继，必须要从过去的增量发展模式转换到存量发展模式，通过对低效用地的系统更新，为城市增长提供新的空间。

5.1.2.3 经济社会发展方式深刻转向，城市更新建设走上可持续发展道路

首先，转变经济发展方式需要转型城市开发建设方式。经济发展方式是追求和实现经济社会更好的发展质量和整体协调的方法、手段和途径[151][152]。进入新时代，我国经济社会发展方式逐渐步入从速度规模型到质量效益型、从要素驱动型到创新驱动型、从生产导向型到消费导向型、从环境消耗型到生态友好型的轨道。经济发展方式的深刻转向让城市更新成为国家发展远景目标统筹规划的重要任务。城市更新由此倒逼进入一个新的发展阶段，由以前的地方主导转为中央推动、以前的房地产主导增量建设逐步转向存量的更新提质、以前的物质更新转变为系统的更新。城市更新治理也需要围绕着转变城市的开发建设方式进行，提出并形成一整套与大规模存量提质改造相适应的金融、财税、土地等政策体系，促进要素资源更多流向城市提质增效项目，促进资本、土地等各类要素资源根据市场规律和国家发展需求进行优化再配置，从源头上推动经济发展方式转型。

其次，人民美好环境与幸福生活共同缔造的追求需要城市更新建设走可持续发展道路。增量扩张式的城市开发建设不仅造成了土地资源的粗放式利用，也造成相当程度的环境破坏和资源配置的不平衡，严重影响到城市居民对美好生活的向往和追求。

一方面，城市粗放式开发造成严重的环境污染。按照第七次人口普查结果，我国城镇化率在2020年已达到63.89%，其中，东南沿海地区已整体性迈进城镇化成熟发展阶段。然而，也正是这些城镇化水平比较高的区域，工业污染更为严重。2014年国家关于《全国土壤污染状况调查公报》显示，我国“南方土壤污染重于北方”“工矿业废弃地土壤环境问题突出”“长江三角洲、珠江三角洲、东北老工业基地等部分区域土壤污染问题较为突出”。在调查的690家重污染企业用地及周边的5846个土壤点位中，超标点位占36.3%；在调查的81块工业废弃地的775个土壤点位中，超标点位占34.9%；在调查的

146 家工业园区的 2523 个土壤点位中，超标点位占 29.4%。城市的粗放式开发所带来的经济粗放式发展后果折射回城市上，显现的就是城市低水平的发展质态。

另一方面，中心旧城区转型发展缓慢，可持续发展面临困境。新中国成立以来，中心城区一直是各类资源要素的集聚地，不仅分布着各类厂区，还集聚着各类大中小学等文教中心。然而随着城市建设与发展从工业化迈向后工业化、从中心城区迈向新城区，城市中心的产业结构发生巨大调整。一方面，政府“退二进三”的政策减少了城区工业企业用地比重，一大批污染大、占地多等不适应城市功能定位的工业企业被逐步迁出或者关闭，大规模的科教文卫公共资源也纷纷从主城区向新城区外迁，为新一轮城市更新拉开了序幕，也创造了必要条件。但另一方面，“退二进三”虽然提出要提高服务业用地比重，但以服务业为主导的第三产业发展也非朝夕之功。受制于利益复杂化和财政经费有限等各种因素的影响，以政府为主导的中心旧城区更新进展缓慢，远低于城市产业退出的速度与幅度，从而使中心城区出现空间失衡、功能失调、结构老化等严重问题。单位制老旧住宅小区是主城区结构老化的典型问题。传统的单位制住宅小区并没有在我国住房体制的市场转型中实现与商品住宅小区同步的管理体制，因此在传统的单位型责任主体变更或灭失后，大量老旧小区处于弃管或托管状态，可持续发展面临困境。

生存阶段追求立足谋生，斗室可以容身，发展阶段追求美好生活，一房才能安家。随着以人为本的新型城镇化建设目标的提出，国家的发展目标、价值取向、市场需求、百姓诉求、评价标准、游戏规则都开始发生变化，城市的开发建设也必须主动适应这些变化，从以物理空间和土地要素主导的“外爆”式扩展向以城市空间符号与信息的“内爆”式扩张转变，从过去解决“有没有”向今天解决“好不好”转变，从粗放型城市治理向精细化治理转变。新时代的城市更新就是要让城市美好环境成为人民群众幸福生活的空间载体，让城市建设成为经得起历史检验、不留遗憾的历史见证，用十八亿亩红线守住国家粮食生产安全和人民群众的最基本生活资料的底线，用空间的经济、社会、生态和文化的集约化与智慧化升级打造有益于人们精神生命的诗意栖居和精神家园。

5.2 新时代城市更新的内涵

5.2.1 新时代城市更新的内涵

城市更新就是一种对城市中不适应现代化城市社会生活的方面进行必要和有计划改建的活动。不同的发展阶段，由于发展水平、发展背景以及发展目标的不同，城市更新被赋予不同的内涵和意义。早在20世纪90年代之前，我国的城市更新主要就是危房改造和基础设施建设，以“重生产、轻生活”“填空补实”式扩张服务于革命和生产之所需。世纪之交开始，在全球化趋势和强调地方性发展的背景下，中国城市更新面临的一个迫切问题就是如何调整与重组计划经济体制下形成的城市空间以适应新的发展趋势和要求。进入新时代，以习近平同志为核心的党中央统揽全局，站在全面建设社会主义现代化国家、实现中华民族伟大复兴中国梦的战略高度，准确研判我国城市发展新形势，对进一步提升城市发展质量做出重大决策部署，提出要实施城市更新行动，“推进城市生态修复、功能完善工程，统筹城市规划、建设、管理，合理确定城市规模、人口密度、空间结构，促进大中小城市和小城镇协调发展。强化历史文化保护、塑造城市风貌，加强城镇老旧小区改造和社区建设，增强城市防洪排涝能力，建设海绵城市、韧性城市。提高城市治理水平，加强特大城市治理中的风险防控。优化行政区划设置，发挥中心城市和城市群带动作用，建设现代化都市圈”[153]，城市更新行动作为一项国家解决城市自身问题的发展战略，为城市更新实践明确了方向，也提供了支撑。

新时代的城市更新行动对于我国城市的可持续发展和实现社会主义现代化强国的奋斗目标具有重要意义。首先，我国当前的城市发展水平既有基于发展成就所带来的发展机遇，也有长期积累所造成的发展矛盾，新时代城市更新行动是抓住机遇、解决矛盾，实现高质量发展的必然选择；其次，我国已进入了以城市型社会为主体的时代，城市作为创新的源泉，集聚着丰富的创新资源，新时代城市更新的战略举措不仅可以激发城市创新发展的活力，还能激活城市消费的潜力；再次，以人为核心的新型城镇化发展道路能够更好地落实以人民为中心的发展思想，真正体现马克思历史唯物主义在中国特色社会主义事业中的指导地位；再其次，新时代城市更新发展战略还可以推动城市开发建设方式转型并形成与存量提质改造相适应的政策体系，促进各种要素资源的优化配置和提质增效，对推动转变经济发展方式具有十分重要的作用。最后，新时代城市更新发展战略作为国家整体发展战略体系的重要内容，还可以通过与其他区域协调发展战略共同推进国家战略目标的实现。

5.2.2 城市更新行动的目标：建设宜居、绿色、韧性、智慧、人文城市

2021 年中国住房与建设部总经济师杨保军在中国城市更新创新发展峰会上作题为《实施城市更新行动的核心要义》的演讲时提到：实施城市更新行动是国家、党中央做出的重要战略决策和部署，总体目标是建设宜居城市、绿色城市、韧性城市、智慧城市和人文城市。

5.2.2.1 城市更新行动的具体目标

2021 年，住房和城乡建设部党组书记、部长王蒙徽在《实施城市更新行动》中明确提出城市更新行动的具体目标，为全国各大中小城市的城市更新提供了行动指南。

第一，要完善城市空间结构。构建以中心城市、都市圈、城市群为主体，大中小城市和小城镇协调发展的城镇格局；充分发挥各城市比较优势，促进城市分工协作，有序疏解特大城市非核心功能；推进区域重大基础设施和公共服务设施共建共享，提高城市群综合承载能力。

第二，实施城市生态修复和功能完善工程。以资源环境承载能力为刚性约束条件，以建设美好人居环境为目标，合理确定城市规模、人口密度，优化城市布局；建立连续完整的生态基础设施标准和政策体系，完善城市生态系统；补足城市基础设施短板，推动发展城市新业态，完善和提升城市功能。

第三，强化历史文化保护，塑造城市风貌。建立城市历史文化保护与传承体系；全面开展城市设计工作，加强建筑设计管理，优化城市空间和建筑布局，加强新建高层建筑管控，治理城市建筑乱象，塑造城市时代特色风貌。

第四，加强居住社区建设。以安全健康、设施完善、管理有序为目标，把居住社区建设成为满足人民群众日常生活需求的完整单元；因地制宜对居住社区市政配套基础设施、公共服务设施等进行改造和建设；大力发展线上线下社区服务业；建立党委领导和政府组织、业主参与、企业服务的居住社区治理机制，推动城市管理进社区，提高物业管理覆盖率；发挥居民群众主体作用，共

建共治共享美好家园。

第五，推进新型城市基础设施建设。推进基于信息化、数字化、智能化的新型城市基础设施建设和改造；推进城市信息模型（CIM）平台建设，推进城市信息模型（CIM）平台建设；实施智能化市政基础设施建设和改造；打造智慧出行平台；推进智慧社区建设；推动智能建造与建筑工业化协同发展。

第六，加强城镇老旧小区改造。摸清老旧小区底数，合理确定改造内容，科学编制改造规划和年度改造计划，有序组织实施，力争到“十四五”期末基本完成2000年前建成的城镇老旧小区改造任务；健全统筹协调、居民参与、项目推进、长效管理等机制，建立改造资金、政府与居民、社会力量合理共担机制，完善项目审批、技术标准、存量资源整合利用、财税金融土地支持等配套政策。

第七，增强城市防洪排涝能力。统筹区域流域生态环境治理和城市建设；统筹城市水资源利用和防灾减灾，系统化全域推进海绵城市建设；统筹城市防洪和排涝工作，加快建设和完善城市防洪排涝设施体系。

第八，推进以县城为重要载体的城镇化建设。实施强县工程，大力推动县城提质增效，加强县城基础设施和公共服务设施建设，改善县城人居环境，提高县城承载能力，建立健全以县为单元统筹城乡的发展体系、服务体系、治理体系，促进一二三产业融合发展，统筹布局县城、中心镇、行政村基础设施和公共服务设施，建立政府、社会、村民共建共治共享机制。

5.2.2.2 新时代西安市城市更新的“名片”

西安市作为联合国教科文组织于1981年确定的“世界历史名城”，虽然在整体的开发与建设上存在明显不足，但是在国家城市更新纲领性文件的指导下，也在一步一步地改变着城市发展理念和治理模式，为城市环境的改善和功能提升以及居民生活质量的提高创造着契机。

秦岭是西安市的生态根脉，也是西安市生态修复的实施重点。这里早在汉唐时期曾有着郁郁葱葱的原始森林，水源涵养功能健全，72峪水脉形成了“八水绕长安”的胜景。开元盛世时期，长安108坊之中有35个水坊，堪称一座“水城”。后来因为过度砍伐林木，原始森林逐渐被毁，水源涵养功能丧失，生态系统退化，水脉枯萎，河道干涸，严重影响了城市发展。到20世纪90年代初，西安被有些作家称为“废都”，水荒十分严重。2017年西安市出台《“城市双修”试点工作实施方案》，将秦岭确定为西安市生态修复实施重点，有计划有步骤地修复被破坏的山体、河流、湿地、植被，加快秦岭北麓生态旅游带建设，恢复并增强秦岭的城市服务功能。

城市中心区也是城市更新改造的实施重点。西安大华纱厂位于西安市新城区，于 1935 年由石凤祥创办，这座拥有当时世界先进机器设备的纺织厂，是西北地区建立最早、规模最大、影响最深的现代化机器棉纺织企业。历经近百年的时代变迁之后，为一代代西安人沉淀下厚重的记忆。

图 5 - 3（a）西安大华纱厂实景图（图片来源：既改那些事儿）

2011—2014 年西安大华纱厂进行了首次更新。在多方共同推动下，有近 80 年发展历程的大华纱厂，作为珍贵的工业文化遗产，被完整地保护起来。“大华 · 1935” 项目诞生。2017 年复星集团特邀伍兹贝格建筑设计事务所（Woods Bagot）对 “大华 · 1935” 进行了二次更新，打造出全新的充满生机和活力的 “大华 · 1935”。经过两次更新的 “大华 · 1935” 不但有良好的商业氛围，还具有鲜明的文化气质，看上去非常有工业风、年代感的感觉，但身处其中，又是一个全新的商业体验，从 “品牌策划、建筑改造、室内设计” 三方面一体化完成，成为城市更新项目的标杆作品。

图 5 - 3（b）更新后西安大华纱厂实景图

此外，西安市还深入开展水环境治理和修复，落实“柔性治水”要求，持续开展城市绿化三年行动，加快城市道路、高速公路、高铁线路、绕城公路、通景公路等“五路”绿化工作，开展海绵城市建设，满足老城区提升城市品质的要求。

2021 年，西安市与北京、厦门、南京、苏州、成都等 21 个城市/区一同出现在国家城市更新试点名单，开始为期两年的城市更新工作。在国家城市更新总体目标和宏观政策背景下，西安市人民政府在《城市更新办法（草案）》中提出城市更新的原则是：“优先保护城乡生态环境、优先保护城市特色文化，顺应城市发展规律，统筹兼顾各方利益，以内涵集约、绿色低碳发展为路径，加强修缮改造，补齐城市短板，注重提升功能，延续历史文化传承，推进城市持续有机更新，促进高质量发展、高品质生活和高效能治理。”城市更新的基本要求是“坚持区域统筹、因地制宜、连片更新，优化生活空间、生态空间、生产空间以及社会治理空间，实现城市保护、修复、提升与有机更新协调发展”，“科学确定产业定位和发展方向，推进产业聚集化和现代服务业发展，促进产业结构调整和转型升级”。城市更新的方式为“‘留改拆’并举、以保留利用提升为主的方式组织实施城市更新。对用地效率低，人居环境差，管理服务机制不健全等区域，采取局部修缮加固、功能转换、质量提升、建筑节能改造、环境综合整治、完善基础设施配套和公共服务设施等方式进行整治提升；对存在重大安全隐患，现有土地用途、产业结构、建筑物使用功能明显不符合经济社会发展要求，严重影响城市规划实施的区域，依据相关程序依法实施征收补偿后，按照新的规划用地条件进行建设”。作为有着十三朝古都之称的历史名城，历史文化遗产是西安市城市发展的优势资源，也是重要资源。《西安市城市更新办法（草案）》专门强调“城市更新范围内已公布为文物保护单位，或者登记为不可移动文物的建筑物、构筑物等，在城市更新活动中应严格按照文物保护法律、法规的规定予以保护”“城市更新范围内涉及优秀近现代建筑和历史文化街区、名镇、名村的，应当符合有关法律、法规和保护规划的要求，不得损害历史文化遗产的真实性和完整性，不得对其传统格局和历史风貌构成破坏性影响”。西安市城市更新的基本原则、要求、方式以及对历史文化遗产的保护成为城市更新治理的行为遵循，也成为西安市城市更新与治理的“名片”。

5.2.3 城市更新行动的路径：开展城市体检，统筹城市规划建设管理

党的十九大以来，中央高度重视“城市病”治理，推动城市建设高质量

发展，加强城市精细化管理，提升城市品质，创造优良人居环境，解决人民群众最关心、最直接、最迫切的问题。习近平总书记在城市建设高质量发展方面，做出了系列重要批示和指示。2017 年 9 月，中共中央、国务院提出建立城市体检评估机制，通过对城市发展状况进行检测评估，帮助城市检讨治理成效，及时纠偏、对症下药。自 2018 年住房和城乡建设部会同北京市人民政府率先开展城市体检工作，我国城市体检逐步扩大试点范围，2019 年城市体检在 11 个城市开展试点，2020 年，全国有 36 个样本城市全面推进城市体检工作，2021 年，城市体检样本城市增加至 59 个。随着城市体检工作经验的日渐积累，城市体检的评估机制也日趋完善和成熟，成为统筹城市规划建设管理的重要抓手。

5.2.3.1 2020 年西安市城市体检报告

2020 年，西安市城镇化率已突破 60%，在国家整体的城市更新转型升级大背景下，城市建设的重点转入对存量的提质增效阶段，并成为住建部确定的 36 个城市体检样本城市之一。依据《关于印发西安市城市体检评估工作实施方案的通知》要求，结合住建部开展的第三方城市体检以及社会满意度评价结果，西安市城市体检以生态宜居、健康舒适、安全韧性、交通便捷、风貌特色、整洁有序、多元包容、创新活力 8 大方面 55 项指标进行分析评价，查找城市发展中的弱项和短板，客观真实反映城市体征状态，为优化城市功能布局、促进西安城市高质量发展提供重要依据。

（1）生态宜居：生态环境总体较好，环境质量仍需重视

从生态环境看，西安市城市公园绿地覆盖率位于 36 个体检城市前列；区域开发强度、城市人口密度、城市开发强度、蓝绿空间占比、城市绿道密度以及新建建筑中绿色建筑占比、城市水环境质量优于五类比例等指标均处于良好水平。但是从环境质量看，西安市 2019 年空气质量优良天数达标率仅为 62%。结合第三方体检结果，西安市空气质量位于 36 个体检城市下游，居民对“空气污染”“噪声污染”等满意度比较低。

（2）健康生活：社区生活舒适便利，设施服务水平有待提升

西安市的社区建设总体来看，社区便民服务设施覆盖率较高；社区养老设施覆盖率、普惠性幼儿园覆盖率、旧小区用地面积占比、高层高密度住宅用地占比与高密度医院占比、社区卫生服务中心门诊分担率、人均社区体育场地面积等指标处于良好水平。但是，社区养老设施及社区普惠性幼儿园设置数量依

然偏少，且多数设施条件不佳；老旧小区普遍存在建筑设计落后、房屋使用年久、设备设施老化、物业管理缺失等现象。居民对此满意度偏低。总体体现出西安社区公共服务设施及体育场地建设不足，设施服务水平亟待完善提高。

（3）安全韧性：城市安全存在短板，基础设施有待完善

安全是城市更新最基本的底线。西安市城市安全的韧性，从城市建成区积水内涝点密度、城市每万人年度较大建设事故发生数和城市医疗废物处理能力等方面看，指标优异；从城市万车死亡率、人均避难场所面积与城市二级及以上医院覆盖率等方面看，指标表现良好；但是从人均城市大型公共设施具备应急改造条件的面积、城市传统商贸批发市场聚集程度和中心城区消防救援五分钟可达覆盖率来看，则在体检样本城市中相对偏低。

（4）交通便捷：城市交通高效便捷，公共交通出行率高

西安市城市交通总体情况较好，城市公交系统出行分担率指标优异，但由于上班通勤存在显著潮汐效应，群众对于交通满意度较低。居住区停车泊位与小汽车拥有量的比例、建成区高峰时间平均机动车速度、城市道路网密度和城市常住人口平均单程通勤时间等，指标良好，位于体检样本城市中上游。由于城市历史格局的限制，相较其他大城市，西安市道路略显狭窄，且无法大规模建设立体交通设施，交通拥堵、停车困难成为西安市长期面临的严重问题。除此之外，西安市地铁线路覆盖率较低，运力有限，公交受交通拥堵影响，运行效率也比较低，整体交通服务水平的不足使得居民通勤时间较长，对“上下班（学）花费时间”的满意度也较低，既反映了城市交通系统建设短板，也暴露了城市功能布局存在的不合理性。

（5）风貌特色：历史风貌特色突出，城市魅力不断提升

西安市历史文化资源保护成效显著，城市对外吸引力比较强。具体表现在：全年历史文化遗产型旅游景点（历史文化街区、风貌区、名镇名村）年游客接待量比较高，指标表现优异；居民对历史建筑与传统民居修复利用的满意度也相对较高。根据《西安历史文化名城保护规划（2020—2035）》，已列入保护名录的历史建筑共计 30 处，拟保护历史建筑 103 处。虽然历史建筑保护标志牌样板制作设计已完成，但历史建筑挂牌工作尚未完成。对比其他城市历史建筑和历史文化街区的保护利用情况，资源保护和功能活化力度有待增强。

（6）整洁有序：综合管理水平良好，市容环境逐步改善

从整洁有序指标进行评估，西安市总体表现良好。其中，城市生活污水集中收集率较高，建成区内的公厕密度在 36 个样本城市中处于优异水平；城市

各类管网普查建档率由于采用数据源与体检范围的差异，导致指标数值在样本城市中相对偏低；实施专业化物业管理的住宅小区占比处于良好水平，而建成区城市生活垃圾回收利用率水平较低，结合满意度调查评价，居民对“小区垃圾分类水平”及“小区物业管理水平”评价较差。

（7）多元包容：城市公共服务保障较好，开放包容度高

整体来看，西安市包容多元情况较好，城市中小学拥有率逐年上升，“上学难”问题得到一定缓解；常住人口基本公共服务覆盖率（社保、医疗、教育、住房、养老等五项）位于体检样本城市前列，处于优异水平；城市居民最低生活保障标准占上年度城市居民人均消费支出比例占比较高，高于国家、省级平均水平；公共空间无障碍设施覆盖率位于样本城市中游，表现良好。但是在满意度评价中，居民对“所在城市房价的可接受程度”“所在城市房租的可接受程度”等指标评价相对偏低。这在一定程度上反映了西安市房价虽然在省会级别城市中偏低，但由于人均收入水平在同等级城市中相对更低，影响了居民对房价、房租的满意度。

（8）创新活力：城市创新能力较优，经济产业活力增强

在创新活力方面，西安市整体情况较好。全社会 R&D 支出占 GDP 比重位居全国 15 个副省级城市第一；万人高新技术企业指标位于体检样本城市前列，指标表现优异；结合统计局与公安局提供的数据，西安市常住人口大于户籍人口；城镇新增就业人口数 16.12 万人，指标数值表现良好；非公有制经济增长率虽仅位于体检样本城市中等水平，但随着非公有制经济增加值及市场经营主体逐年增长，民营经济活力不断增强。

5.2.3.2 2021 年西安市城市体检报告

2021 年，根据住建部《关于开展 2021 年城市体检试点工作的通知》要求，西安市再次成为 59 个城市体检样本城市之一。总结上一年城市体检经验，结合《通知》要求和《西安市国民经济和社会发展第十四个五年规划和二〇三五年远景目标纲要》中提到的“全面建成经济充满活力、生活品质优良、生态环境优美、彰显中华文化、具有国际影响力竞争力的国家中心城市和具有历史文化特色的国际化大都市”的未来工作重点，西安市城市体检依然选择上年度 8 项体检内容，但是具体指标的设计，在部里 65 项指标和省 14 项指标的基础上，新增 13 项指标，共计 92 项指标，形成本次城市体检指标体系，这其中，有 22 项指标是对上年度体检指标的完全保留和延续。

本次体检结合城市自体检、第三方体检与社会满意度调查结果进行综合评价。在对上年度城市体检中存在的相关问题对症下药、解决纠偏后，2021年西安市8个专项指标的体检结果显示，风貌特色、创新活力专项表现为优；交通便捷、整洁有序、多元包容3个专项表现为良；生态宜居、健康舒适、安全韧性3个专项表现中等。总体来看，优良率为62.5%，体检结果良好。其中生态宜居、健康舒适短板较为明显，无疑这也将成为西安市未来城市更新治理的重中之重。从92项体检指标看，底线指标中不达标的尚有10项，主要体现在城市建成环境、空气质量、水环境、综合防灾、幼儿园、小学和公交站点覆盖率等方面；导向指标中，表现相对不足的有9项指标，表现不足的有6项指标，集中反映了城市发展运行中的问题主要体现在生态宜居、健康舒适和交通便捷三个专项中。总体来看，优势清单25项，良好清单42项，问题清单15项，预警清单12项。在对2020年22项保留指标中，2021年有所上升的指标为13项，持平为1项，下降则为8项。总体来看，风貌特色、多元包容、创新活力三个专项指标表现情况均较好；其他专项中城市生活垃圾回收利用率、普惠性幼儿园覆盖率、人均社区体育场地面积等与去年相比均有较大提升，城市万车死亡率较去年有大幅下降，指标表现状况较好；空气质量优良天数、社区卫生服务中心门诊分担率虽有提高，但仍表现不足；人均避难场所面积、公园绿地服务半径覆盖率、新建建筑中的绿色建筑占比、实施专业化物业管理的住宅小区占比等与去年相比指标下降且表现不足。

总结西安市城市体检与城市更新治理的经验，在体检中发现问题，在更新治理中解决问题，已成为城市更新治理前后相继两个不可或缺的重要环节。城市体检是统筹城市规划建设管理和推进实施城市更新行动、促进城市开发建设方式转型的重要抓手。通过在城市体检中对城市进行“诊断”的方式，可以精准查找城市发展和城市规划、建设、管理过程中存在的问题和短板，实现对城市建设运行和社会经济发展的实时反馈，全面提高城市治理的现代化水平，促进城市高质量发展。

5.3 居民协同参与城市更新治理的实证调研与分析——以城镇老旧小区改造为例

不论是增量扩张的城市更新还是存量增效的城市改造，都必然涉及土地以及土地附属物的所有者和使用者的权益。作为利益相关者，不论是从国家层面“党委领导、政府负责、社会协同、公众参与、法治保障”的社会治理体制和践行国家民主政治制度，还是从个人层面获得合理收益和推动更新改造项目符合个人、集体和区域发展的预期，他们都有必要作为治理主体参与到城市更新改造的相关环节，在美好环境与幸福生活共同缔造的目标上形成聚焦、凝成合力。城镇老旧小区改造是城市更新的一项重要内容，也是当前城市更新的重点项目和主要形式，以老旧小区改造中社区居民参与治理的实证调研来分析社会主体参与城市更新的现状既具代表性，也具时代性，有利于精准把握城市更新治理中社会力量参与存在的问题以及未来改进的着力点。

5.3.1 老旧小区改造的政策演进

每一个城市都会随着时代的发展和社会的进步而由新变旧，所以，任何新建的小区都会变成“老旧小区”。我们当前所说的“老旧小区”是指建于改革开放之前，主要是建于20世纪60—80年代的城镇居民住宅区，这些住宅区建设标准低，公共服务配套简单，缺乏现代服务设施，而且常年失管失修，与现代生活要求存在较大差距[44]。

关于城镇老旧小区改造，从2018年国家提出这一问题，至今已连续五年写入《政府工作报告》，然而关于老旧小区更新改造的问题却早已存在。随着城市步入存量发展时代，在城市规模有限的背景下，作为核心的存量市场，老旧小区改造愈发受到重视。事实上，早在2007年，住房和城乡建设部为适应城镇化和工业化的发展需要，以改善群众住房条件为根本出发点和落脚点，就颁布了《关于开展旧住宅区整治改造的指导意见》，该《意见》建议将旧住宅区整治改造纳入政府公共服务的范畴，并对旧住宅区整治改造的内容、标准、机制和方法做出了规定和要求，这是住房进入市场化阶段后城市建设管理理念上的一次变革，旧住宅区居住群体的权益和存量住宅的使用效能开始得到重视，有机更新成为一种理念。

2017年面对我国城镇化和城市建设过程中所带来的“资源约束趋紧、环境污染严重、生态系统遭受破坏的严峻形势”以及“基础设施短缺、公共服务不足”等问题，住房和城乡建设部颁发《关于加强生态修复城市修补工作指导意见》，明确提出要修补城市功能，改造老旧小区，提升建筑使用功能和宜居水平，完善基础设施和社区服务设施，方便居民生活。老旧小区的住房设施和生活质量改善被提上议事日程。

2019 年 6 月，国务院召开常务会议，全面部署了城镇老旧小区改造工作，并明确了“加快改造城镇老旧小区，群众愿望强烈，是重大民生工程和发展工程”。2019 年 8 月，中央政治局会议将实施城镇老旧小区改造写入议程，老旧小区改造迎来了顶层政策的支持。2019 年 12 月，中央经济工作会议再做部署，全国老旧小区改造工作正式开展试点工作。与此同时，住房和城乡建设部提出的在老旧小区改造过程中推动“美好环境与幸福生活共同缔造”活动，把社会治理过程嵌入老旧小区空间改造过程，老旧小区改造成为在党和政府领导下、多元主体共同参与的多元目标的建设过程。

2020 年 7 月，国务院办公厅颁布了《关于全面推进城镇老旧小区改造工作的指导意见》，明确了老旧小区改造的总体要求、基本原则、改造任务、实施机制和配套政策，计划到 2022 年，基本形成城镇老旧小区改造制度框架、政策体系和工作机制；到“十四五”期末，结合各地实际，力争基本完成 2000 年年底前建成的需改造城镇老旧小区改造任务。

2021 年 3 月，《政府工作报告》计划在 2021 年新开工改造城镇老旧小区 5.3 万个，并在《中华人民共和国国民经济和社会发展第十四个五年规划和 2035 年远景目标纲要》中提出新型城镇化建设工程中的城市更新需要完成 2000 年底前建成的 21.9 万个城镇老旧小区改造。

2022 年，国务院《政府工作报告》围绕老旧小区改造，再一次提出要深入推进以人为核心的新型城镇化，明确要对老旧建筑和设施的安全隐患排查整治，推进无障碍环境建设和公共设施适老化改造，强化社区服务功能，加强社会动员体系建设。

政府文件频繁提到老旧小区改造，进一步说明老旧小区改造已成为政府城市更新行动的重要内容。在存量发展的提质增效阶段，政府对老旧小区的改造越来越深入到细节，从重视建筑围护结构的节能减排和外观造型的美化逐渐延伸至老旧建筑和设施安全隐患排查，从要求各地、各政府部门建立协调联动机制到社会动员体系建设，老旧小区改造已不再仅仅是一项专业性强的技术工作，更是一项政策性强的社会工作，不仅是一个单纯的住房改造问题，更是一个基于社会治理的民生建设问题。居民作为老旧小区改造的主要利益相关者，在更新改造治理中的角色和作用发挥从根本上决定了改造或者更新工作的意义和成效，鼓励居民参与城市更新改造治理正在成为提升城市更新质效的重要选择和必然趋势，然而从实践情况看，很多地方老旧小区的改造治理并没有真正关注居民的主体作用，居民的协同参与依然呈弱质性特征。

5.3.2 社区居民参与老旧小区改造协同治理的分析

5.3.2.1 社区居民参与老旧小区改造协同治理的依据

（1）政策依据

社区居民是老旧小区改造的主体，居民参与机制是老旧小区改造治理最基本的组织和实施机制。国务院办公厅印发的指导意见专门对此提出明确要求：

一是要坚持以人为本、居民自愿的原则。从人民群众最关心最直接最现实的利益问题出发，征求居民意见并合理确定改造内容，重点改造完善小区配套和市政基础设施，提升社区养老、托育、医疗等公共服务水平，推动建设安全健康、设施完善、管理有序的完整居住社区。

二是要健全动员居民参与机制。将城镇老旧小区改造与加强基层党组织建设、居民自治机制建设、社区服务体系建设有机结合。充分发挥社区党组织的领导作用，统筹协调社区居民委员会、业主委员会、产权单位、物业服务企业等共同推进改造。搭建沟通议事平台，主动了解居民诉求，促进居民形成共识，发动居民积极参与改造方案的制定、配合施工、参与监督和后续管理、评价和反馈小区改造效果等。

三是建立项目推进和长效管理机制。积极推动设计师、工程师进入社区，辅导居民有效参与改造。引导居民协商确定改造后小区的管理模式、管理规约以及业主议事规则，共同维护改造成果。

（2）现实依据

城市是人民的城市，社区是居民的家园。2019 年，习近平总书记在上海视察时就曾明确指出，城市治理是推进国家治理能力和治理体系现代化的重要内容，城市公共空间规划建设、社区治理和服务都直接反映着城市治理现代化水平和现代文明建构的水平。同时他还指出，城市是人民的城市，无论是城市规划还是城市建设，无论是新城区建设还是老城区改造，都要坚持以人民为中心，聚焦人民群众的需要，合理安排生产、生活、生态空间，走内涵式、集约型、绿色化的高质量发展路子。这一讲话为转变城市更新治理理念，创新城市更新治理模式，探索城市更新治理新路径明晰了方向和遵循，也为社区居民参与城市更新治理提供了政治保证。构建城市更新治理协同机制，找准社区居民参与治理的动力点和发力点，成为打造共建共治共享的城市治理格局，增强人民群众幸福感、获得感和安全感，实现城市更新治理现代化的重大课题。

(3) 理论依据

协同治理鼓励不同的利益相关者聚集在一起，共同设计和实施某一项政策或方案。其独特性在于通过一种正式的安排鼓励利益相关者在协商和多边进程中相互沟通，共同决策和共同承担责任[154]，协同治理的发起者是政府，政府是协同治理的“管家”，但是，协同治理中一定包括非政府行为体，他们直接参与政策设计，而不是只担任顾问，并通过论坛正式组织集体开会，以协商一致的方式达成决策[155]。协同治理的主体需要具备一定的专业技能以及为合作或伙伴关系创造条件的服务态度和服务意愿[156]。各种非营利组织作为公民社会的正式组织，由于具有与不同的用户群紧密相连的独特知识和调动志愿人员和私人慈善资源方面的专门知识，以及促进多样性、社区意识和公民行动等重要社会价值观方面的优势，是协同治理不可或缺的重要主体[157]。要达成集体行动，各参与治理的主体必须相互依靠，在行动中交换各自的资源，且交换的结果不仅取决于各个参与主体的资源，而且也取决于游戏规则以及进行交换的环境[158]。协同治理的基本原理明确告知了政府主导的老旧小区改造需要多元主体的协同，尤其重视以居民为主体或者了解社区、关心社区，与社区居民利益相关的非政府组织的参与，为社区居民和代表社区居民的各种自组织参与提供了理论依据。

5.3.2.2 社区居民参与老旧小区改造协同治理的既有分析

中国的城市更新治理体制机制几经改革，政府主导的力度和内涵价值已随之发生变化，但在中国特色的政治制度和框架下，政府主导城市更新治理的基本面向并没有发生实质性的改变，延续到当下的老旧小区改造依然如此。各地方政府作为治理主导者，在中央政府统一部署下，结合本地区的发展需要和发展前景，利用所掌握的丰富资源和政府角色的权威，对老旧小区改造做出总体的理性设计与规划。资深国企和具有相关更新改造工作业绩、管理经验和专业人员的施工单位作为项目改造的管理者和实施者，构成老旧小区改造的重要主体。居民委员会是居民自我管理、自我教育、自我服务的基层群众性自治组织，是老旧小区改造治理中多元主体共治的纽带。随着市场经济的深入发展和市民社会的成熟完善，市场力量和社会力量日益增强，社会组织和社区居民正越来越多地参与到老旧小区改造这一典型的区域公共治理问题中来，但他们的参与集中体现在改造意愿、房屋征收安置补偿方案、房源安置选择等方面与政府的互动，而在改造决策和实施过程则明显参与不足[1]。比照联合国经济社会委员会关于社区成员参与的三个条件：在民主自愿的基础上融入社会发展过程，平等分享参与所得利益，参与到目标设定、方案形成、执行、评估决策等制定程序。我国老旧小区改造治理中居民弱参与特质明显，而参与资源、参与条件和参与时间等是导致其弱质的主要原因。其中，受教育程度低、劳动能力低、对新事物接受能力差等外在属性是造成弱质的根本原因[159]，当然，除了文化层次，年龄和性别也是社区居民参与弱质的一个重要因素[54]。权力小、力量弱是群体弱质的集中体现[160]。

也有较多学者从老旧小区协同治理体系中的各主体行为等外在因素分析社区居民的参与弱质性，认为政府与其他治理主体之间深层而持久的关系决定着社区决策的有效执行和社区居民对政府政策的参与协同[161]。政府对旧城改造中群众参与的责权利、途径、内容的相关规定在一定程度上影响着居民的参与程度。居民委员会作为代表居民的自治组织，更多承担着政府公务，更多受到政府干预，导致社区成员、社会组织参与社区自治的积极性以及居委会的可信度和认可度受到消极影响[54]。从社区成员的主体行为看，传统的臣民理念和私民意识导致社区成员缺乏现代社区所需要的公共精神、集体认知、自主责任和参与意识[162][163]。他们更多关注与其自身利益相关的问题[164]，而小区改造的项目安排是否与成员需求耦合，直接影响其参与情况。各种社区自组织虽初具规模但数量有限且发育不良，志愿者队伍亟待提高，这些都严重影响他们更好地参与小区的改造治理[165]，从而导致不同主体联动不畅，有多元而少协同与共治。

5.3.2.3 社区居民参与老旧小区改造协同治理弱质性影响因素的调查分析

（1）影响因素分析

事实上，老旧小区改造治理是一个依靠多主体参与、多要素协同、多举措联动的复杂过程[166]。社区居民参与小区改造治理的行为选择不仅受其能力、性别、自身条件等外在社会属性和协同治理体系中各主体行为等外部条件的客观影响，在很大程度上还深受其对老旧小区改造治理项目的认知和对协同治理体系中其他主体作用、影响的感知所影响。为了能够论证这一观点，阐释社区居民外在社会属性与其他主体的行为影响和自身行为选择之间的关系，考察不同主体间各种主观因素和客观因素的相互影响，本书引入协同参与弱质性概念，以个人弱质性表征居民参与小区改造协同治理的程度、意愿和倾向，从居民个人对更新改造的认知和对其他协同主体的感知两方面梳理他们参与协同治理的重要表征因素，并以问卷调查及相关统计学分析方法研究社区居民外在社会属性对其内在参与弱质性的影响。

基于上文关于居民参与社区改造弱质性影响因素的质性分析，选择社区居民对老旧小区改造的认知（RPW_C）和对老旧小区改造协同治理体系的感知（RPW_P）来表征其老旧小区治理协同参与的弱质性（RPW）。其中对老旧小区改造的认知主要反映的是居民主体对老旧小区改造项目的意义、过程以及更新改造项目与个人之间关联度的认知来考察他们对于老旧小区改造的认同和接受以及参与协同。对老旧小区改造协同治理体系的感知主要是通过对治理体系中其他主体行为和行为效果的反应进行描述，考察其对社区居民参与老旧小区改造协同治理的影响。具体指标如下：

了解城市老旧小区改造的重大意义（C1）。该指标是对社区居民老旧小区改造支持度的测量。居民只有了解老旧小区改造对于城市、社会和个人的重大意义，才能迸发参与协同治理的主动性和积极性。

能够承受施工带来的一切不便（C2）。该指标是对社区居民参与程度的测度。协同需要全过程、多主体对彼此行动的相互理解和配合，理解程度越高，配合度越高，弱质性越低。

认同自己是小区主人的身份及其权责（C3）。该指标是对社区居民责任意识的测度，责任意识越强，参与度越高。

了解其他形式的城市更新改造方式和补偿政策（C4）。该指标是对社区居民对老旧小区改造信任度的测度。有过对其他改造项目的了解，可以通过这些项目带来的变化增强对政府行为的信任，从而配合度高，弱质性低。

老旧小区改造的属性界定（C5）。该指标是对社区居民关于老旧小区改造与个人关联度认知的测度，或者说是对老旧小区改造责权归属问题的认知测度。关联度认知越高，居民介入意识越强，参与度越高。

政府规划设计的老旧小区改造项目安排符合您的意愿和需求（P1）。社区居民对小区改造有个人的诉求，政府规划设计的老旧小区改造项目符合居民的改造意愿和要求，则社区居民参与积极性更高、更为主动。

施工单位工作效率高、态度好，服务意识强（P2）。施工单位是老旧小区改造治理的重要主体，事关更新改造的实施质效。施工单位质效高，则居民参与和配合度越高，弱质性较弱。

居委会积极发挥作用（P3）。居委会是社区居民的自治组织，在老旧小区改造中发挥着上传下达、协调各方的纽带作用，社区居民的参与协同，很大程度上都是通过社区居委会实现。居委会作用发挥得好，居民信任度高，参与性强。

小区志愿者组织、维权性组织等各种组织作用显著（P4）。这些组织是社区居民自发形成的各类公益性、服务性组织，可以配合社区居委会在专业性和全面性等多方面对老旧小区改造进行监督，代表广大社区居民提出合理诉求。

居民参与的权利和义务以及参与渠道都有政策法规予以保障（P5）。有了政策法规的保障，居民可以更好地畅所欲言，推动多元主体协同治理的老旧小区改造项目。

综上，选择 10 个因素表征社区居民参与老旧小区改造协同治理的弱质性，从对老旧小区改造的认知（RPW_C）和对老旧小区改造治理体系的感知（RPW_P）两个维度进行划分，考量居民外在社会属性与 RPW 之间的影响关系。

（2）调查问卷设计

调查问卷分为三部分，第一部分是对社区居民社会属性的调查，包括性别、年龄、学历、收入和政治面貌等；第二部分是对社区居民关于老旧小区改造认知弱质性（RPW_C）调查，有 5 个问题组成，分别对应 C1—C5；第三部分是对社区居民关于老旧小区改造治理体系感知弱质性（RPW_P）调查，同样是由 5 个问题组成，分别对应 P1—P5。根据被调查对象对以上 10 个问题的回答确定其在该问题上的协同参与弱质性得分，分值范围为 1—5 分。鉴于弱质性分级具有一定的主观性和半定量特征，按照统计研究对基础数据的连续性要求，将社区居民老旧小区改造协同参与弱质性在［1—5］区间内划分为高、中、低三个等级（见表 5 - 1），分值越高代表其弱质性越低，如“了解老旧小区改造的重大意义”，居民以从 1—5 任意打分的形式作答，回答 4 分的居民比回答 3 分的居民参与弱质性低。总体平均分以及 C1—C5、P1—P5 的平均分分别作为 RPW、RPW_C、RPW_P的分析值。

表 5 - 1　　社区居民参与城市更新协同治理弱质性分级标准

城市更新协同参与弱质性程度	高	中	低
分值范围	［1—2］	［2—4］	［4—5］

（3）调查问卷数据分析方法

为解决对某一具体认知或感知的研究不能完全表达社区居民外在社会属性与其内在行为选择之间关系的问题，将 RPW 作为一个整体，并不单一研究社会属性与 10 个因素之间的关系，而是从 RPW_C和 RPW_P两个方面，研究外在社会属性与 RPW 之间的关系。选取 RPW、RPW_C、RPW_P的平均值作为因变量；性别、年龄、学历、收入和政治面貌等 5 个因素作为自变量进行分析。

鉴于这里所选择的社会属性变量存在类型差异，因此在分析方法上也有所不同。由于性别是双因素变量，故采用独立样本 T 检验，而年龄、学历、收入和政治面貌是多因素变量，则选用单因素方差分析方法。最后对影响因素进行探索性因子分析，将错综复杂的变量归结为少数几个综合因子，有助于建立新的假设、发展新的理论，便于对社会群体参与老旧小区改造弱质性的影响机理进行探索。

（4）调查结果分析

本次问卷在西安市莲湖区共 18 个老旧小区进行现场发放。共发放问卷 290 份，其中有效回收 264 份，有效回收率为 91%。受调查对象基本情况如表 5－2 所示。

表 5－2　受调查社区居民的基本情况

属性	类别	样本数量（个）	有效占比（%）
性别	男	144	54.5
	女	120	45.5
年龄	18 岁及以下	0	0
	19—30 岁	47	17.8
	31—60 岁	121	45.8
	60 岁及以上	96	36.4
学历	初中及以下	74	28
	高中	130	49.2
	本科	55	20.8
	硕士及以上	5	1.9
收入	≤3000 元	78	29.5
	3000—4000 元	70	26.5
	4000—5000 元	75	28.4
	≥5000 元	41	15.5
政治面貌	党员	35	13.3
	民主党派	3	1.1
	其他	226	85.6

①社区居民参与老旧小区改造协同治理弱质性水平分布。264 位调查对象参与协同治理的综合弱质性平均分值为（3.8 ± 0.2），弱质性等级为中。其中，C1、C4、C5 和 P4 的均值低于 4，其余的均值都超过 4，社区居民对老旧小区改造的认知弱质性平均得分为（3.6 ± 0.2），低于对老旧小区改造协同治

理体系的感知弱质性平均得分（4.1 ±0.3）。

②外在社会属性对居民老旧小区改造认知弱质性的影响。独立样本 T 检验结果表明，社区居民的性别对居民协同参与老旧小区改造治理弱质性（RPW）和老旧小区改造协同治理体系感知弱质性（RPW_P）没有显著影响（p >0.05），但是对老旧小区改造的认知弱质性 RPW_C 有显著影响（t（262） =1.450）（见表 5 –3）。其中女性居民老旧小区改造认知弱质性（3.5 ±0.3）高于男性（3.6 ±0.3），其得分显著性差异为 0.1。

表 5 –3 性别属性独立样本 T 检验结果

		莱文方差等同性检验		平均值等同性 t 检验			
		F	显著性	t	自由度	sig.（双尾）	平均值差值
RPW	假定等方差	0.746	0.389	0.922	262	0.358	0.03931
	不假定等方差			0.924	255.601	0.356	0.03931
RPW_C	假定等方差	0.083	0.773	1.45	262	0.048	0.05806
	不假定等方差			1.445	249.414	0.05	0.05806
RPW_P	假定等方差	1.162	0.282	0.204	262	0.838	0.01056
	不假定等方差			0.206	259.694	0.837	0.01056

通过单因素方差分析发现，社区居民参与老旧小区改造协同治理的弱质性（RPW）存在显著的学历差异（F =3.354，P =0.02），在对城市老旧小区改造的认知（RPW_C）上也存在显著差异（F =4.469，P =0.041），而对城市老旧小区改造协同治理体系的感知（RPW_P）无明显差异。事后的多重比较结果显示，不论是协同参与城市老旧小区改造的弱质性还是对城市老旧小区改造的认知，学历越低，弱质性越高（见表 5 –4）。

表 5 –4 学历在各因素上的方差检验

学历	RPW		RPW_C		RPW_P	
	平均值	标准差	平均值	标准差	平均值	标准差
初中及以下	3.6978	0.3188	3.5054	0.32134	4.0703	0.38383
高中	3.8077	0.30039	3.62	0.2966	4.0354	0.41631
本科	3.9136	0.44136	3.7591	0.45833	4.2182	0.4308
硕士及以上	4.22	0.37014	3.92	0.54037	4.52	0.30332
F	3.354		4.469		2.793	
Bonferroni	1 <2 <3 <4		1 <2 <3 <4			

注：初中及以下 =1；高中 =2；本科 =3；硕士及以上 =4。

此外，社区成员的政治面貌对社区成员参与老旧小区改造协同治理的弱质性（RPW）（F=7.96，P=0.000）和对老旧小区改造的认知（RPW_C）（F=6.143，P=0.002）以及城市老旧小区改造协同治理体系的感知（RPW_P）（F=6.015，P=0.003）均有着较为显著的影响。事后分析的多重比较结果显示，党员居民和群众居民的弱质性差异显著（P<0.001），在老旧小区改造的参与弱质性上，普通群众高于党员群体（见表5-5）。由以上结果可知，学历和政治面貌对居民参与老旧小区改造协同治理的弱质性具有显著性影响，两组之间在弱质性分值上没有太大差异（约为0.09）。

表5-5　政治面貌在各因素上的方差检验

政治面貌	RPW		RPW_C		RPW_P	
	平均值	标准差	平均值	标准差	平均值	标准差
其他群众	3.8062	0.33553	3.5558	0.37356	4.0566	0.41438
民主党派	4.1333	0.05774	4	0.2	4.2667	0.23094
党员	4.0314	0.3496	3.7543	0.37912	4.3086	0.383
F	7.96		6.143		6.015	
Bonferroni	1<3		1<3			

注：其他群众=1；民主党派=2；党员=3。

在单因素方差分析中，社区居民的年龄和收入对其参与老旧小区改造治理弱质性、老旧小区改造认知弱质性和老旧小区改造治理体系感知弱质性没有显著影响（P>0.05）。

上述结果表明，社区居民老旧小区改造治理的弱参与性，不能够单纯从政府决策和社会政策等外部因素孤立进行分析，其个人社会属性如性别、学历等对他们能否客观分析和看待问题都有着显著影响。政治面貌在一定意义上代表着不同群体对待社会问题的态度和素养，表现在对老旧小区改造协同治理弱质性的影响也比较显著。因此，从社区居民参与老旧小区改造协同治理的弱质性表征老旧小区改造的协同复杂性，能够较好地解决主体间因认知或感知差异而导致的矛盾问题，具有理论意义和实际价值。

③社区居民参与老旧小区改造协同治理弱质性潜在结构分析。以社区居民参与老旧小区改造协同治理弱质性为整体，运用探索性因子分析，对社区居民参与老旧小区改造治理弱质性的潜在结构进行进一步探索和分析。结果表明，检验样本充分性的KMO=0.726>0.7，满足最小可信度要求；Bartlett球形检

验的结果达到了显著水平（P = 0.000 < 0.05），表明样本数据适合做探索性因子分析（见表 5 - 6）。

表 5 - 6　　KMO 和巴特利特检验

KMO 取样适切性量数。		0.726
巴特利特球形度检验	近似卡方	552.644
	自由度	45
	显著性	0.000

从公共因子的碎石图（见图 5 - 4）可以看出，前三个因子的特征值均大于 1，最大拐点处在第 4 个因子。根据 Cattell（1966）倡导的碎石图检验法，提取 3 个公共因子，占总方差的 60.2%。为增强因子的可解释性，将因子载荷小于 0.50 的项目视同弱指标项目予以删减。选择因子载荷大于 0.50 的项目为提取的公共因子。旋转后的因子载荷和提取的公共因子如表 5 - 7 所示，其中，因子 1 的方差百分比为 22.33%，因子 2 的方差百分比为 19.16%，因子 3 的方差百分比为 18.53%。

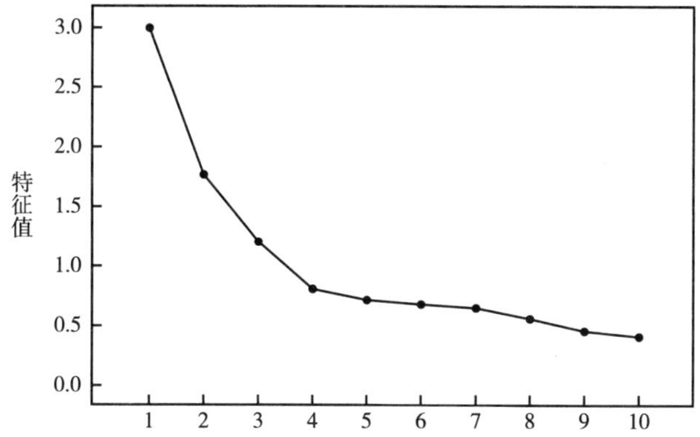

图 5 - 4　公共因子碎石图

表 5 - 7　　社区居民参与城市更新协同治理弱质性表征因素因子分析

因变量	因子 1	因子 2	因子 3
P2	0.855		
P1	0.714		
P4	0.565		

续表

因变量	因子 1	因子 2	因子 3
C2		0.804	
C1		0.731	
C4		0.566	
C3			0.754
C5			0.7
P3			0.605
P5			0.583
方差百分比（%）	22.33	19.16	18.53

根据 3 因子的解分析社区居民参与老旧小区改造协同治理弱质性的潜在结构。因子 1 由 P1、P2、P4 组成，主要是衡量社区居民对老旧小区改造及其治理主体相关行为的满意度；因子 2 由 C1、C2、C4 组成，主要描述社区居民对老旧小区改造治理的认知度；因子 3 由 C3、C5、P3、P5 组成，侧重表征的是社区居民对老旧小区改造治理与自身关联度的认知及其参与治理的保障度感知。由所得数据可知因子 1，也就是对老旧小区改造及其治理主体相关行为的满意度对居民参与老旧小区改造协同治理弱质性影响较大。通过上述分析，初步阐释了社区居民参与老旧小区改造协同治理弱质性的潜在结构，可为后续研究提供理论依据。

综合独立样本 T 检验、单因素方差分析和探索性因子分析的结果发现，学历、政治面貌和对城市更新治理的满意度是对居民参与城市更新协同治理弱质性影响较大的因素。可见，城市更新治理是一个复杂的系统工程，实现城市高质量发展的核心在于治理主体。调动社区居民积极参与协同治理，关键在于城市更新的规划主体、实施主体等必须提供令人满意的政策和服务，而社区居民的专业素养、人文素养和政治素养又决定了这一群体对决策、规划和实施行为的理解和认同。

（5）结论与思考

这里利用对当前老旧小区改造和拆迁安置改造中部分社区居民参与小区改造协同治理的调查数据，以其参与老旧小区改造治理的弱质性表征老旧小区改造协同治理水平，进而掌握社会治理体系完善情况。研究了居民外在社会属性对他们参与老旧小区改造协同治理弱质性的影响，探索了社区居民参与老旧小区改造协同治理弱质性的潜在结构，主要结论如下：

第一，264位调查对象综合参与弱质性（RPW）和对老旧小区改造认知的弱质性（RPW_C）等级为中，居民对老旧小区改造协同治理体系的感知弱质性等级略高于前两者。其中居民对老旧小区改造治理属性为政府公务或集体要务的认知（C5，均值为1.69，满分5分）和小区志愿者组织、维权性组织等各种组织作用显著（P4，均值为3.85，满分5分），2个表征因素的平均分最低。

第二，性别对居民对于老旧小区改造的认知弱质性（RPW_C）有显著影响，对参与老旧小区改造治理弱质性（RPW）和对老旧小区改造协同治理体系的感知弱质性（RPW_P）没有显著影响。其中，女性的认知弱质性高于男性，其在弱质性得分上的显著性差异为0.1。学历对于社区居民的参与弱质性（RPW）和认知弱质性（RPW_C）存在显著影响，对老旧小区改造协同治理体系的感知（RPW_P）无显著影响。学历越低，其参与的弱质性和对老旧小区改造的认知弱质性越高。政治面貌对社区成员的参与弱质性（RPW）、认知弱质性（RPW_C）和感知弱质性（RPW_P）均有显著性影响。普通群众的参与弱质性高于党员居民。

第三，探索性因子分析的结果表明，社区居民对老旧小区改造决策、规划和实施的满意度、认知度及老旧小区改造与自身利益的关联度和权益的保障度是影响其RPW的3个主要潜在变量；其中城市更新的满意度对居民参与老旧小区改造治理的弱质性影响程度最大，总解释方差为22.33%。

上述结论帮助我们精准识别了基层群众主体的弱质性特征及其弱质性影响因素。在中国这样一个最大的发展中国家，不论是单纯的老旧小区改造还是整体的城市更新行动，未来很长一段时间内仍将面临类似的问题，如何通过理论创新和实践创新推进城市空间形态和结构治理机制的改革，提升城市更新治理体系和治理能力的现代化水平成为我们今天必须面对和思考的问题。

第一，创新有中国特色的协同治理理论。新时代中国特色社会主义理论是具有开放品格、兼容并蓄的思想体系。西方学者关于协同治理的研究比我们起步早、经验比我们丰富，成果内涵深刻，对于中国的协同治理，不论是理论还是实践都具有极为重要的借鉴意义。然而，西方理论的形成有其复杂的社会背景、历史背景和实践逻辑。中国的协同治理理论必须立足中国的实践和整体制度框架，构建符合现实国情和具有现实可行性的治理体制机制。

第二，在中国的社会治理体系中，民主协商和公众参与必须以党委领导和政府负责为前提，各种治理事宜尊重民主但重在集中。就老旧小区改造来讲，社区居民可参与的深度和广度，必须充分考虑老旧小区改造是对城市中不符合当下发展需求的建成环境所进行的改造，而居住在这样一个不符合当下发展需求的建成环境中的居民群体也一定是这个城市和社会中在能力、年龄、学历等各个方面的资源比较弱势的群体，他们参与老旧小区改造的弱质性将会严重影响其参与改造治理的程度。因此，老旧小区改造治理需要准确把握居民参与的深度和广度，加大在居民群众中的宣传力度，发挥高学历和党员居民的广泛影响力和号召力，通过微信、抖音等自媒体鼓励普通居民更多地关注、了解和参与老旧小区改造。

第三，鉴于当前老旧小区改造治理居民协同参与的弱质性及其影响因素，城市老旧小区改造的协同治理需要政府在决策、规划和实施等各个环节充分考虑社区居民的满意度、认知度、关联度和保障度。首先，要增强群众对老旧小区改造的满意度，在前期设计阶段让群众参与进来，听取群众意愿，按照群众意见确定设计方案；在施工主体的选择过程中要遵循市场经济的竞争规则，选择在资金、设计、施工等各方面最有实力、最具质效的企业，并将结果公示，提升政务公开透明度和公众满意度；鼓励居民尤其是代表居民的各类自组织监督施工质量、工期、安全等，并在工程完工后对设计方案与完工效果进行满意度调查、测评、打分、提意见，为后期的工程总结经验。其次，要提升群众对老旧小区改造的认知度。不论是政府、企业还是居委会，需要通过对老旧小区改造的全方位、多角度宣传、走访和释情等多元手段和形式，让公众最大限度地了解老旧小区改造对于国家、城市和社会乃至个人的重大意义，了解各种形式的城市更新所带来的社会效益和经济效益，理解城市更新过程的各种困难和不便，在共同的利益中寻找最大公约数实现共赢。最后，要增强老旧小区改造与居民之间的关联度和对居民参与协同的保障度。用法律保障居民参与老旧小区改造治理的热情和权责，让法治为社区居民上传意愿、诉求开路，为政府决策、规划和实施城市更新导航，为社区上传下达提供行为遵循和准绳。通过成熟稳定的制度和系统的体制机制协调政府、企业、社会和居民个人的利益关系，保障老旧小区改造带给居民更多的幸福感、获得感和安全感。

5.4 城市更新治理中的政府作用机制

5.4.1 城市更新治理中政府作用机制存在的问题

正如前文所言，我国的城市更新经历了从计划经济体制下的政府一元主导向市场经济条件下政府与开发商的“二元共治”的转变，最后定型为政府、开发商与社会的“多元治理”，在这个过程中，政府行政主导的力度和内涵价值虽然说发生了一定的变化，但是总体来看，其主导城市更新治理的工作机制并没有发生实质性的改变。这一工作机制大大提升了我国城市更新治理的整体效率，增强了城市居民的幸福感、获得感和安全感，但不可否认的是在推动城市更新改造和现代化的过程中，政府治理城市更新改造的体系、体制以及能力方面依然存在一些亟待廓清和解决的问题。

5.4.1.1 政府机构改革的实质性效果不明显

我国目前的城市更新治理机制是政府主导下多元主体共同参与。在现行的城市更新治理机制中，城市区级政府是落实城市更新治理决策的基层指挥部，按照中央关于深化机构改革和行政体制改革所要求的简政放权，推进政事分开、事企分开和管办分离的要求，部分基层政府遵循“政府主导，政企分开，政资分开，放管结合，市场运作”的原则，因地制宜地将区内相关建设单位重组整合为新的国有城市建设公司。由国有城市建设公司负责协调规划和建设等各相关部门的工作，统一处理设计、监理和施工单位等关于城市更新治理的具体事宜。从整合区内资源、优化企业布局和结构调整的视角看，该举措意义深远，但从政府简政放权的改革目标来看收效甚微。由于政府放权不放手，国有城市建设公司所做的一切工作仍需要向区一级政府请示、汇报并听取意见，甚至连工作人员的薪酬等都要征求政府的意见，国有城市建设公司成为区级政府部门“没有放手的孩子”。而面对国有城建公司在人员配置上重抓业务、轻抓思想，一把手党政工作一肩挑，没有在“党政共演二人转”中发挥党委“把方向、管大局、保落实”的作用，没能完全、有效、及时地将政府城市更新治理的多项主张、意图和决策付诸实施，政府却该出手时没出手。不仅如此，由于城市更新治理涉及政府不同业务主管部门，如住建局、街道办等，而不同部门业务流程间缺乏协调兼容导致城市更新治理常常因为政出多门而进展缓慢。

5.4.1.2 政府决策的科学化民主化水平有待提高

政府决策是对城市更新治理进行宏观调控和利益分配的重要手段，需要在民主的价值理念引导下，以地方公共利益为最高价值取向，遵循民主集中制的指导原则，确保各项决策惠及城市居民的生活和区域经济社会的发展。区级政府下设的城市建设公司和相关职能部门是贯彻落实国家城市更新改造的战斗堡垒，他们对政策的执行以及对具体项目的规划设计是整个更新改造项目的“最后一公里”。然而，也正是因为是“最后一公里”，他们的“地心引力”也相对较弱，在贯彻落实党的路线方针政策时极易“跑偏”而自作主张。一些层级的主管领导独揽大权，在某些问题的决策上不切合实际、不深入调研，不能够广泛征集和听取意见，不遵循依法决策的科学规律，甚至运用手段将个人意志以民主的形式走程序。领导班子成员或出于“利益共同体”的缘故，或出于“明哲保身、但求无过”的想法，或出于“说了也白说，改变不了现状”还有被“穿小鞋”危险的考量而放弃立场、盲目跟从。其结果要么就是监管部门和验收部门监管验收不力而蒙混过关，要么就是因监管部门和验收部门的严格管控而导致项目不能通过验收。任何一种结果都会严重影响工程项目的质量和速度，给国家造成不可估量的损失，同时还严重损害了城市更新治理风清气正的政治生态，在各治理主体中造成严重不良影响。

5.4.1.3 市场化程度不高

城市更新治理通常是由国有城市建设公司或政府相关职能部门委托招标代理公司依规选择合适的设计、监理和施工单位，并负责整个施工过程的监督、引导和协调，以及拨付工程款等各项工作直至工程结束。国有设计、监理和施工单位凭借在资金、设计、施工等各方面的雄厚实力，往往更能满足政府民生工程和城市建设对资质的要求而中标概率增大。但不可否认，政府的主导作用在一定程度上会助力个别企业的中标概率而使市场在资源配置中的决定性作用大打折扣。从招标方来说，可以人为设置招标条件而确定谁可以入围、谁不能入围。从投标方来说，则可以通过熟人关系或利益收买等各种方式来让竞标者或退出或帮衬自己中标。非公有制经济是社会主义市场经济的重要组成部分，他们在整个项目过程中可以通过材料分包、劳务分包、专业分包和机械分包等机会参与国有施工单位所需原材料的供给和专业项目的施工，以及一些简单、重复性的劳务合作。一方面，他们可以直接与国有施工单位合作，另一方面，他们也可以迂回通过政府或者城市建设公司“要求”国有施工单位给予他们参与分包的机会。任何一种渠道中“利益”和“干预”的作用都不容小觑，社会主义市场经济是竞争经济，法治经济和诚信经济，而城市更新中不论是政府，还是国企和非公有制经济等各类主体，甚至街道办、社区乃至社会组织等相关人员都会以自身利益的满足作为协助更新改造的条件，而这只会让我们的

“不完全的市场经济状态”常态化。

5.4.2 城市更新中政府作用机制改革的价值取向

5.4.2.1 强化党的领导，提高城市更新治理的水平

打造美好城市环境、创造城市幸福生活的城市更新治理，其社会意义和经济意义都极为深远，在城市更新建设中不仅呈现出很强的专业性特征，对治理主体的综合素养，尤其是对政府主体的政治素养和人文素养，以及代表党依法行政的治理能力提出了较高的要求。因此，政府主体在城市更新治理中“出彩”，除了要加强机制建设，严格把关各职能部门和相关主体的专业操守，更主要的是，要以“党政军民学，东西南北中，党是领导一切的”为根本遵循，在业务协调与运作中“强化党的组织在同级组织中的领导地位，理顺党的组织同其他组织的关系，不断增强党的政治领导力、思想引领力、群众组织力、社会号召力”[167]，以兼顾城市更新治理中“以市场效率为导向”的经济目标和“以居民权利和社会公平正义为导向”的社会目标的共同实现。政府作为党的大政方针的权力执行机关，依照党委所决定的路线方针制定实施具体行政事务细则，贯彻落实城市更新治理的重大部署。在党委的统一协调部署下，合理配置住建、财政、街道办、城管和国有城市建设公司等相关职能和实施部门的城市更新治理职责权限，解决多头管理、分散管理、难以形成有效合力的问题。

另外，要在理论素养上加强习近平政党建设思想和政府治理理论的学习，重视用理论学习为业务实操“导航”，并运用党性修养和道德素养为执政执法执业立魂立规。国家发改委等部门先后制定的关于城市更新治理的政策文件、规划条例和相关指导意见为地方城市更新治理实践明确了方向、划定了轨道，党员干部和相关业务人员只有通过学习才能掌握方法、明确方向，只有心怀对自己所从事工作的归属之感和对党的组织和纪律原则的敬畏之心，才能严格按照规矩办事，切实履行职责，真正提升对国家制度的执行力和对具体事务的规划实施能力，从而实现城市更新治理的现代化和政府治理的现代化。

5.4.2.2 构建亲清政商关系，营造良好的营商环境，激发市场主体的活力

在政府主导下的城市更新治理中，构建亲清政商关系的关键也在于政府。

政府“清”才能资本“清”，政商关系才能“亲”。而所谓政府“清”，一方面，要求政府“干干净净”做事。各级党员干部尤其是在城市更新治理中最有话语权的领导干部要清正廉洁，谨慎处事。另一方面，也要求政府要“清清楚楚”做事。首先，要清楚城市为谁而更新 。“一厘一毫，民之脂膏”，国家对于城市更新的财政补贴是为了更好地满足城市现代化的需要和人民日益增长的美好生活愿望，而非满足私利的“肥羹”。其次，要清楚谁来更新城市。在社会主义市场经济环境中，市场是资源配置的主体，施工主体应该由市场来定，而非以权力大小来决定工程实施权的归属。同时，城市更新施工规划要结合工程目标“管长远”，在此基础上明确思路、统一思想，而不能政出多门，让施工单位无所适从，造成工程的反复和无序。

“法者，治之端也”。构建亲清政商关系既需要在思想认识上觉悟，也需要用法治加强约束，让权力与资本的主导者对公共权力有敬畏。独立于地方政府部门之外的监督将有利于避免内部公权之间的交易和操作。国家及地方财政拨款也需要明确提出工程材料的品牌质量要求，结合各地具体情况合理预算工程开支，考虑各地发展实际，压缩工程建设的利润空间，降低资本权力化与权力资本化的可能性，让市场拥有更多的“话语权”，为市场营造风清气正的政治生态，保证城市更新主体的创造力和发展活力。

5.4.2.3 “以人民为中心”，加强城市更新治理监管

监管是现代化城市更新治理体系下维护经济健康发展和社会公平正义的必备内容。加强城市更新治理监管的重点在于对市场主体的行为进行引导、干预和规范，其最终的目标是满足城市居民追求幸福生活的需要。首先，城市更新治理要解决好“谁来监管”的问题。要鼓励多元主体对城市更新治理各环节、各流程和各领域的监管，畅通监管意见向上反馈的渠道，让城市更新治理“在阳光下运行”。其次，要解决好“监管谁”的问题。城市更新从决策、规划、实施到完工每一个环节上的行为都事关城市更新治理的顺利推进和质量效果，因此，每一个环节上的行为主体都是监管对象。加强对城市更新决策和规划行为的监管，其根本在于加强政府的自我监管，重在科学规划，依法行政。加强对城市更新实施环节的监管，就是要规范施工单位的改造行为，约束他们积极落实主管单位的治理要求，确保城市更新按时、保质完工。城市居民是城市更新顺利完工的直接监督者，加强对城市居民的监管既要鼓励他们加强监督管理，也要规范他们的监管行为，依法依规地回应他们的诉求，争取他们的理

解和支持。最后，也是最为关键的一点，就是要解决好“监”与“管”的关系问题。发现问题不是目的，解决问题才是根本，避重就轻并非良方，权责明晰是硬道理。

城市是人民的城市，政府主导的城市更新治理是多元主体共建共享共治的城市现代化渐进过程。城市更新“以人民为中心”的核心在于以城市的科学更新、民主更新和依法更新保证各主体的利益，探寻各主体所追求利益的最大公约数，用批评抵制的刚性手段和思想教育的柔性方式鼓励多元主体多渠道、多方式支持和参与城市更新工作，将市民和政府的关系从“你和我”变成“我们”，从“要我做”变为“一起做”，才能真正实现城市共治、共管、共建、共享。

6 构建城市更新协同治理体系

体系就是结构，结构决定功能。中国的城市更新从1949年新中国成立发展至今，内涵日益丰富，外延不断拓展，城市空间形态和结构的治理变得更为复杂，传统的政府决断型和政府主导的二元共治治理模式已不能满足利益主体多元化、目标任务多样化、盘活存量精细化和政治参与民主化等多方面的治理要求，现有的多元主体共同参与是实现城市治理现代化的应有之意，也是实现城市更新目标任务的必然选择。在协同理论的支配下，多元主体通过协调合作，形成彼此啮合、相互依存、共同行动、共担风险的强大合力，在资源共享和优势互补以及要素的良好匹配中实现城市更新的最小化成本和最大化公共利益。

6.1 协同学理论

6.1.1 协同学理论的主要内容

协同学（Synergetic）意即“协调合作之学”，是20世纪70年代在多学科研究基础上逐渐形成和发展起来的一门新兴学科，旨在发现自组织结构赖以形成的普遍性规律，并且关注于结构最终形成的总体模式[168]。协同学理论是20世纪70年代由德国物理学家赫尔曼·哈肯（Hermann Haken）所创立。其研究对象是非平衡开放系统中的自组织及其所形成的有序结构，其研究内容聚焦在外界因素的影响之下，整个系统中的子系统间如何相互作用。通过研究，哈肯深刻地揭示了系统从微观到宏观、从低端到高端、从简单到复杂的整个演化规律，而不论这个系统是属于自然科学领域还是社会科学领域，也不论它是属于生命系统还是非生命系统。协同学理论认为，千差万别的系统，尽管其属性、特点各有不同，甚至彼此差异非常明显，但在整个环境中，各个系统之间存在着相互影响而又相互合作的关系。在其演化过程中都有一定的相似性，他们都是由众多的子系统组成，各子系统之间的协同作用与相互竞争构成了总系统看似有调节、有目的的自组织行为，并最终形成系统从无序到有序的演化进程。协同学理论的内容主要包括以下三个方面[169]：

第一，协同效应原理。协同效应是指由于协同作用而产生的结果，是指在复杂开放的系统内部，大量子系统相互作用而产生的整体效应或者集体效应，在结构生成过程中起着决定性作用。协同学理论认为，在一个开放的自然系统或者社会系统中，其构成要素以及子系统之间不仅仅存在着无规则的独立运动，同时也必然存在一定有序的关联运动，当在外来能量的作用下或物质的聚集态达到某种临界值时，系统内部各要素或者子系统各自的独立运动都会服从于彼此之间的关联运动而产生协同作用，这种协同作用能使系统在临界点发生质变，产生协同效应，使系统从无序变为有序，从混沌中产生某种稳定结构，这个时候，系统的整体功能便会显现出大于各个部分功能的效应，即出现 1 + 1 >2 的结果。这一过程的特点是，在一定序参量的作用下，系统内部所有要素或子系统会达成方向的一致，形成协同效应。这种协同效应是任何复杂系统中都必然存在的一种自组织能力，是系统有序结构形成的内驱力。

第二，伺服原理。伺服原理的简单道理就是快变量服从慢变量，序参量支配子系统行为。哈肯认为，任何复杂的系统都存在一个快变量和慢变量，慢变量就是序参量，当系统在接近不稳定点或临界点时，系统从有序走向无序，其稳定结构被破坏。这时候，大量的快变量对系统的走向并未产生太大的影响，而另一类变量也就是慢变量则对系统产生很大的影响，它在系统临界点到来之时，不仅不会逐步衰减，反而会缓慢地增长。尽管它在系统中的数量并不是很多，但是它能够支配或规定系统其他变量的行为，并决定整个系统的发展方向，“快速衰减组态被迫跟随于缓慢增长的组态”，系统稳定结构被打破，从有序走向无序，这就是伺服原理。伺服原理从系统内部稳定因素和不稳定因素间的相互作用方面描述了系统的自组织过程，其核心思想就是系统内部的各要素或子系统对系统的影响存在一定的差异性，在不同的情况下，可能会表现出不同的结果，甚至在一定的条件下，慢变量和快变量会发生一定的转换，尤其是当输入的能量、信息等发生变化时，就会导致慢变量变成快变量，而快变量或者快变量中的一种或者几种又会变成系统中的慢变量。

第三，自组织原理。自组织是相对于他组织而言的。他组织是指组织指令和组织能力来自系统外部，而自组织则指系统在没有外部指令的条件下，其内部子系统之间能够按照某种规则自动形成一定的结构或功能，具有内在性和自生性特点。自组织原理解释了在一定的外部能量流、信息流和物质流输入的条件下，系统会通过大量子系统或者要素的协同作用，在自身涨落机制的作用下从不平衡、不稳定达成一个新的稳定，从而形成新的时间、空间或功能有序结构。值得注意的是，系统发生变化并不是因为从外部环境得到如何组织起来，将要形成怎样的结构和如何实现这种结构的稳定性等方面的信息，而是基于系统内部自组织的作用，并通过各种形式的信息反馈实现对组织的控制和强化，从而形成新的有序结构。自组织原理主要针对的是系统内各要素或子系统之间的协同，并认为这种协同是自组织过程的基础，系统内部各序参量之间的竞争以及协同作用是使整个系统产生新结构的根源。正如哈肯在《协同学导论》一书中所言，一个工人集体，如果每一个工人都按照经理发出的外部指令以一定的方式活动，则这个工人集体就有了组织功能；如果在没有任何外部指令的条件下，工人们也能够按照工作习惯或社会文化达成一定的默契，协调有序的工作，这时我们就可以将工人集体看成一个自组织。自组织原理实际上阐明了开放复杂系统中大量要素或子系统的集体、自发、自动的协同合作效应，并认为这种效应是系统自身内部矛盾运动的最终结果。由此可见，要想激活系统功能，使系统最大化地发挥作用，需要提高系统的自组织能力，使系统内部的要素或子系统能够发挥协调合作效应[170]。

6.1.2 协同学理论的基本原理

在上述三个主要内容中，自组织原理所针对的是系统内部各要素或子系统之间的协同，是系统运行的载体和实现协同的方式。协同是自组织或者说是系统运行的目的，而系统内部各序参量之间的竞争则是产生协同效应的过程和根源。其基本原理在于“在一个开放系统中各组成部分不断地相互探索新的位置、新的运动过程或新的反应过程，系统的很多部分都参与这种过程。在不断输入的能量，或许还有新加入的物质的影响下，一种或几种共同的，也就是集体的运动或反应过程压倒了其他过程。这些特殊的过程不断加强自身，如同我们在激光光波或液体滚卷形成中很清楚地看到的，或者换句话说，他们不断增长，最终战胜并用协同学的行话来说，支配了所有其他运动形式。这些新的运动过程——也称为方式——给予系统以一种很容易认识的宏观结构。通常我们认为系统这样所达到的新状态具有较高级的有序性。这里我们所面对的是一个动态的原则：方式的增长率起决定性作用。增长率最高的那些方式通常获得优势并决定宏观结构。如果几个这样的集体运动，我们也称之为序参数，有着相同的增长率，那么它们在一定条件下可以相互合作并产生一种全新的结构。为了使某个增长率为正数，需要有充分的能量输入。在输入能量的某个确定的临界值下，系统总的状态发生宏观的改变，即出现一种新的有序性”。[168] 协同学理论揭示了一个远离平衡态的开放系统在与外界有物质或能量交换的情况下，我们如何才能够增强系统的开放性，提高各要素和子系统内部的协同作用，使其能够在自觉、协同和有序的时空中开展各种活动。

协同学理论不论是从其内涵还是方法都要求在协同学的意义上将协同治理区分于“治理”。学者郑巧、肖文涛基于系统内部各子系统、序参量等协同学理论的相关要素，运用伺服原理和自组织原理探讨协同效应，将协同治理界定为“在公共生活过程中，政府、非政府组织、企业、公民个人等子系统构成开放的整体系统，货币、法律、知识、伦理等作为控制参量，借助系统中诸要素或子系统间非线性的相互协调、共同作用，调整系统有序、可持续运作所处的战略语境和结构，产生局部或子系统所没有的新能量，实现力量的增强，使整个系统在维持高级序参量的基础上共同治理社会公共事务，最终达到最大限度地维护和增进公共利益之目的”。[171] 然而，如哈肯引用歌德所言的“部分已在我掌中；所惜仍欠精神链锁”，协同治理的关键在于“发现了结构怎样组成，还得明白组件如何协作”，即协作的制度结构和体制机制如何产生的问题。而解决这一问题，按照协同效应的启示，我们首先需要了解当前系统中各要素和子系统以及它们之间的问题症结在哪里，我们需要它形成怎样的一种新的有序结构，即要达到怎样的目标，以及运用怎样的一种方法，才能形成真正有效的协同治理。

6.1.3 协同学理论对于城市更新治理的启示

详细分解协同学理论的主要内容和基本原理，可以从以下几个方面对协同治理有一个全面的理解：协同治理以系统为研究对象；协同论是协同治理的根本方法论；“竞争—合作—协调”的协同治理机制将协同治理区别于传统治理；协同治理不等于独立治理行为的集合，而是多主体的协同行为；由于各个子系统具有不同的具体目标，时空上都是独立的，为了实现共同任务才组成了一个临时性系统；协同治理的目标是合理利用各个子系统的各自优势，最终实现系统整体利益的最大化。

这一理论对于城市更新治理的启示：

首先，要基于城市更新系统各主体之间的相互联系实现彼此强大的合力。不论是自然界的还是人类社会，都是由不同的要素或子系统所构成，这些要素和子系统内部以及彼此之间存在各种各样的联系。自然界的演进和人类社会的发展，都是这些要素和子系统在受到外界刺激或影响下，不断调整形成强大的合力，使系统从无序走向有序并产生出大于各自独立运动所能产生的效应。城市更新中为了能够让各主体产生协同效应，需要考察各主体之间以及主体与客体之间所存在的固有的联系，用系统、全面和整体的眼光去把握城市更新的客观规律。

其次，把握城市更新系统各主体的独立性和运动规律，构建不同主体协同合作的有效机制。系统各要素和子系统同时存在各自的独立性和独立的运动规律，正是这种独立运动造成彼此之间的竞争和整个系统的无序，而协同现象不仅可以消除各要素和子系统之间的竞争，而且可以使系统从无序走向有序。因此，系统就是一个从无序变为有序，从有序又逐渐无序，再到有序的周而复始的运动过程，但是这种循环不是简单重复，而是一个系统从低级走向高级的过程。这一过程中所形成的秩序主要指的是自生自发的秩序，或者自组织的行为，当然不可或缺的还有外部的组织化行为所创制的秩序。因为“在任何一个规模较大的群体中，人们之间的合作都始终是以自生自发的秩序和可以建构的组织为基础的。毋庸置疑，对于诸多内容明确的任务来说，组织乃是促使我们进行有效合作的最有力量的手段”[172]。因此，对于城市更新协同治理来讲，就是致力于实现这种各主体的某种平衡，从而将市场自觉性策略和社会自治策略中的自生自发秩序的积极功用发挥到极致，又可以实现政府主导型策略中的创制秩序与之相协调的局面，这是城市更新协同治理最有效的机制。

最后，把握序参量的役使作用，善于抓住城市更新治理的主要矛盾。协同学理论的伺服原理指明具有序参量的“场”通过役使“子系统”的原子进而使其产生另外一种具有“场”的功能的新序参量，从而周而复始循环运作。可见，序参量是系统发生变化的决定力量。在城市更新治理中，抓住对系统发展起决定作用的序参量，就是要抓住城市更新治理的主要矛盾。新时代“人民日益增长的美好生活需要和不平衡不充分的发展”之间的矛盾，反映在城市更新上那就是城市居民对“美好环境与幸福生活共同缔造”的期望和当前城市更新治理体系和治理能力以及资源等各个方面不能满足人民群众需要之间的矛盾。而提高系统的自组织能力，使系统内部的要素或子系统发挥协调合作效应，即创造一个能够使“市场自觉性策略和社会自治性策略中的自生自发秩序的积极功用发挥到极致”的环境，就显得极为必要。

总之，城市更新的协同治理就是将城市更新治理体系中的诸要素，如地方政府、市场企业、社会组织、社区居民、信息、流程等关联起来，使这些要素能够为了完成共同目标任务而进行协同运作，其目的就是要通过对有限资源的最大化开发利用，实现城市更新各参与主体的利益以及公共利益的最大化，并消除在协同运作过程中产生的各种壁垒和障碍。

6.1.4　协同学理论与城市更新治理的契合性

自从党的十八届三中全会把“推进国家治理体系和治理能力现代化”作为全面深化改革的重要内容提出来后，“治理”便被广泛应用于各领域的研究，“整体性治理”“多中心治理”“合作治理”等各种概念纷纷走进人们的视野。本书之所以选择协同学理论而非其他的治理理论来研究城市更新治理问题，一方面在于协同学理论的普适性适用于城市更新治理。协同学理论对于复杂系统发展演进规律的研究为我们的科学研究提供了新的视角和研究范式，它在研究系统结构形成的一般性原理和规律时所得出的核心观点及其所运用的各种分析方法具有极强的普适性，并已在物理学、化学、生物学、经济学、生态学和社会科学等众多领域得到广泛发展和运用。将其运用于城市更新治理研究，有助于推动城市更新治理的理论研究和实践探索，对解决当前城市更新诸多问题提供新的思维模式和政策视角。另一方面协同学理论所强调的系统的协同性、系统演化的动态性和秩序形成的自组织性适用于解释城市更新治理的特殊性而达到破解难题，提质增效的作用。

首先，城市更新系统的复杂性特征适用于协同学理论的研究范围。协同学理论本就是复杂性科学体系下的一个分支，具有研究复杂系统的先天优势。而城市更新是一个复杂的系统，它是城市治理的有机组成部分，它与城市社会系统中的其他要素和子系统的协同状态决定着城市社会的有序运动。同时，城市更新作为城市治理体系的子系统，也有其自身的构成要素和运动规律。从内容上看，城市更新涉及政治、经济、文化、社会等方方面面；从主体上看，城市更新既有改造主体，也有改造客体，主体的多样性决定了主体的差异性和人际关系的复杂性，客体的稀缺性决定了矛盾的尖锐性和普遍性，错综复杂的关系导致彼此之间的相互影响是不确定的和非线性的。在城市更新中引入协同学理论有助于解释其复杂的治理系统运行过程中各种复杂的问题及其症结之所在。

其次，协同学理论致力于开放性系统的研究符合城市更新系统的开放性价值追求。在协同学理论看来，任何系统如果处于一种孤立或封闭状态，则无论其初始状态如何，最终系统内任何有序结构都将遭到破坏。一个系统只有与外界联系，通过不断的物质、信息、能量交换，才能展现冉冉生机，不断使系统朝着有序的方向发展。城市更新系统的开放性在于它不论是作为城市社会系统的微观要素或者子系统，还是作为一个由多个微观要素和子系统构成的独立运行体系，它都需要不断地同外界进行各种物质的、非物质的、有形的、无形的能量与信息的交换，同时，将所得到的各种各样的信息进行加工处理，向它所在的城市社会系统中其他的子系统传送，或者向它内部的各子系统进行能量或信息的输入。例如，城市更新治理体系中，基层政府主体和居民主体之间形成相互沟通、开放的网络，一方面，基层政府将城市更新改造的相关决策、规划和战略部署等信息通过自上而下的宣传传递给社区居民；另一方面，居民将自己的改造诉求和意见等通过自下而上的各种方式呈递给基层政府，基层政府需要将所获取的各种信息进行加工处理形成新的改造方案，向他所存在的系统，即上一级政府报送批示，同时将批示结果及时反馈给居民群体以及基层政府各协同部门。城市更新治理体系的完善与发展就是在不断地接受信息，处理信息和输出信息的过程中朝着有序化进行的，没有这种信息的接收和处理、输出，就没有城市更新治理体系的发展。

最后，协同学理论的涨落原理适用于构建城市更新治理的涨落预测方法。涨落是推动系统从无序走向有序的重要动力，没有涨落就不可能发生演化。系统通过涨落，在系统本身以及各要素之间形成对立统一的关系，经过竞争、合作、调节等，从而形成协同发展的动力。在城市更新治理体系中，任何能够对其产生影响的变量都可以被归结为涨落点，任何一个子系统，如决策系统、规划系统、实施系统、社会系统，或者任何一种要素，如政治、经济、文化、社会、生态以及资源、信息、技术等相互影响，相互作用，都有可能产生积极或消极的涨落作用而导致城市更新治理体系处于一种不平衡和波动起伏的状态，而这种波动起伏的不稳定状态，主要是由于现阶段我国社会的主要矛盾所决定的。新时代，伴随人民美好生活的需要日益广泛，城市更新的目标从单纯的物质面貌的改善升级为多元综合目标的考量，而这种目标的转变单纯依靠原有的治理主体、治理模式已难以有效解决，必须通过改革治理机制、优化治理结构，提高治理能力和升级治理体系才能有效应对显现的和潜在的危机，在新的有序结构下形成新的远离平衡定态。

综合而言，协同学理论在人文社会科学领域有着越来越广泛的应用，就城市更新治理而言，二者有着良好的理论契合性。协同学理论的核心理念和方法论应用对于理解城市更新治理体系的外部环境和内部结构有着极大的积极意义，而城市更新治理体系中协作关系的达成与协作机制的诞生都是基于协同效应和自组织的原理，协同治理发生与发展的水平受制于治理系统序参数的影响，因而协同学理论为城市更新协同治理体系的研究与构建提供了理论基础。

6.2 城市更新治理的主体协同研究

6.2.1 城市更新协同治理主体分析

改革开放以来，随着我国社会主义市场经济体制的确立、政治体制改革的推进和“单位制”的逐步解体，政府、市场和社会三者之间的关系发生了很大的变化。20 世纪 90 年代前，政府在城市基层社会管理中占据绝对的地位，“单位制”和“街居制”体制是政府利用行政力量进行全方位城市社会管理的产物。而随着市场化的推进和社会的快速发展，市场和社会的力量不断壮大，居民的民主意识和参与意识不断增强，这种变化催生了我国城市管理方式的深刻变革。“在现代城市中，对公共事务的最佳管理和控制已不再是集中的，而是多元、分散、网络型以及多样性的，这就涉及中央、地方、非政府组织、个人等多层次的权利和利益协调——这种由各级政府、机构、社会组织、个人管理城市共同事务的诸多方式的总和就是城市治理。”[173] 基于此，对协同治理多元主体的划分，不同视角便有了不同的划分方式。从宏观层面来看，协同治理的多元主体可以看作政府、市场和社会主体。从微观层面来看，除了上述划分的各级政府、机构、社会组织、个人，也有其他的划分方式，如邵静野认为多元主体可以分为政府、社会组织、公民、市场主体等。当然，对微观主体的划分远不止这些。相较微观划分侧重于对具体问题的研究，宏观划分则偏重于顶层设计，鉴于本研究试图依据协同治理理论来构建城市更新协同治理框架的顶层设计需要，下文将城市更新治理的主体大致划分为三类，即政府、企业和社会。而之所以选择企业而不是市场，其主要原因在于城市更新领域中的市场主体基本就是城市开发、设计、施工和监理等企业主体。

6.2.1.1 政府是我国城市更新治理的权力主体

政府作为提供公共服务和履行公共管理职能的重要机构，其主要职责是在法定授权下、依法管理社会公共事务，提供公共产品，服务社会公众。虽然社会在不断进步，政府的职能也在相应地调整，但政府在基本职能定位方面并没有显著变化，政府需要履行的基本职责依然是组织制定法律法规和公共政策，监督法律和政策的执行，维护市场秩序和打击违法犯罪，维护社会公平正义等。

城市更新治理的政府架构从层级上看是由中央政府、地方政府与基层政府共同组成。中央政府根据国家整体发展战略和城市发展的客观需要，提出城市更新的目标任务，做出城市更新的决策部署，并在宏观上给出城市更新的治理方向和治理原则，地方政府负责执行中央政策，因地制宜地处理本地方城市更新具体问题，制定适宜的城市更新决策和行政规划，包括土地利用、土地开发、城市规划等关键问题以及实现目标的路线、方法和手段的选择。基层政府负责直接面向城市居民提供城市更新的公共服务与产品，处理城市更新的具体实施事务。多层级的政府结构有助于实现中央与地方利益分配的合理化，实现地方分权和基层自治，健全和完善对地方权力的监督。城市更新治理中坚持党委领导，是实现城市更新治理目标和任务的重要保证，也是中国特色社会主义最本质的特征。

在城市治理现代化目标下，政府权力主体既需要不断加强政府自治以提升自己主导城市更新治理的能力，在法律法规、制度、政策的制定和实施等方面积极主动作为，担负起应尽的义务，使公平、正义和善治成为社会治理的价值追求。同时，也需要利用手中掌握的强大的治理资源加强对多元治理主体的资源整合，协调各主体之间的关系，形成对城市更新的协同治理。政府主导在我国具有悠久的传统和文化根基，也是世界各国政府治理的经验总结。凝聚共识、集中力量办大事是政府主导的最大优势。

6.2.1.2 企业是我国城市更新治理的资本主体，也是实施主体

首先，企业是城市更新协同治理的重要主体。企业由于承担着房地产开发、设计、建造、监理、咨询等各种职能，无可厚非成为城市更新最重要的市场主体。公有制和非公有制经济都是社会主义市场经济的重要组成部分，都是城市更新治理的重要参与者和推动者，他们在施工过程中往往会以资金优势分

担政府的财政压力，以专业优势形成与政府权力资源的优势互补，并由此形成与政府长期的合作关系。由于资质、规模和实力等方面的差异，以及城市建设对工程质量的要求，公有制经济和非公有制经济在城市更新治理中所处的地位和所承担的职责也有所不同，总体来讲，公有制经济往往以施工总承包的身份将中标工程通过劳务分包、专业分包等方式分包给个体私营经济，共同完成城市更新改造的治理任务。

其次，企业在城市更新协同治理中承担着重要的责任。作为城市更新不可或缺的主体成员，企业自身的健康发展对推动城市健康、可持续发展和城市治理现代化具有积极的作用。同时，企业的发展壮大离不开稳定和谐的社会环境。因此，企业需要有强烈的责任意识，在积极参与城市更新治理中协同其他主体共同追求美好的城市环境，打造风清气正、充满活力的治理生态，不因盲目追求利益最大化而在资本的欲望中造成城市空间形态和结构以及社会公共利益受损，要在亲清的政商关系中推动国家城市现代化和治理现代化。对内，以市场经济是法治经济和诚信经济的意识和城市更新事关城市的高质量发展和人民美好生活愿望的理念，保证城市在治理中常更常新。对外，以实力参与竞争，以能力赢得参与城市更新协同治理的机会，在与政府、与社会的良性协同中推动行业健康发展，推动城市高质量发展。

6.2.1.3 社会公众是我国城市更新治理的参与主体

社会主体主要包括社会组织和社会公众。社会组织的概念较为宽泛，一般也称为“第三部门”，具体包括社会团体、行业协会等各类非政府组织，具有民间性、非营利性等特点。社会组织参与城市更新治理，一是基于它的非营利性、非政府性、专业性、公益性和相对中立性等特征；二是基于其资源整合、力量动员和提供专业服务的能力。各种社会组织中往往都集聚了一定的专家学者和领军企业等专业力量，这使其成为深受各方信赖的主体，如在老旧小区改造治理中，中国城市规划学会主张和倡议规划师们参与协助居民、社区基层组织有效参与城镇老旧小区改造。三是基于社会组织与公众之间的密切联系，可以通过社会组织与公众的交流，倾听公众诉求，如实反映民意，并及时在政府与公众之间搭建桥梁，尽可能地满足公众多样化的需求。因此积极培育社会组织，鼓励具有各种专长和特点的社会组织参与城市更新，并为他们提供生存、发展和参与治理的环境，逐步构建政府与相关组织之间相互信赖、优势互补、积极互动、有效协同的合作关系，能够很好地弥补政府在城市更新治理方面力量不足、顾及不全的弊端。

社会公众也是城市更新治理的重要主体。2019年，习近平总书记在上海视察时就曾明确指出，城市是人民的城市。现代社会公共生活领域不断拓展，社会公共需求得到极大的激发和释放，公民的自主能力和自治能力也不断增强，进一步培育了其参政意识和社会责任感，塑造了公民的社会公共精神。赋予人民在空间生产和空间资源分配决策中参与或提出建议的权力，这不仅仅是城市空间正义实现的要求，也是我国城市治理现代化的重要内容，是我国社会主义民主政治制度所决定的。

随着社会主义市场经济的不断完善，国家的资源配置理念在不断调整，在理论创新和实践探索的推动下，政府城市更新治理思路发生转变，以产权为基础的原居民，或者与地上附着物有着所有权和使用权关系的相关利益群体被赋予参与城市更新改造治理的权力，市场对资源配置的决定作用也得到了充分肯定。然而，不同主体在城市更新中应具有怎样的权力配置？各主体内部可激发其参与热情、释放其治理能量的元素是什么？如何实现三者的合力？从协同治理的理论视角看，在当前时代和趋势下，城市更新治理的多元主体既不应是排斥异己的垄断者，也不应是事不关己的局外人，而应是在推动城市高质量发展中双赢的合作者，彼此间相互依赖，通过交换信息、共享资源，相互合作，实现美好环境与幸福生活的共同缔造。

6.2.2 城市更新治理主体的协同逻辑

协同治理的关键在于“协同”。政府、企业和社会构成城市更新宏观层面的治理主体。党的组织、中央政府和地方政府、政府和企业、政府和社会主体在城市空间形态和结构的生产与治理中长期形成的互动关系，回答了在过去几十年的城市化进程中，在城市人口密度不断提高、人口流动性不断增强、社会利益关系日渐多元的巨大转型和历史性变迁中，能够保持“城市快速经济增长”和“城市社会秩序稳定”何以可能的问题，也是今后城市空间环境重塑与治理演进的根本遵循。

6.2.2.1 坚持党在城市更新协同治理中的领导

中国共产党是城市更新协同治理的核心。中国特色社会主义最本质的特征是中国共产党的领导，中国特色社会主义制度的最大优势是中国共产党的领导。通过组织地方各层级政府部门和嵌入基层社会空间，党的领导介入城市更新治理方方面面，领导城市更新治理各主体协同促进城市经济发展和城市社会秩序的稳定。

第一，中国共产党通过中国特色的党政结构影响城市空间形态和结构治理。当代中国党政结构的典型特征是党的集中统一领导地位和党政关系之间的复合结构，城市空间政治亦是如此。按照这样的体制结构，党的领导深度融入城市政府体系，与地方政府共同履行城市空间形态和结构治理职能，同时，掌握着领导权和核心决策权，发挥着战略领导和决策中枢的作用。在功能运行上，执政党通过对政府体系的全面融入，将自身的组织机构、行动逻辑、更新理念、价值导向等深层“基因”植入政府体系，从而实现对后者的深度改造，使其城市更新治理行为始终与党的国家建设和城市发展指导思想保持一致。在层级体系上，中国共产党包括各级党委体系，基层党组织（基层委员会、总支部、支部）和党组，以及作为组织微观细胞的党员。构成执政党组织“主干—经络—细胞”三位一体的结构，让党对城市更新治理的领导无处不在，给予城市更新协同治理体系应对一切风险挑战的强大能力。

第二，中国共产党通过嵌入基层社会影响城市空间治理。随着城市经济和社会的转型，城市居民被分化为具有不同利益诉求的主体和阶层，城市被碎片化为具有不同意义的空间。这些新的空间以及空间中的主体和阶层对城市空间形态和结构的治理带来一定的困难和挑战。正如有学者指出，一旦国家被新生长的空间和人口隔离在外，国家政策就难以有效地在该社会一定区域内得到贯彻，社会就会萌生政治不稳定的因素[174]。为应对这种情况，中国共产党在基层和具体领域中建立起系统的非科层化网络组织体系。一方面，中国共产党在企业、街道社区、社会组织等基层单位中，普遍设有基层党组织。另一方面，中国共产党广泛吸纳私营企业主、技术人才和各类新社会阶层入党，允许经济和知识精英进入政协、人大等结构，赋予他们在城市更新治理中政治权威或者通过这些利益代表机构使他们“有限度参与政策制定”，影响城市空间决策议程，从而实现党对新城市社会空间的覆盖和对新社会阶层的政治吸纳。如此，将政府、社会、企业等领域有效联结并整合一体，形成了一套“横向到边，纵向到底”的组织网络，并通过自己的组织网络实现在城市更新治理中对社会和企业等领域的全面领导。

6.2.2.2 坚持中央和地方政府的协同治理

中央和地方政府是城市更新治理的基本变量。经过数次的集权与分权改革，党和国家确立了“遵循中央统一领导，充分发挥地方主动性和积极性”的原则，并将这一原则载入宪法。中央的政治集权能够保证党和国家对地方政府城市更新治理行为的控制与引导，对于整体推进城市更新治理进程和维持城市社会秩序稳定具有重要意义；行政与财政分权能够激活地方政府的自主性与自利性，对于提高城市更新治理效率和促进城市经济的快速增长具有重要意义。

从中央政治集权来看，中央政府代表全国最高行政权力，掌握着城市的建制、空间规划和土地使用等各项决策和规划权力，决定着城市空间形态和结构的治理方向。一方面，通过制定城市发展的战略规划和决策安排，将城市更新治理的任务落实到地方政府，通过目标管理责任制控制着城市更新治理过程中的目标设定权。如规定开发区的设置、城市绿化面积、老旧小区改造门槛、违规违建空间管理等。同时，将城市更新治理的各项任务分解、量化，形成一套可行的绩效指标作为评定考核地方政府城市更新治理行为的标准。另一方面，中央集权保证了国家对城市空间要素的控制，使中央政府合法化介入城市空间生产。这种合法化首先体现在中央集权通过在城市的网格化管理，将中央政府的意志层层下沉到城市更新基层政府。其次，这种合法化体现在中央政府通过法律规定，将城市土地所有权掌握在国家手中，明确农村土地归集体所有。国家有权变更土地的性质和用途，并对其进行规划、开发和使用。除国家之外的任何单位和个人，如果需要使用土地，必须向国家提出申请。在中央政治集权的统一决策和规划下，城市更新治理从改善城市基本环境卫生和生活条件，到解决住房和偿还基础设施欠债，再到市场机制推动下的增量扩张和存量优化下的布局调整与品质提升，城市实现了从不均衡空间发展到协调性空间发展，创造了城市秩序与活力的内在统一[48]。

从地方政府的分权看，一方面，中央政府的行政分权给予地方政府城市规划、土地征收、项目审查、财政支配等各项权力，地方政府“垄断了分配各种公共资源的决策权”[175]，成为城市更新治理的直接权力主体，可以根据具体情况因地制宜地制定城市空间发展策略和实施办法，灵活处理城市更新相关事宜。另一方面，中央政府的财政分权鼓励地方政府以公开方式引入社会力量的参与，多渠道利用社会资金，建立政府与居民、社会力量改造资金合理共担机制，持续提升金融服务力度和质效。通过对城市空间的再生产和改造经营，加强能够吸引投资的城市基础设施建设，建构城市现代化形象，增强城市竞争力，获取城市空间改造带来的增值。地方行政和财政的分权充分调动了地方政府城市更新改造的积极性，赋予它们一定的城市更新改造裁量权和灵活处理的权力空间，激励它们通过城市的更新改造为城市发展注入新的活力，也为地方财政拓宽收入渠道，增加收入来源。

6.2.2.3 坚持城市更新中地方政府和企业的协同治理

改革开放后，随着我国社会主义市场经济体制的确立和完善，市场在经济发展中的地位和作用日渐凸显，从市场利用到市场发挥基础性作用，再到市场在资源配置中起决定性作用。政府与市场在社会主义市场经济体制中的地位和作用日渐明晰。城市更新治理最终落实在地方政府，地方政府与市场良好的关系就是地方政府与各类企业的关系，体现为地方政府通过宏观调控保障政府对企业主体城市更新治理行为的引导和监管，企业通过市场对资源要素的配置作用优胜劣汰，以公开方式进入城市更新治理体系，协同地方政府完成城市更新治理任务，实现城市高质量发展。

从地方政府来看，一方面，地方政府在城市更新治理中无疑处于权力结构的主导地位。它们掌握着城市规划、更新模式、行政审批、政策制定、方案修订、土地批租等自由裁量权，履行整合各方项目资源，在“一张规划蓝图”下设计建设项目、调整项目计划、统筹项目资金、建立有效治理机制等职能；管辖着地方所属的国有企业，控制、影响非公有制经济承担必要的社会责任。承担着监管市场健康发展的重大职责，主导和引领城市更新治理沿着社会主义市场经济的轨道高质量发展，既发挥市场经济资源配置的高效作用，又确保社会主义市场经济贯彻“社会主义”的基本原则。另一方面，在具体的协同治理中，地方政府要制定城市更新的相关规则和办法，指导本地区城市更新改造治理，审议城市更新重大政策措施和城市更新专项规划，审定城市更新年度实施计划，统筹协调城市更新中的重大问题。同时也要按照国家和各省（自治区、直辖市）关于城市体检的相关规定，围绕城市更新片区范围内生态宜居、健康舒适、风貌特色、多元包容等方面的指标体系，组织开展片区调查评估工作，汇总形成城市调查评估报告，为划定城市更新片区提供重要依据。

从企业主体来看，通过公开、公平、公正的方式参与到城市更新中的企业是推动城市化进程的重要力量。随着社会主义市场经济体制的确立、发展与完善，国内各种市场主体，包括公有制和非公有制经济主体在国家政策和发展战略的引导、影响下积极参与城市空间治理。国有企业在深化改革中发展成为相对独立的市场主体，其城市更新治理参与行为已不再仅仅是为了国家进行资本积累，同时也在追求自我利益的实现。凭借强大的实力、深厚的资质、丰硕的业绩以及充足的人员配备等，它们往往是城市更新改造协同治理不可或缺的协同者。然而，没有任何一家企业能够独自承担城市更新改造的庞大工程，材料的分包、劳务的分包，不可避免引入非公有制经济的参与协同。由此，在城市更新治理的权力结构中，政府不再是配置空间资源的唯一主体，各种不容忽视的企业主体成为政府城市更新治理的“战略合作伙伴”。他们的协同参与所带来的经济绩效既能驱动地方政府为治理业绩而让渡经济资源和行政权力，也约束政府对企业的不当干预，并竭尽所能为企业的空间治理行为提供资源和政策支持。

6.2.2.4 坚持城市更新治理中地方政府和社会主体的协同治理

政府和社会主体的关系是推动城市更新治理体系不断完善的重要变量，具体表现为政府对社会主体的管理，社会对政府的支持和监督，政府和社会通过精诚合作作用于市场机制，协同治理城市空间形态与结构，缔造美好环境与幸福生活。

从政府主体的视角来看，政府无疑在城市更新治理中占有强势主导地位。随着改革开放后“单位制”的解体和社会主义市场经济的发展，政府以全新的方式重构与城市基层社会和个体之间的政治关系，通过权力的延伸、渗透和溶解，决定着社会组织的发展，影响着社会公众的协同参与治理行为。中央政府在整体上规定着地方政府和社会的互动空间，掌握着规则制定的主动权。地方政府掌握着土地利用、城市规划、房地产等市场外部性的权力，承担着供给集体消费品的公共职能，决定着城市更新“留改拆”的具体选择和实施方式，这些都与城市社会主体的日常生活空间密切相关。社区推行网格化管理，业委会代表整个小区业主的利益，反映业主的意愿和要求，居委会对业委会的工作进行指导和监督等。在具体的治理实践中，政府在城市边缘推行城市扩张的郊区化政策，在城市内部推行棚户区改造工程，不断完善城市空间结构，修复城市生态、修补城市功能，保护城市历史文化、塑造城市风貌，推进新型城市基础设施建设，加强城镇老旧小区改造等。从民生视角看，都是为了解决城市发展中的突出问题和短板，解决社会主体关注的城市弊病和环境问题，不断增强人民群众的获得感、幸福感和安全感。

从社会主体的视角来看，城市更新治理中政府与社会主体的协同关系不仅需要政府将治理重心下沉至城市基层社会，将国家力量渗透到新的空间和新的人群，而且也需要政府创新信息传递方式和迅捷回应途径，积极回应城市更新利益相关主体的更新改造诉求，在互动中增强互信，形成共识。通过创新城市更新协同治理机制和提供有效服务，鼓励社会主体实质性地参与治理，通过推动政社联动实现城市更新的共建共治和共享。中国的城市更新在社会主体越来越广泛的参与下愈发显现出“城市是人民的城市”的属性，一方面，社会主体充分利用政府的体制创新和平台建设所提供的机会，主动参与城市更新治理，表达、维护各自的空间利益诉求，争取更大的行动空间和更好的生存空间。另一方面，社会主体不再仅仅满足于国家为其规定的行动范围，而是改变自身发展策略，从依附政府逐渐走向与政府的积极互动合作。

6.3 城市更新治理的机制协同研究

“机制”原本是指机器的构造和工作原理。机械学意义上的机制可以理解为整个机器在运转过程中每个零部件之间互为因果的关系及其运转方式，沿用到其他理论和实践领域，机制则理解为事物各要素之间的一种交互、协调和互动的关系。城市更新治理各主体及其彼此的内在逻辑需要在一种协同治理机制的构建与经营中，通过多种控制参量即要素的“润滑”、沟通和协调作用下，方可实现其 1 +1 >2 的效果，并最终达到城市的健康和可持续发展以及人民美好生活愿望的实现。

6.3.1 城市更新协同治理机制的要素分析

法国学者玛丽－克劳斯·斯莫茨曾概括了公共事务有效治理的四大要素：公民安全得到保障，法律得到尊重，特别是这一切都须通过法治来实现；公共机构正确而公正地管理公共开支，亦即进行有效的行政管理；政治领导人对其行为向人民负责，亦即实行责任制；信息灵通，便于全体公民了解情况，亦即具有政治透明性[176]。中国学者俞可平结合中国公共事务治理变革的内在要求，将这一认知归纳为 10 个要素，即合法性、法治、透明性、责任性、回应、有效性、参与、稳定性、廉洁、公正[177]。运用上述思想，总结我国城市更新治理经验和成果，能够将各参与主体协同在一起的控制参量主要表现为及时回应、有效服务、实质性参、联合行动和全面共享。

6.3.1.1 及时回应

所谓回应，就是对城市更新改造范围内的城市居民的利益诉求和改造愿望，以及治理体系中各参与主体，主要是施工单位和社会群体之间的利益关系问题做出及时、有效的回应。一方面，“公共管理的责任的基本理念之一就是回应。回应意味着政府对民众对于政策变革的接纳和对民众要求做出的反应，并采取积极措施解决问题。”[178]另一方面，政府需要对不同主体在相互利益关系上的博弈动态跟进。作为理性经济人，城市更新改造的各利益群体和参与主体，都如马克思所指出的“人们奋斗所争取的一切，都同他们的利益有关”，城市更新多元主体的利益博弈要么共赢，要么互损。因此，全面跟进和掌握更新改造中施工单位与被改造的居民主体之间的互动博弈，及时做出有效回应，是避免延误城市更新改造工期，提升城市更新改造效率和满意度的重要条件，也是强化政府治理责任的内在要求。

回应是否及时在很大程度上取决于回应选择的路径。“推进新型城市基础设施建设信息化、数字化、智能化，包括政府平台、互联网和智慧物业”等本身就是城市更新治理行动的重要内容，同时也是重构信息的传递方式，打破科层体制的行政等级和部门分割壁垒，提高政府回应迅捷性的最有效路径。一方面，政府可以通过发达的网络信息技术，零距离地面向城市更新改造范围内的利益主体采集其更新意愿和改造诉求，及时、准确、有效地回应对施工管理和服务过程以及施工结果的真实意见，不仅可以极大地增强政府对城市更新治理问题的敏感性，而且使政府采集、掌握的诉求和问题富有真实的情境信息。另一方面，信息技术的使用打破传统城市更新治理在信息收集、信息传递及治理回应上的部门分割，构建部门间快速联动的合作治理机制，重塑行政流程，对民情民意信息的采集、传送、处置全程实施动态管理，实现对建筑施工、民情民意和社会治理的统一指挥、快速反应、协同处置，同时也实现了城市更新治理民意采集与回应由“被动”向“主动”的转变，由“单一”向“协同”的转变，有效地提高了城市更新治理的回应性。

6.3.1.2 有效服务

社会主义市场经济条件下政府的核心作用与职能之一就是服务，服务也是政府实现各项治理目标的基本路径。党的十八届五中全会明确提出要坚持共享发展，增加公共服务供给，增强政府职责，提高公共服务共建能力和共享水平。在多元主体协同参与的城市更新治理中，政府服务者的角色不仅是对社会居民承担着服务的责任，也是施工单位如期保质完成施工项目的服务者。政府的服务职责从满足居民城市更新合理的基本诉求，回应施工单位对施工过程中确保工程顺利推进的各项合理诉求，扩展到如何通过创新服务供给方式，实现对协同治理体系中各参与主体人性化和法治化、品质化的服务供给。

成功的治理创新实践往往都离不开将服务意识贯穿始终。以服务理念最大限度满足城市更新各利益主体多样化的服务需求，最大的实践亮点首先在于政府科学打造城市更新的协同治理体制。就城市更新治理来说，体制的创新意义在于可以规范设计、施工、监理等建设主体的建设行为，避免在具体问题上因规则不划一而导致的时间和财力等诸方面的浪费和延误，同时也可以规范居民主体的监督行为，科学监管、有效投诉。按照科斯的观点，体制创新的动力在于需求，即体制的创新是在创新收益超过创新所需成本时产生的。当新的体制所能提供的边际收益等于旧体制所需付出的边际成本时，体制创新就会暂时停止，体制结构就达到了某种均衡。城市更新中政府对治理体制的创新达到均衡态时，将大大降低多元主体协同治理的“组织成本”和“服从成本”，即降低协同治理主体之间为达到共同目标而发生的交流、谈判、监督等各种成本，以及他们为实现个人利益目标所投入的货币、时间和各种其他社会资源。

其次，是政府服务职能的下沉。治理重心下沉是推进国家治理体系和治理能力现代化的重要方向。2019 年，习近平总书记提出“要推动城市治理的重心和配套资源向街道社区下沉，聚焦基层党建、城市管理、社区治理和公共服务等主责主业，整合审批、服务、执法等方面力量，面向区域内群众开展服务”[179]。城市更新中政府服务职能的下沉，就是要遵循“政府主导，政企分开，政资分开，放管结合，市场运作”的原则，一方面，放手让专业的国有城市建设公司负责协调规划、建设等各相关部门，统一处理设计、监理和施工单位等关于城市更新治理的具体事宜，减少政府过度干预。另一方面，安排街道办事处、社区等组织负责居民主体的协同参与。在建设公司和基层政府的亲力亲为和面对面的交流互动中释放政府服务社会、服务市场的温度，提升政府协同治理的效度。

6.3.1.3 实质参与

协同治理的最终目的是在参与治理和协同合作的过程中，政府、企业、社会组织和居民等多元主体基于共同的认知、共同的价值观，或存在矛盾冲突，通过理性、充分、制度化的交流沟通，互相倾听和妥协，平衡各种观点和利益，最终解决问题和冲突，实现对公共事务的治理。多元主体的协同参与要求遵循平等的地位、民主的对话、良好的沟通、包容的立场、充分的表达等原则。参与也为强化共享动机、提升共同行动能力创造了条件。

城市更新的协同治理中多元主体的实质性参与尤为重要。一方面，由于地方政府作为行政权力机关，而具有超越于其他城市更新治理主体之上的治理力量，后者处于相对弱势一方。在这种情况下，政府需要真正尊重市场对资源的配置作用，让企业在优胜劣汰中凭借实力在城市更新治理中占得一席之地，在亲清的政商关系中实现实质性的参与和最大化的利益，切实加强与社会组织和居民等主体的沟通交流，聆听居民的诉求和建议，让社会组织和居民群体的意见、建议成为进行决策、规划和实施的重要参考。另一方面，城市更新协同治理主体的身份具有一定的复杂性。不论是政府、企业还是社会组织和居民，他们既是城市更新的治理主体，也是城市更新的利益主体，作为治理主体，他们的实质性参与无疑可以形成合力推动城市更新治理目标的实现。作为利益主体，他们对各自利益最大化的理性追求其实也正是城市更新的根本动力，各主体通过竞争、博弈而逐渐形成彼此间协同有序、可持续运作所需要的治理语境和结构，产生前所未有的能力和力量，使整个治理体系能够最大限度地维护和增进公共利益。

6.3.1.4 联合行动

多元主体联合行动可以产生主体单独行动所无法达到的治理效果。能否实现联合行动以及如何实现联合行动归根到底在于地方政府的领导能力、协调能力和组织能力以及运筹帷幄的能力。城市更新治理的联合行动，一方面，要借助某种组织整合和技术整合机制，统筹运用各个主体所掌握的优势资源，克服单一主体在应对如此巨大的民生工程和建设工程中所面对的资源匮乏等各种困境。另一方面，要通过重塑行政流程，打破政府城市更新各协同部门乃至企业专业化管理的碎片化局面，形成统筹协调的治理优势。

具体来说，城市更新的联合行动，第一，要立足党组织的动员力、向心力和凝聚力，建立城市中各区一级政府城市更新指挥部、国有城市建设公司、工商联党建联席会议制度，作为城市更新治理的协商、协调和协作载体，探索和完善基层政府、国有企业和非公有制经济党组织之间共商共建、统筹共建的互动机制，实施双向管理，开展双向服务，做城市更新协同治理的引擎。第二，整合党的资源、行政资源和社会资源，建立资源共享体系。实现城市更新治理的企事业单位现有相关的党建、行政等各方面政策文件精神和建设指导意见，以及企业的设计、监理和施工进展情况、问题困难与解决方案的信息反馈，并将共享信息资源向各类组织和居民开放。第三，建立组织联动制度，充分发挥各类组织的优势，形成统筹运作的合力。如在当前各大城市正在进行的城镇老旧小区改造中，面对政府的改造方案设计不能满足居民的诉求，某些行会组织可以利用自身的专业优势向社会释疑“哪些能改，哪些不能改，为什么不能改”。同时，业委会可以利用身份优势，协助做好居民的思想工作。第四，还要建立难题共解制度。建立信息沟通和问题协调机制，充分发挥各级各部门党组织的协调引领作用，分析问题根源，在做好各自部门、机构、组织或群体工作的同时，合力破解难题，化解矛盾。第五，要善于利用各种技术平台和网络信息技术，通过指令信息传递方式的变革，重塑行政流程，打破部门壁垒，有效解决主体之间的责任识别问题，这将有助于全面提升城市更新协同治理的联动成效。

6.3.1.5 全面共享

共享是实现协同治理的必要前提和价值旨归。所谓全面共享，指的是城市更新从一开始的治理动机，到治理过程中的治理机制，以及治理所追求的目标旨归都内含着共享的要义。全面共享不仅是资源、机会的共享，也是利益、成果的共享。

全面共享表现为一种动机的共享。受经济社会的日益发展、技术手段的普及渗透和社会主体的预期变化等因素影响，城市更新呈现需求多元化、分工复杂化、技术专业化、投资规模化的发展趋势，单纯依靠政府已难以满足这种变化的需要。为了能够达到预期的改造目的，必须有其他主体的参与和协助，企业、社会组织、产权单位和居民等主体是政府职能的有益补充，如企业更加专业、更加灵活，社会组织更加公益，产权单位更了解需求、更加权威，居民更加多元、交往更为广泛等。因此，政府从改造方案开始，就应基于联合多元主体协同治理的动机和愿望进行设计，这种动机最突出的表现就是共享。其次，共享动机需要共享机制来实现。共享机制的构建既是政府健康服务的体现，也是城市更新改造健康、可持续治理的重要保证。在共享机制的约束下，一方面政府主体需要将国家的更新改造指导意见、补偿安置、财政经费补贴等政策及时与其他社会主体分享，将企业的投标、竞标和中标程序与结果，社会群体的更新改造意愿和诉求以及政府做出的回应等各种信息积极公开公示。企业需要将工程进展情况、工程遇到的问题以及工程所用建筑材料的质量保证单等对政府和社会作必要的分享和说明，增加城市更新改造治理规划和实施等各个环节的透明度。在坦诚中增进理解，在互动中加强信任。另一方面，共享机制不仅保障信息的共享，同时也是城市更新治理成果共享的保障。参与治理的企业和社会主体获得在经济利益上的补偿是最基本的共享，而参与城市更新治理方案的调整制定，参与对更新改造全过程、全要素合理合法的监督，以维护个人与群体的正当权益，也是中国特色社会主义制度下民主政治权利和机会的共享。

及时回应、有效服务、实质参与、联合行动、全面共享这五大核心要素与城市更新治理主体一起，共同构成了一个具有内在逻辑性的城市治理体系。“回应”意味着政府通过各种有效的互动性的信息和渠道，以及网络管理平台，对其他主体的需求做出迅捷的反应，体现的是城市政府致力于实现“美好环境与幸福生活共同缔造”的强烈意愿。“服务”意味着政府致力于创新公共服务供给方式，实现公共服务的秩序化、人性化、品质化，体现的是寓管理于服务之中的治理理念。“参与”意味着顺应治理民主发展潮流，主动将企业、社会和居民的参与热情导入城市治理创新过程中来，体现的是“城市是人民的城市”，城市居民做城市主人和城市治理主体的地位。“联动”意味着通过组织创新和技术创新，有效整合城市更新治理资源，实现城市治理流程的再造，体现的是实现城市更新有效治理的创新主旨。“共享”意味着城市治理创新必须立足于“包容式发展”，始终坚持以人为本的理念，体现的是城市善治的创新。

6.3.2 城市更新协同治理机制的构建

及时回应、有效服务、实质参与、联合行动、全面共享是城市更新治理体系具有现实针对性和前瞻性的核心要素，它们赋予了城市更新协同治理体系一整套独特而又有效的运行机制，从而形成了城市更新改造协同治理的有效保障。

6.3.2.1 党政统合：城市更新治理机制的组织核心

党政统合就是以党委和政府为核心，以基层问题为导向，以层级动员为动力，通过纵向与横向两种方式的运行将各种资源要素统合到一起形成的一种动态良性运转的基层治理体系[180]。党政统合体现的是我国城市更新治理创新的历史延续性和务实性，表明这种创新实践不是一种自下而上的自发性过程，其目的也不是脱离城市更新的实际去建构某种全新的城市更新治理体系，而是始终贯穿着自上而下的运行逻辑。

（1）以“党政统合”为组织核心的历史应然性

党的十八大以来，尤其是十八届三中全会通过《中共中央关于全面深化改革若干重大问题的决定》以来，“推进国家治理体系和治理能力现代化”成为新时期深化改革、推进国家现代化进程的关键举措。党的十九大报告指出，加强社会治理制度建设，完善党委领导、政府负责、社会协同、公众参与、法治保障的社会治理体制，提高社会治理社会化、法治化、智能化、专业化水平。为我国加强社会治理工作提供了根本遵循和科学指南。党政军民学，东西南北中，党是领导一切的。党的十九届六中全会在总结一百年来党领导人民进行伟大奋斗所积累的宝贵历史经验中，第一条经验就是“坚持党的领导”。

中国共产党自建党之日起，就以马克思主义理论的科学性将怀有共同理想信念和精神追求的进步分子凝聚在一起，与受压迫的人民群众站在一起，矢志不渝地为人民服务，用共产主义的幸福图景向广大劳苦大众展示共产党人的奋斗目标；同时，在艰难困苦的实践中，“在人民群众中赢取坚固无尽的信赖”，逐渐形成了中国共产党在道义上至高无上的威信。新中国成立后，中国共产党在中国城市更新的演进过程中以党的威信凝心聚力，在一穷二白的社会主义革命和建设时期，以“先生产、后生活”的城市建设理念，保障了工业生产建设的发展，奠定了社会主义现代化的物质基础，也为改革开放后中国工业综合配套能力的提升和建设现代化强国创造了条件。改革开放后，中国共产党顺应中国经济形势的发展需要和城市住房、土地制度等各项改革的需要，以城市发展促进经济发展和现代化建设，以城乡统筹促进缩小城乡差距。进入新时代，中国共产党一方面一如既往地“以无产阶级感情体会一切劳动者的心理”，用道义的威信将一切社会力量，包括各种性质的企业、各种类别的社会组织以及人民群众等凝聚在党的周围，走中国特色社会主义道路。致富思源，富而思进，让“人民对美好生活的向往就是我们的奋斗目标”的誓言和城市更新发展战略的行动纲领在城市更新各主体中产生更高的号召力和认可度；另一方面，用党的权力威信为党的道义威信的巩固和提升提供权力保障、奠定政治基础，约束城市更新改造中企业主体的治理行为，使他们服从各项法律法规和城市更新的程序规则，以党的旗帜为旗帜，以党的方向为方向，以党的意志为意志，用专业的资质诚信经营，为城市更新提供安全可靠的原材料，保证城市更新项目顺利完工，也保证更新项目带给城市居民最大的获得感、幸福感、安全感。同时，以“党建引领＋居民自治”，充分调动和激发社会主体参与城市更新治理的积极性，拓宽参与路径，提升参与质效。

地方政府作为中央政府大政方针的执行机关，承担着按照党和国家决策部署推动经济社会发展、管理社会事务、服务人民群众的重大职责，是实现党与人民密切联系的重要枢纽和代表社会施政的核心主体，也是党的道义威信的维护者。从新中国成立后城市更新治理的政府一元决断，到改革开放后的政府主导型城市更新，再到今天的政府主导、多元共治，各地方政府在中央政府的统一部署下，结合本地区的发展需要和发展前景，利用所掌握的丰富资源和政府角色的权威，对城市更新做出主观的理性设计与规划。在执行国家城市更新治理的政治决策、部署本地区的城市更新治理具体工作过程中，始终以国家大政方针为指南，以满足居民需要和本地发展实际为出发点，站在与各协同主体直接打交道的“排头兵”位置，总揽全局，协调各方、凝心聚力。不仅把城市更新改造看作市容市貌的外在改变，还把它看作城市文化底蕴与现代化品质的内涵提升，看作对政府治理能力的检验。不仅把企业看作工程建筑原材料供给者和工程承建者，还把他们看作工程质量和城市安全与进步的保障者和受益者。不仅把社会组织和居民看作城市更新治理的受益者，还把他们看作是城市高质量发展的推动者和历史的创造者。创新城市更新治理体系，构建城市更新治理机制，用政府“振臂一挥、一呼百应”的凝聚力和向心力，广泛吸纳社会力量协同推进城市更新改造治理，取得了城市从内城零星改造到商业开发，再到现在的存量更新改造的一个又一个显著成就。

(2)“党政统合”的作用机制

“在任何一个规模较大的群体中，人们之间的合作都始终是以自生自发的秩序和可以建构的组织为基础的。毋庸置疑，对于诸多内容明确的任务来说，组织乃是促使我们进行有效合作的最有力量的手段。”[172]党政统合作为城市更新改造协同治理的组织核心，其基本功能和目标在于构架一个协同的治理体系，在充分把握体系中各要素和子系统各自的独立性和独立的运动规律的基础上，致力于探寻最恰当的方法策略以实现这些要素和子系统的某种平衡，从而将市场自觉性策略和社会自治性策略中的自生自发秩序的积极功用发挥到极致，并实现政府主导型策略中的创制秩序与之相协调的局面。

党政统合构架城市更新改造协同治理体系，首先，要把握城市更新改造治理体系的命脉，实现优势资源互补。城市更新治理体系的命脉在于政策制度。在政策制度的规范和约束下，城市主体和资源要素相互协调，共同作用，维持着城市治理结构稳定而有序的秩序。当“改造”为原有的秩序注入新的能量，就必然要求有为“改造”而量身打造的政策制度来对城市改造的资源要素进行整合和优化配置。“党政”作为我国城市更新治理的主导者，需要展现党的道义威信和权力威信，通过回应、服务、联动、共享等各种机制的建设，形成政府的权力优势、企业的资金优势和专业优势以及产权单位与居民的社会资本优势资源之间的互补，鼓励、约束各主体内部以及各主体之间形成对立统一的关系，经过竞争、合作、调节等，从而形成协同发展的动力，并最终达到改造治理 1 + 1 > 2 的效果。

其次，需要把握城市更新改造治理的开放性价值追求，在信息互动中共建共治共享。城市更新改造治理体系不论是作为城市治理的微观要素或者子系统，还是作为一个由多个微观要素和子系统构成的独立运行体系，都必须保持与外界的联系，通过各种物质的、非物质的、有形的、无形的能量与信息的交换，才能展现其冉冉生机，不断使系统朝着有序的方向发展。在我国城市更新改造治理中，党委和政府掌握着一切与城市更新改造相关的决策信息和战略部署，对区域内土地存储、待盘活存量和城市经济未来发展走向等运筹帷幄，他们可以在自上而下的宣传动员中将城市更新改造的宏观决策、中观规划和微观设计的“前生来世”以多种渠道形成并向其他参与主体辐射，通过信息共享提高各参与主体对改造背景、改造意义的认识，争取各主体的认同、支持。同时，通过征求、反馈、回应等序参量作用，自下而上地了解以社会公众为主体的各参与主体的利益诉求，在对治理体系各子系统的信息整体把握中，调整、完善改造方案，最终达到政府、企业、群众多方共赢的结果。

6.3.2.2 多元参与：城市更新协同治理机制的结构

（1）多元主体协同治理的时代应然性

自改革开放以来，我国城市空间形态和结构变迁的深刻性前所未有。在社会主义市场经济的逐步成熟和完善以及城市化与工业化的变革进程中，不论是社会个体的生活方式、思维方式和价值理念，还是社会交往的规则系统，不论是社会组织的行为逻辑，还是各级政府从管理到治理的角色定位，都在经历着一场历史性的嬗变。社会结构的大转型与社会生活运行机理的大变迁，既给中国文明秩序的演进注入了前所未有的生机与活力，也使形成并发展于计划经济时期的政府决断型更新治理面临着巨大的挑战。

从政府视角来看，一方面，政府需要放权于市场对资源配置起决定性作用。改革开放以来，尤其是党的十八大以来，在“法无授权不可为”的权力清单下，政府自上而下的行政干预空间越来越小，治理方式显现出对自下而上市场调节作用的渴望。健全成熟、规范的市场经济体制，充分激发市场的活力，都迫切需要政府放权于市场，充分发挥市场主体和市场机制在社会治理中不可替代的作用。另一方面，当前城市更新改造的特殊性和复杂性要求政府必须要吸纳更多的主体参与到城市更新改造治理中来。一是因为城市更新改造资金需求巨大，地方财政负担沉重，尤其是2020年以来受新冠肺炎疫情影响各地方财政愈显吃紧。而且城市更新行动中的个别任务目标，如城镇老旧小区改造获益的是特定群体，单纯依靠政府以税收为主要来源的财政补贴会造成对其他公共服务水平的下降和社会的不公。二是因为社会利益结构的不断分化，各级政府难以以全民利益或公共利益的天然代表身份，整合、凝聚社会各阶层的意志，于是迫切需要建立健全社会生活规则系统，尊重和保障不同利益主体在法律制度的框架内追求自身的合法权益。

而从不同的利益群体视角看，由于社会分化导致原有的组织依附关系发生巨大变化，部分群体从原有社会组织体系中解体出来，而不再依托传统的单位体制及行政化的社会组织网络控制机制来维护自身利益，但由此带来的对社会的疏离感又促使他们以地缘关系、地方文化或地方利益为纽带重构新的社会网络。还有一些群体虽然依存于原有的传统社会组织，但在社会经济发展的推动下，这些组织也在不断演变和细分。不论以任何一种方式依附于任何一种组织，在与市场主体和与政府主体的空间形态与结构的利益博弈中，他们往往会形成某一类利益群体的合力，增强了实现群体集体诉求的可能性。社会资源的分散化、社会成员的再组织化和社会组织自主行为能力的提升，改变了传统的政府对资源的垄断和决断型权力运用治理方式，尤其是随着个体成为具有自主意志的行为主体，政府与社会个体和组织的关系不再是传统的命令服从关系，而是嵌入了大量横向的契约性关系和博弈行为，政府再也无法像以往那样通过垄断社会资源而直接向个体发号施令。这些变化汇集在一起，共同反映出的一个核心问题就是城市更新改造治理必须适应新的形势发展需要，构建以“党政统合”为核心的多元主体协同治理结构，实现治理方式的协同化和多样化。

（2）多元主体参与治理的协同机制

首先，架构多元主体协同治理的组织体系。城市更新治理体系是一个开放的治理结构，党政统合的治理核心需要在能量发散中构建起完整的治理体系。多元主体在政府协调、安排和指导下，通过合作、监督等多种形式形成城市更新改造治理的组织框架（见图6-1）。

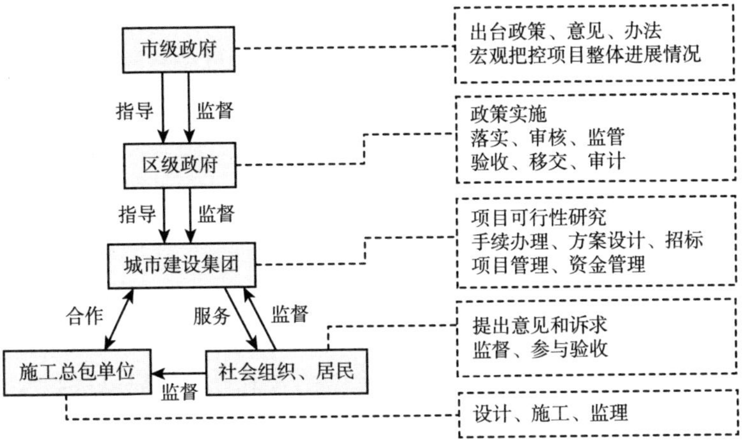

图 6-1　城市更新协同治理机制的组织再造示意图

资料来源：根据访谈内容整理得出。

按照中央关于深化机构改革和行政体制改革所要求的简政放权，推进政事分开、事企分开和管办分离的要求，遵循“政府主导，政企分开，政资分开，放管结合，市场运作”的原则，政府主要承担引导、监督和管理的主体职能。其中，市级政府主管部门主要负责：贯彻落实国家城市更新改造政策；因地制宜出台本市的城市更新改造意见与办法；宏观上把控全市改造项目的审批、规模、结构、实施时序等。区级政府相关部门主要承担：政策的实施；年度计划的落实，更新改造项目的可行性审核，监管具体项目的质量、进度，验收、移交、审计等工作。国有城市建设集团全权负责城市更新改造项目的管理与实施，具体内容涉及：项目可行性研究，审批手续的办理；改造方案设计；施工、监理单位的招标；施工进度、质量、安全管理；项目资金的落实、审核和支付等具体事宜。而具体项目的设计、监理与施工单位则由国有城市建设集团通过招标方式择优吸纳，中标总包单位按照中央、省、市相关政策，其主要职责在于组织设计、施工，保障施工进度、质量、安全，将先进的管理理念和管理制度引入城市更新改造治理，优化工作流程，提高工作效率，降低改造成本。这一主体从入场到离场，其参与行为事关“亲清”政商关系的构建，事关整个改造工程的质量和效果，也事关社会主体的满意度、幸福感、获得感和安全感，尤其需要与治理体系中的其他子系统或者说其他主体保持信息互通，接受政府、国有城市建设集团以及社会组织和居民的监督。社会组织和居民不仅是城市更新改造的监督者，也是改造方案的“设计者”和工程质量的“验收者”，通过在前期对改造方案提出具体意见，干预改造项目的安排设计，通过后期对工程质量的满意度打分，确保改造项目居民满意、政府满意。

其次，确立多元主体协同治理利益共享保障机制。正如前面所讲，每一个参与城市更新协同治理的主体都有各自的利益诉求，因此，构建多元主体的协同治理机制，最根本的就是要考虑和平衡每一个治理主体的利益诉求。对于企业和施工单位来讲，其最大的利益诉求在于拓宽业务经营范围和收益，并通过和政府合作，有效控制投融资风险与融资成本；对于利益相关的社会群体来讲，则希望全程参与城市更新改造治理，保证个人所在群体的知情权、表达权和参与权，争取最大的安置补偿收益，改善自身居住条件以及获取长远的自我发展机会。而就政府来说，减轻政府财政及融资的压力，利用企业高效、专业的管理提高城市更新改造的质效，增强社会公众在城市更新改造治理中的幸福感、获得感和安全感，提升政府公信力和执政满意度，是其最大的利益追求。从这个意义上讲，确立多元主体利益共享的保障机制，采取保障各利益主体的切实行动是政府利益最大化的应有之意，也是保障企业、产权单位和社会公众等其他主体利益诉求的必然要求。其具体内容为：放权国有城市建设公司，尊重市场竞争机制，建立企业＋施工单位的服务供给联盟，认真对待和妥善处理社会公众所表达的对改造项目的诉求，通过平等的沟通、协商和谈判，形成多方风险共担、利益共享的协同治理均衡状态。

最后，优化多元主体协同治理的运作机制。不同历史发展阶段城市更新改造的目标任务有所不同，然而，任何形式的城市更新改造治理，其项目运作都必须经历四个阶段，分别是前期准备阶段、前期阶段、施工阶段和后期管理阶段（见图6－2）。协同治理主体根据自身利益诉求、承担职能不同，参与治理的阶段和方式也有所不同。在项目的前期准备阶段，根据国家、省、市相关改造政策，市级部门出具指导性意见，明确改造目标、划定改造范围、确定改造总体计划。区级部门（住建局、街办等）筛选改造范围，政策宣传、民意调查，提出年度改造计划，报请市级部门研究后确定，并明确改造主体。在项目的前期阶段，城建集团前期调研出具可行性研究报告，项目立项申请，出具改造方案，招标确定施工、监理、设计总承包单位。区级部门对改造方案征集群众意见，城建集团按照群众意见修改改造方案，组织专家评审。项目实施阶段，区政府相关部门及群众全程监督。城建集团办理相关手续，对总包单位进度、质量、安全等全过程管理，资金拨付。总包单位具体施工。后期管理阶段，区政府相关部门（住建局、街办）组织验收、移交，做好后期管理（街办、社区、物业公司)。在城市更新改造的整个过程中，市级政府始终对项目的运行进行跟踪指导和监督，必要时给予合理的政策扶持和资金补贴，确保城市更新改造的目标任务能够按时完成。

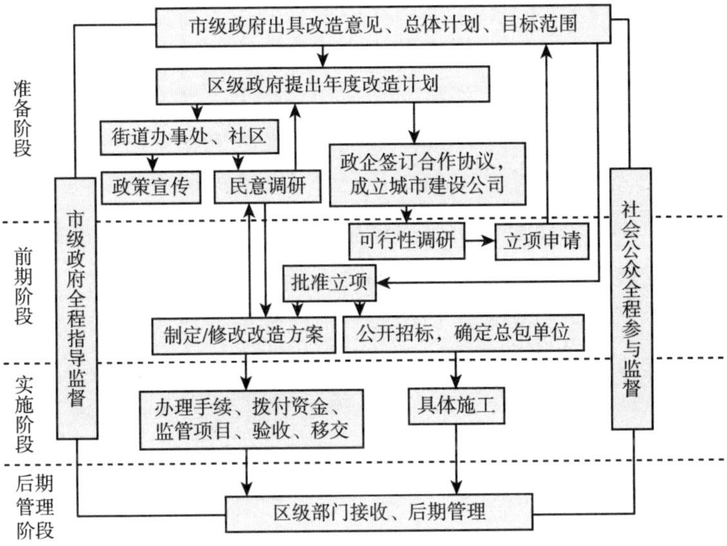

图 6－2　优化多元主体协同治理的运作示意图

资料来源：参考朱德米，高霞. 旧城改造协同治理机制研究——以上海为例［J］. 北京理工大学学报，2018（03），结合实际访谈内容整理得出。

6.3.2.3　整合联动：城市更新协同治理的运行逻辑

多元主体构成的城市更新治理组织体系，为城市的更新改造提供了强劲的人力、物力、财力和政策等多方面的支撑与保证。然而，众所周知，城市更新改造是一项巨大的民生工程和建设工程，任何主体或主体成员的缺位或越权都难以确保项目改造的顺利完工，尤其是在这样一个庞大工程中，任何突发事件都有可能会牵涉更多的相关部门介入。如西安市某区城中村拆迁安置改造项目，由于居民装修时违规包装天然气管道存在安全隐患，天然气公司和区管委会与社区居民协调无果后基于安全考虑被迫延缓供气长达半年之久，直至整改完成，消除隐患后才重新供气。但管委会却遭村委会以“未按照合同规定时间供气”为由投诉，最终以赔款 1000 余万元了结此事，造成国家经济利益受损。2021 年，西安市某背街小巷改造，由于天然气公司与施工单位之间信息不对等，导致天然气管道支管挖断，天然气泄漏，险酿大祸。区政府安监局追责和处罚施工单位，造成施工单位的经济利益受损。拆除违章建筑是老旧小区改造的重要内容，西安市某老旧小区改造时，由于家委会与自然资源和规划局之间层级不对等、协调不到位，导致违建难拆，延误工期并造成法律纠纷。可见，城市更新的治理必然是在不同主体的协同联动中实现的，不同主体职能交叉，在各自为政中必然会造成职责不明，相互扯皮，尤其会造成彼此的利益损失。因此，如何在不改变体制和组织框架的前提下，建立跨部门、跨界的联动机制，成为提升整个城市更新治理质效的应然选择和必由之路。

（1）创新组织整合方式，构建非实体化的主体联动机制

所谓非实体化的主体联动机制，就是保持原有的体制和组织框架，构建不同部门、不同层级和不同主体之间的联动机制。

在区一级层面，可以根据城市更新治理面临的突出问题，设立专项问题联席会议组，如综合保障组（负责宣传组织、法务纠纷、组织区级部门召集会议、政策文件上传下达等）、工程施工监管组、手续办理协调组、居民投诉接待组（群众反映各类问题较多，为及时处理、反馈，故此设立）、水电气暖协调组，负责协调解决难以明确具体责任主体或相关职责部门的疑难问题。在街道一级成立城市更新工作协调专班，由街道办事处、城市建设集团、产权单位和工程总包组成，其中，城市建设集团是由区政府指定的区内城市更新改造的建设主体，产权单位是所改造区域的土地及地面建筑等附属物的产权所属单位，工程总包单位是通过招投标后中标成为项目改造的施工主体。这一层级的组织整合是关键枢纽。在社区一级成立城市更新工作协调小组，对应上级工作协调专班的组织构成，协调小组由街道办事处代表（可由街办指定，代表和负责一个或几个社区）、居民代表、施工总包单位现场负责人和建设单位施工现场管理员组成，是组织整合的最基本的细胞单位。通常情况下，现场问题可以直接向协调小组反映汇报，协调小组的工作职责除了要及时对现场问题做出回应和处理，对无法自行解决的问题及时上报，还要监督施工安全、质量、进度，主动发现和排查问题，防患于未然。

（2）创新技术整合方式，重塑城市更新治理流程

所谓技术整合就是要充分利用网络信息技术，建立覆盖各职能部门的统一界面，建立城市更新治理综合信息平台和指挥调度平台，通过创新治理信息和指令信息在部门之间的流转方式，重塑治理流程，建立部门之间的合作治理机制以及无可推诿的刚性责任机制。其整个运作流程大致可分为信息报送、研判处理、派单处理和评价反馈四个环节。在这个治理流程中，项目现场的各种问

题在协调小组无法解决时，将通过网络信息系统报送上级协调专班解决，通常大部分的问题都是由这一层级的主管领导协调并得到处理，施工问题由总包负责进行处理，居民诉求由四方“会诊开方”拿出最佳解决方案。面对该层级无法解决的问题再通过网络信息系统上报区指挥部。

区指挥部安排专门人员对事件性质和区属部门职责进行匹配，判定对应的职责部门，并通过系统派单，发出处置的指令。当指定的职能部门发现指令非自身职责权限或本部门难以办理，则通过系统给出充分理由并提出退办申请，指挥部研究认可后，将指令信息转至下一个职责匹配部门，直至找到合适的责任主体。涉及多个职能部门，且指挥部能够确认关联部门的事务，则由指挥部确定事物的主办单位和协办单位，进行派单。涉及多个职能部门的，则指挥部向多个部门发出指令。更为复杂的情况发生在指令信息流转多次均被职能部门退回的时候，这通常正是常规的城市管理出现部门推诿的情况。在没有部门愿意接下派单，并都提供了充分的理由，同时指挥中心也确认存在职责边界的盲区时，相关事务提交联席会议组，由各联席会议组负责协调成员单位合力处置。联席会议组还不能解决的事务可向上一级主管部门反映。如上文中所提到的小区违章建筑拆除问题，拆除违建本身就是老旧小区改造的项目之一，直接主体责任人是家委会和施工单位。家委会在依据相关政策规定拆除违建，却不能得到业主认同时，需由自然资源和规划局评估并证明该建筑为违建，再作进一步处理。但是自然资源和规划局以该建筑为 2008 年以前修建，不适用于《中华人民共和国城乡规划法》为其定性而拒绝证明这一实质性的违建为违建。这一问题既非现场协调小组所能解决，也非协调专班所能解决。在此情况下，则可通过信息系统上报区指挥部，按照上述流程解决问题。

在评价反馈环节，可成立区纪委牵头，区监察局和区指挥部共同组成的督导考核小组，对不同层级所组成的网格和职能部门进行评价，指挥部通过信息技术平台对信息处置过程和结果进行跟踪评价。事务办结后，由平台业务人员回访群众填写，对整个处理流程、办事效率和结果进行评价打分。

多元联动效果的重要保障是以技术手段为支撑的刚性化的责任机制。网络信息系统中所有的信息流转以及各层级、各主体和各部门处理情况的动态信息都会实时留痕，相关责任人反应过慢或办事不力，都会被管理平台给予警告，区督导考核小组也会对其点名批评。区委区政府领导可以从终端提取相关管理数据，随时掌握和了解相关主体的运作情况，并以此作为绩效考核的重要依据。与此同时，协调小组也可以通过回访接受服务的相关居民对问题解决各环节打分，以此了解相关环节责任主体的服务满意度。这种内部考核和外部考核、自上而下与自下而上评价的有机统一，可以有效促使相关责任主体对问题做出快速反应。由于各层级主体及责任人接收和回应派单指令的所有信息，包括接单及处置的所有时间信息，以及提出的退单理由等，都会实时留痕，并在系统内部公开，这种治理流程实际上构建了一种透明化和刚性化的责任倒逼机制，促使各层级主体及责任人必须努力避免随意退单，拒绝履行自己的职责，并对职责范围内的事务做出快速的反应。

(3) 推动社区（会）自组织成长，拓宽民情民意表达渠道。

整合联动需要各主体在有效机制的作用下相向而行、汇聚合力、发散作用。网格化的管理推动了城市更新治理权力重心的下沉和精细化管理，增进了政府、街道社区和建设单位以及居民之间的互动互信，但它不应以“网格内的协同行政化”而影响和制约社区（会）自组织秩序的成长，而是要致力于推进治理结构的开放化和治理方式的民主化来打造多元主体跨界协同的有效载体，一方面能够促进社情民意、信息的及时收集和有效传达，协助党和政府科学决策和精准施策；另一方面，可以通过多方参与和协商沟通，有效激发居民的民主参与热情与创新激情，成为推进城市更新治理方式创新、实现以民主促民生的有效载体。西安市莲湖区环西街道铁塔寺 63 号院在老旧小区改造中，居民自发推举代表提出改造建议，将违章建筑拆除后的空地建起一座“莲心亭”，既体现了它是莲湖区的“莲心亭”，又体现了它是党和政府连接老百姓的“连心亭”。最为关键的是在这个改造过程中，围绕建亭、取名，小区自发形成了社区自组织“亭子板凳会”，不仅在小区改造过程中，而且在小区改造后的维护与管理中成为配合家委会、物业以及社区工作的有力助手，也成为为小区各项管理事务建言献策、提升服务质量的重要力量。社区（会）自组织的协商运作，以尊重各方意见和利益为基础，强调横向合作与互动，在自愿平等参与中，各方拥有基本平衡的话语权，在公开对话和信息沟通与协商中求同存异，在矛盾分歧化解中寻求均衡，实现各参与主体意见与利益的有机整合。

参考文献

[1] 朱德米，高霞．旧城改造协同治理机制研究——以上海为例［J］．北京理工大学学报（社会科学版），2018（03）：58－66.

[2] 中华人民共和国国民经济和社会发展第十四个五年规划和2035年远景目标纲要［Z］．北京：人民出版社，2021.

[3]（美）托马斯·库恩．科学革命的结构［M］．金吾伦，胡新和译．北京：北京大学出版社，2003.

[4] 钟哲．地方政府治理现代化：产生缘由、内涵特征与实现机制［J］．广西社会科学，2015（07）：141－146.

[5]（法）让·雅克·卢梭．社会契约论［M］．庞珊珊译．北京：光明日报出版社，2009.

[6]（美）E. 博登海默．法理学：法哲学及其方法［M］．邓正来译．北京：华夏出版社，1987.

[7]（英）弗利德利希·冯·哈耶克．法律、立法与自由（第二、三卷）［M］．北京：中国大百科全书出版社，2000.

[8] 马晓颖．当代西方社群主义的公共利益思想［J］．常州大学学报（社会科学版），2015（02）17－21.

[9]（英）亚当·斯密．国民财富的性质和原因的研究（上卷）［M］．郭大力，王亚南译．北京：商务印书馆，2008.

[10] 陈新民．德国公法学理论基础（上册）［M］．济南：山东人民出版社，2001.

[11] 任剑涛，王炜．政府与公共利益：代表还是代替［J］．学术研究，2007（10）：50－53.

[12]（美）埃莉诺·奥斯特罗姆．制度激励与可持续发展［M］．陈幽泓等译．上海：上海三联书店，2000.

[13] 杨立春. 公共利益论——基于我国公共产品提供的视角分析 [D]. 复旦大学, 2011.

[14] 王如渊. 西方国家城市更新研究综述 [J]. 西华师范大学学报 (哲社版), 2004 (02): 1-6.

[15] Deman, S. The Real Estate Takeover: Application of Grossman and Hart Theory [J]. International Review of Financial Analysis, 2000, 9 (2): 175-195.

[16] 方可, 章岩. 简. 雅各布斯关于城市多样性的思想及其对旧城更新的启示 [J]. 城市问题, 1998 (03): 3-5.

[17] (美) 刘易斯·芒福德. 城市发展史: 起源、演变和前景 [M]. 宋俊岭, 倪文彦译. 北京: 中国建筑工业出版社, 1989.

[18] Schumacher, E. F. Small is Beautiful: Economics as if People Matters [M]. New York: Harper and Row. England and Wales. Croom Helm, London, 1973.

[19] Kupke, V. Interpreting Townscape as a Means of Conservation in the Built Environment: a South Australian Case Study [J]. Urban Design International. 1997, 17 (2): 73-79.

[20] 吴良镛. 芒福德的学术思想及其对人居环境学建设的启示 [J]. 城市规划, 1996 (01): 48+35-41.

[21] Couch, C., & Dennemann, A. Urban regeneration and sustainable development in Britain: The example of the Liverpool Ropewalks Partnership [J]. Cities, 2000, 17 (2): 137-147.

[22] Treu, M. C. Urban conditions impacting on the perception of security. A few Italian case studies [J]. City Territory & Architecture, 2016, 3 (19): 1-13.

[23] Aguacil, S., Lufkin, S., Rey, E., & Cuchi, A. Application of the cost-optimal methodology to urban renewal projects at the territorial scale based on statistical data - A case study in Spain [J]. Energy and Buildings, 2017, 144 (1): 42-60.

[24] Zhou, T., Zhou, Y. L., & Liu, G. W. Key variables for decision making on urban renewal in China: A case study of Chongqing [J]. Sustainability, 2017, 9 (3): 370.

[25] Hemphill, L. A., Berry, J. N., & McGreal, W. S. An indicator-based approach to measuring sustainable urban regeneration performance: part1,

Conceptual foundations and methodological framework [J]. Urban studies, 2004, 41 (4): 725 -755.

[26] Williams, K., & Dair, C. A framework for assessing the sustainability of brownfield developments [J]. Journal of Environmental Planning and Management, 2007, 50 (1): 23 -40.

[27] Rall, E. L., & Haase, D. Creative intervention in a dynamic city: A sustainability assessment of an interim use strategy for brownfields in Leipzig, Germany [J]. Landscape & Urban Planning, 2011, 100 (3): 189 -201.

[28] Booth, P. Partnerships and networks: The governance of urban regeneration in Britain [J]. Journal of Housing and the Built Environment, 2005, 20 (3): 257 -269.

[29] 董奇. 伦敦城市更新中的伙伴合作机制 [J]. 规划师, 2005 (04): 100 -103.

[30] Dormois, R., Pinson, G., & Reignier, H. Path - dependency in public - private partnership in French urban renewal [J]. Journal of Housing and the Built Environment, 2005 (20): 243 -256.

[31] (英) 安德鲁·塔隆. 英国城市更新 [M]. 杨帆译. 上海: 同济大学出版社, 2016.

[32] Hambleton, R., & Gross, J. S. Governing cities in a global era: Urban innovation, competition, and democratic reform [M]. New York: Palgrave Macmillan. 2007.

[33] John G. Hunt. Forms of Participation in Urban Redevelopment Projects [J]. Innovations in Design & Decision Support Systems in Architecture and Urban Planning, 2006, 375 -390.

[34] Grace, K. L. Lee & Edwin, H. W. Chan. The Analytic Hierarchy Process (AHP) Approach for Assessment of Urban Renewal Proposals [J]. Social Indicators Research. 2008, 89 (1): 155 -168.

[35] Balme, R. Policy Transfers as Normative Interactions. The Case of Environmental Policy - Making in China. In L. Delcour & E. Tulmets (Eds.), Policy Transfer and Norm Circulation. Towards an Interdisciplinary and Comparative Approach [M]. London/New York: Routledge. 2019.

[36] Giulia C. Romano. Changing Urban Renewal Policies in China - Policy Transfer

and Policy Learning under Multiple Hierarchies [M]. New York: Palgrave Macmillan. 2020.

[37] 罗紫元，曾坚．韧性城市规划设计的研究演进与展望 [J]. 现代城市研究，2022 (02): 51 – 59.

[38] 蒋希冀，叶丹，等．健康城市规划的研究热点与展望：基于英文文献计量分析 [J]. 城市发展研究，2022 (01): 104 – 112.

[39] 甄峰，孔宇．"人 – 技术 – 空间" 一体的智慧城市规划框架 [J]. 城市规划学刊，2021 (06): 45 – 52.

[40] 清华大学建筑与城市研究所：旧城改造规划、设计、研究 [M]. 北京：清华大学出版社，1993.

[41] 吴炳怀．我国城市更新理论与实践的回顾分析及发展建议 [J]. 城市研究，1999 (05): 46 – 48.

[42] 于今．城市更新 城市发展中的新里程 [M]. 北京：国家行政学院出版社，2011.

[43] 阳建强，杜雁．城市更新要同时体现市场规律和公共政策属性 [J]. 城市规划，2016 (01): 72 – 74.

[44] 吴志强，伍江，张佳丽等．"城镇老旧小区更新改造的实施机制" 学术笔谈 [J]. 城市规划学刊，2021 (03): 1 – 10.

[45] 王一鸣．城市更新过程中多元利益相关者冲突机理与协调机制研究 [D]. 重庆：重庆大学，2019.

[46] 黄勇．"中国城市更新理论与实践研讨会" 综述 [J]. 上海城市管理职业技术学院学报，2004 (03): 57 – 59.

[47] 翟斌庆，伍美琴．城市更新理念与中国城市现实 [J]. 城市规划学刊，2009 (02): 75 – 82.

[48] 阳建强，陈月．1949—2019 年中国城市更新的发展与回顾 [J]. 城市规划，2020 (02): 9 – 19 + 31.

[49] 谢涤湘，谭俊杰，常江．2010 年以来我国城市更新研究述评 [J]. 昆明理工大学学报（社会科学版），2018 (03): 92 – 100.

[50] 李云燕，赵万民，朱猛等．我国新时期旧城更新困境、思路与基本框架思考 [J]. 城市发展研究，2020 (01): 57 – 66.

[51] 许瑞生．汕头市近代城区的历史演变回顾与保护体系的建立 [J]. 城市观察，2017 (01): 153 – 164.

[52] 王世福，沈爽婷. 从“三旧改造”到城市更新——广州市成立城市更新局之思考 [J]. 城市规划学刊，2015 (03)：22-27.
[53] 姜杰，周萍婉. 论城市治理中的公众参与 [J]. 政治学研究，2004 (03)：101-106.
[54] 顾东辉. 从“区而不社”到共同体：社区治理的多维审视 [J]. 西北师大学报（社会科学版），2021 (06)：89-97.
[55] 陈易. 转型期中国城市更新的空间治理研究：机制与模式 [D]. 南京：南京大学，2016.
[56] 刘岩，刘威. 从“公民参与”到“群众参与”——转型期城市社区参与的范式转换与实践逻辑 [J]. 浙江社会科学，2008 (01)：86-92.
[57] 邹兵，范军，张永宾等. 从咨询公众到共同决策——深圳市城市总体规划全过程公众参与的实践与启示 [J]. 城市规划，2011 (08)：91-96.
[58] 吕晓蓓，赵若焱. 对深圳市城市更新制度建设的几点思考 [J]. 城市规划，2009 (04)：57-60.
[59] 徐勇. 治理转型与竞争——合作主义 [J]. 开放时代，2001 (07)：25-33.
[60] 顾肖荣. 整合社会资源加强社会管理——谈政府社会管理职能转变 [J]. 毛泽东邓小平理论研究，2007 (02)：14-17+82.
[61] 王桢桢. 城市更新的利益共同体模式 [J]. 城市问题，2010 (06)：85-90.
[62] 龙腾飞，施国庆，董铭. 城市更新利益相关者交互式参与模式 [J]. 城市问题，2008 (06)：48-53.
[63] 程佳旭. 多中心治理视角下城市更新模式转变研究 [J]. 现代管理科学，2013 (10)：87-89.
[64] Pugalis, L. The governance of economic regeneration in England: Emerging practice and issues [J]. Journal of Urban Regeneration & Renewal, 2012, 5 (3): 235-252.
[65] 张磊. “新常态”下城市更新治理模式比较与转型路径 [J]. 城市发展研究，2015 (12)：57-62.
[66] 赵若焱. 对深圳城市更新“协商机制”的思考 [J]. 城市发展研究，2013 (08)：118-121.
[67] 单皓. 从管理土地建设到管理土地利用改变——探讨深圳土地管理制度改革中的规划概念 [J]. 城市发展研究，2017 (02)：104-112.
[68] 邹兵. 深圳城市空间结构的演进历程及其中的规划效用评价 [J]. 城市

规划，2017（06）：69－79.
[69] 刘芳，张宇．深圳市城市更新制度解析——基于产权重构和利益共享视角［J］．城市发展研究，2015（02）：25－30.
[70] 张康之．公共行政的概念［M］．北京：中国社会科学出版社，2013.
[71]（德）费迪南·滕尼斯．共同体与社会 纯粹社会学的基本概念［M］．林荣远译．北京：商务印书馆，1999.
[72]（英）彼得·罗伯茨，休·塞克斯．城市更新手册［M］．叶齐茂，倪晓辉译．北京：中国建筑工业出版社，2009.
[73] 杨帆．城市更新中蕴含的理论和实践性议题——英国中央政府层面干预城市更新的政策分析［J］．上海城市规划，2017（05）：57－62.
[74] 阳建强．西欧城市更新［M］．南京：东南大学出版社，2012.
[75] 秦虹，苏鑫．城市更新［M］．北京：中信出版集团，2018.
[76] 马骏，沈坤荣．“十四五”时期我国城市更新研究——基于产业升级与城市可持续发展的视角［J］．学习与探索，2021（07）：126－132.
[77] 腾讯新闻．城市更新开发模式——重要的发展方向［DB/OL］，2021－07－29.
[78] Santiso，C. Good governance and aid effectiveness：The World Bank and conditionality［J］. The Georgetown Public Policy Review，2001，7（1）：1－22.
[79] 法国更新治理研究院．治理年鉴2007［Z］．金俊华译．北京：新星出版社，2007.
[80]（法）让·皮埃尔·戈丹．何谓治理［M］．钟震宇译．北京：社会科学文献出版社，2010.
[81] 冯雷．新中国成立以来社会治理的战略定位——基于党内文件的考察［J］．湖湘论坛，2020（04）：131－144.
[82] 易纲，樊纲，李岩．关于中国经济增长与全要素生产率的理论思考［J］．经济研究，2003（08）：13－20＋90.
[83] 尹栾玉．协同治理视域下政府公共服务职能重构——以深圳“织网工程”为例［J］．北京师范大学学报，2016.02）：118－123.
[84] 李辉，任晓春．善治视野下的协同治理研究［J］．科学与管理，2010（06）55－58.
[85] 陆世宏．协同治理与和谐社会的构建［J］．广西民族大学学报，2006（06）：109－113.

[86] 何水. 协同治理及其在中国的实现——基于社会资本理论的分析 [J]. 西南大学学报, 2008 (03): 102-106.
[87] 刘光容. 政府协同治理: 机制、实施与效率分析 [D]. 武汉: 华中师范大学, 2008.
[88] 田培杰. 协同治理概念考辨 [J]. 上海大学学报 (社会科学版), 2014 (01): 124-140.
[89] 李汉卿. 协同治理理论探析 [J]. 理论月刊, 2014 (01): 138-142.
[90] 田玉麒. 协同治理的运作逻辑与实践路径研究——基于中美案例的比较 [D]. 长春: 吉林大学, 2017.
[91] 杨华锋. 后工业社会的环境协同治理 [M]. 长春: 吉林大学出版社, 2013.
[92] 董玛力, 陈田等. 西方城市更新发展历程和政策演变 [J]. 人文地理, 2009 (05): 42-46.
[93] 包亚明. 城市更新的理念及其思考 [J]. 探索与争鸣, 2016 (12): 20-31.
[94] 黄安年. 美国的崛起 [M]. 北京: 中国社会科学出版社, 1992.
[95] 张京祥. 西方城市规划思想史纲 [M]. 南京: 东南大学出版社, 2005.
[96] 陈恒, 鲍红信. 城市美化与美化城市——以 19 世纪末 20 世纪初美国城市美化运动为考察中心 [J]. 上海师范大学学报 (社会科学版), 2011 (02): 59-65.
[97] (美) 吉尔伯特.C. 菲特, 吉姆.E. 里斯. 美国经济史 [M]. 司徒淳, 方秉铸译. 沈阳: 辽宁人民出版社, 1991.
[98] 朱启勋. 都市更新: 理论与范例 [M]. 台北: 台隆书店, 1982.
[99] 姬康. 美国"城市更新计划"与中心城市改造 [J]. 生产力研究, 2012 (06): 145-147.
[100] 曹康. 西方现代化城市规划简史 [M]. 南京: 东南大学出版社, 2010.
[101] 李艳玲. 美国城市更新运动与内城改造 [M]. 上海: 上海大学出版社, 2004.
[102] 吕俊华. 英、美的城市更新 [J]. 世界建筑, 1995 (02): 12-16.
[103] Frieden, et al. Downtown Inc: How America Rebuids Cities [M]. Cambridge: MIT Press, 1989.
[104] 周国艳, 于立. 西方现代城市规划理论概论简史 [M]. 南京: 东南大学出版社, 2010.

[105] 原智远. 基于田园城市理论的城市群土地利用优化研究 [D]. 北京: 中国地质大学, 2017.

[106] (美) 伊利尔·沙里宁. 城市: 它的发展衰败和未来 [M]. 顾启源译. 北京: 中国建筑工业出版社, 1986.

[107] 沈玉麟. 外国城市建设史 [M]. 北京: 中国建筑工业出版社, 1989.

[108] 林秋华. 可持续城市与环境 [J]. 国外城市规划, 1997 (01): 2-8.

[109] Gillham, O. The Limitless City: A Primer on the Urban Sprawl Debate [M]. Island Press, 2002.

[110] 孙群郎. 当代美国的精明增长运动及其评价 [J]. 史学理论研究, 2015 (04): 87-98+159.

[111] 黄先明. 精明增长——绿色建筑——LEED-ND 绿色住区平价系统简介 [J]. 城市环境设计, 2008 (03): 80-84.

[112] Oatley, N. Restructuring urban policy: the Single Regeneration Budget and the Challenge Fund, in: N. Oatley (Ed.) Cities, Economic Competition and Urban Policy. pp. 146 - 162 [M]. London: Paul Chapman Publishing. 1998.

[113] 谭肖红, 乌尔·阿特克等. 1960—2019 年德国城市更新的制度设计和实践策略 [J]. 国际城市规划, 2021 (01): 40-52.

[114] 中央档案馆. 中共中央文件选集 (第 5 册) [M]. 北京: 人民出版社, 2013.

[115] 毛泽东. 毛泽东文集 (第 6 卷) [M]. 北京: 人民出版社, 1993.

[116] 中共中央文献研究室. 建国以来重要文献选编 (第 2 册) [M]. 北京: 中央文献出版社, 1997.

[117] 中央档案馆. 中共中央文件选集 (第 11 册) [M]. 北京: 人民出版社, 2013.

[118] 毛泽东. 毛泽东文集 (第 5 卷) [M]. 北京: 人民出版社, 1993.

[119] 中央人民政府政务院 "政文董字", 第 35 号令, 1950 年 7 月 6 日.

[120] 中央人民政府政务院 "政文习字", 第 24 号, 1953 年 10 月 12 日.

[121] 梁思成. 苏联专家帮助我们端正了建筑设计的思想 [N]. 人民日报, 1952-12-22 (03).

[122] 中共中央文献研究室. 建国以来重要文献选编 (第 6 册) [M]. 北京: 中央文献出版社, 1997.

[123] 中共中央文献研究室．建国以来重要文献选编（第5册）[M]．北京：中央文献出版社，1997.
[124] 黄立．中国现代城市规划历史研究（1949－1965）[D]．武汉：武汉理工大学，2006.
[125] 中共中央文献研究室．建国以来重要文献选编（第4册）[M]．北京：中央文献出版社，1997.
[126] 毛泽东．毛泽东选集（第4卷）[M]．北京：人民出版社，1994.
[127] 陆益龙．户籍：一种对中国城市化制度性的扭曲 [J]．探索与争鸣，2012（03）：60－64.
[128] 扈立家．中国户籍制度创新与农村城市化研究 [M]．咸阳：西北农林科技大学出版社，2009.
[129] 王先进．土地法全书 [M]．长春：吉林教育出版社，1990.
[130] 关于城市房产、房租的性质和政策 [N]．人民日报（新华社信箱），1949－8－12.
[131] 中共中央批转中央书记处第二办公室．关于目前城市私有房产基本情况及进行社会主义改造的意见 [Z]．1956－1－18.
[132] 陈岩松，王巍．关于城市经营的研究与思考 [J]．城市规划，2002（02）：80－85.
[133] 许保利．城市运营商：未来城市建设的主要承担者 [J]．中共长春市委党校学报，2004（02）：31－32.
[134] 张京祥，罗震东，何建颐．体制转型与中国城市空间重构 [M]．南京：东南大学出版社，2007.
[135] 西安市地方志编纂委员会．西安市志（第二卷）[M]．西安：西安出版社，2000.
[136] 邓小平．邓小平文选（第2卷）[M]．北京：人民出版社，1983.
[137] 程开明．城市化、技术创新与经济增长——基于创新中介效应的实证研究 [J]．统计研究，2009（05）：40－46.
[138] 李恩平．中国城市土地制度改革回顾与展望 [J]．改革与战略，2010（05）：73－75＋91.
[139] 周亚杰，高世明．中国城市规划60年指导思想和政策体制的变迁及展望 [J]．国际城市规划，2016（01）：53－57.
[140] 扬慎．《邓小平关于建筑业和住宅问题的谈话》发表纪实 [J]．发展，

2010 (07): 36 - 37.

[141] 裴凌罡. 从民生视角看新中国城市住房供给制度变迁 [J]. 中国经济史研究, 2017 (05): 144 - 153.

[142] 耿宏兵. 90 年代中国大城市旧城更新若干特征浅析 [J]. 城市规划, 1999 (07): 13 - 18.

[143] 张更立. 走向三方合作的伙伴关系: 西方城市更新政策的演变及其对中国的启示 [J]. 城市发展研究, 2004 (04): 26 - 32.

[144] 张桂蓉. 解读失地农民社会保障的困境——从一个社会排斥的视角 [J]. 宁夏社会科学, 2008 (06): 58 - 61.

[145] 陈成文, 孙嘉悦. 社会融入: 一个概念的社会学意义 [J]. 湖南师范大学社会科学学报, 2012 (06): 66 - 72.

[146] 张广利, 王登峰. 社会行动: 韦伯和吉登斯行动理论之比较 [J]. 学术交流, 2010 (07): 135 - 139.

[147] 金小红. 吉登斯结构化理论的逻辑 [M]. 天津: 南开大学出版社, 2008.

[148] Wu, F. L. The (Post -) Socialist Entrepreneurial City as a State Project: Shanghai's Reglobalisation in Question [J]. Urban Studies, 2003, 40 (9): 1673 - 1698.

[149] 陈甬军. 中国城市化: 实证分析与对策研究 [M]. 厦门: 厦门大学出版社, 2002.

[150] 李津逵. 城中村的真问题 [J]. 开放导报, 2005 (03): 43 - 48.

[151] 吴树青. 转变经济发展方式是实现国民经济又好又快发展的关键 [J]. 前线, 2008 (01): 17 - 19 + 31.

[152] 杨淑华. 我国经济发展方式转变的路径分析——基于经济驱动力视角 [J]. 经济学动态, 2009 (03): 30 - 33.

[153] 文林峰, 杨保军. 全面实施城市更新行动, 推动城市高质量发展 [J]. 城乡建设, 2021 (16): 4 - 35.

[154] Ansell, C., & Gash, A. Collaborative Governance in Theory and Practice [J]. Journal of Public Administration Theory and Practice, 2008, 18 (4): 543 - 571.

[155] Ansell, C. Collaborative Governance. In The Oxford Handbook of Governance, ed. D. Levi - Faur, 499 - 511. [M]. Oxford: Oxford University

Press. 2012.
[156] David E. Booher. Collaborative Governance Practices and Democracy [J]. National Civic Review, 2004, 93 (4): 32 - 46.
[157] Pestoff, V., & Brandsen, T. Public Governance and the Third Sector: Opportunities for Co - production and Innovation, In S. P. Osborne (Ed.), The New Public Governance: Emerging Perspectives on the Theory and Practice of Public Governance (pp. 223 - 236) [M]. New York: Routledge. 2010.
[158] (英) 格里·斯托克, 华夏风. 作为理论的治理: 五个论点 [J]. 国际社会科学杂志 (中文版), 1999 (01): 19 - 30.
[159] 马国建, 邢健. 农业弱质性视角下金融精准扶贫路径研究——以戴庄村为例 [J]. 广西大学学报, 2017 (02): 69 - 73.
[160] 叶凤刚. 南京国民党政权的弱质性及其内在原因 [J]. 云南行政学院学报, 2012 (04): 100 - 101.
[161] Agrawal, A. Environmentality: Community, intimate government and environmental subjects in Kumaon, India [J]. Current Anthropology, 2005, 46 (2): 161 - 190.
[162] 付诚, 王一. 公民参与社区治理的现实困境及对策 [J]. 社会科学战线, 2014 (11): 207 - 214.
[163] 邓雅丹, 葛道顺. 社会心理视角下的社区参与 [J]. 甘肃社会科学, 2020 (03): 108 - 114.
[164] 陈伟东, 陈艾. 居民主体性的培育: 社区治理的方向与路径 [J]. 社会主义研究, 2017 (04): 88 - 95.
[165] 陈燕, 郭彩琴. 中国城市社区治理: 困境、成因及对策 [J]. 苏州大学学报, 2016 (06): 36 - 41.
[166] 张其春. 城市固体废弃物治理机制研究——一个协同治理的分析框架 [J]. 江南大学学报, 2019, 18 (3): 84 - 85.
[167] 中共中央宣传部. 习近平新时代中国特色社会主义思想学习纲要 [M]. 北京: 学习出版社, 2019.
[168] (美) 赫尔曼·哈肯. 协同学——大自然构成的奥秘 [M]. 凌复华译. 上海: 世纪出版集团, 2001.
[169] (美) 赫尔曼·哈肯. 高等协同学 [M]. 郭治安译. 北京: 科学出版社, 1989.

[170] 杨睿．基于协同学理论的思想政治教育方法创新研究［D］．桂林：广西师范大学，2014.

[171] 郑巧，肖文涛．协同治理：服务型政府的治理逻辑［J］．中国行政管理，2008（07）：48－53.

[172] 邓正来．哈耶克读本［M］．北京：北京大学出版社，2010.

[173] 顾朝林．发展中国家的城市治理研究及其对我国的启发［J］．城市规划，2001（09）：13－20.

[174] 谢岳，葛阳．城市化、基础权力与政治稳定［J］．政治学研究，2017（03）：75－89＋127.

[175] 陈映芳．城市开发的正当性危机与合理性空间［J］．社会学研究，2008（03）：29－55＋243.

[176]（法）玛丽－克劳斯·斯莫茨，肖孝毛．治理在国际关系中的正确运用［J］．国际社会科学（中文版），1999（01）：81－89.

[177] 俞可平．增量政治改革与社会主义政治文明建设［J］．公共管理学报，2004（01）：8－14＋93.

[178]（美）格罗弗·斯塔林．公共部门管理［M］．陈宪，王红，金相文译．上海：上海译文出版社，2003.

[179] 习近平．深入学习贯彻党的十九届四中全会精神 提高社会主义现代化国际大都市治理能力和水平［N］．人民日报，2019－11－04（01）.

[180] 孙莹．党政统合下基层协同治理研究——以四川省N县的脱贫振兴为例［J］．理论学刊，2019（01）：137－143.